跨越——中国大型桥梁建设工程技术总结丛书

Ma'anshan Santa Lansuo Chengzhongqiao
马鞍山三塔缆索承重桥
Jianshe Chengtao Jishu
建设成套技术

殷永高　张　强　等　编著

人民交通出版社股份有限公司
China Communications Press Co.,Ltd.

内 容 提 要

马鞍山长江大桥在建设期紧紧围绕"结构体系与管理品质"这两个核心进行技术攻坚，形成了新理论、新方法、新工艺的成套技术。本书深入分析了大桥桥址处的河势复杂演变历程，指出三塔连跨悬索桥可以满足在通航水域覆盖能力、河床摆动造成航道变迁的适应能力上的要求。在三塔连跨悬索桥的基础上，创造性地提出了非飘浮结构体系的概念，详述了非飘浮体系的适用性以及在此种体系下全桥结构刚度、中塔强度、加劲梁受力、关键参数的取值等问题。解决了马鞍山长江大桥在施工期遇到的大量技术瓶颈问题，比如塔梁固结段的施工工艺、叠合段大尺寸底座板下混凝土密实性与密贴性问题、变曲率混凝土索塔施工线形控制技术、工程品质与建设管理等。全书形成集设计、施工、管理、运营养护在内的三塔缆索承重桥完备技术体系，技术成果全面、客观地反映出马鞍山长江大桥的技术优势与创造力。

本书可供桥梁工程建设相关科研及技术人员参考，也可供本科院校桥梁工程相关专业师生阅读使用。

图书在版编目(CIP)数据

马鞍山三塔缆索承重桥建设成套技术／殷永高等编著.
—北京：人民交通出版社股份有限公司，2017.11
ISBN 978-7-114-13704-4

Ⅰ.①马… Ⅱ.①殷…②张… Ⅲ.①长跨桥—悬索桥—成套技术—马鞍山 Ⅳ.①U448.25

中国版本图书馆 CIP 数据核字(2017)第 044985 号

跨越——中国大型桥梁建设工程技术总结丛书

书　　名：	马鞍山三塔缆索承重桥建设成套技术
著 作 者：	殷永高　张　强　等
责任编辑：	尤　伟
出版发行：	人民交通出版社股份有限公司
地　　址：	(100011)北京市朝阳区安定门外外馆斜街 3 号
网　　址：	http://www.ccpress.com.cn
销售电话：	(010)59757973
总 经 销：	人民交通出版社股份有限公司发行部
经　　销：	各地新华书店
印　　刷：	北京市密东印刷有限公司
开　　本：	787×1092　1/16
印　　张：	15
字　　数：	359 千
版　　次：	2017 年 11 月　第 1 版
印　　次：	2017 年 11 月　第 1 次印刷
书　　号：	ISBN 978-7-114-13704-4
定　　价：	120.00 元

(有印刷、装订质量问题的图书，由本公司负责调换)

《马鞍山三塔缆索承重桥建设成套技术》

编写委员会

主　　任：屠筱北
副 主 任：钱东升　章后忠　何　光
编　　委：殷治宁　殷永高　张　强　徐宏光　欧阳效勇
　　　　　李宗平　郭主龙　季跃华　李宗民　杨　昀
　　　　　吴志昂　操太林

编 写 人 员

主　　编：殷永高　　张　强
副 主 编：徐宏光　　杨　昀　　孙敦华
编写人员：章　征　张立奎　杨善红　唐贺强　吕奖国
　　　　　刘　静　杨光武　吴志刚　杨　敏　王德怀
　　　　　刘　俊　欧阳祖亮　吴义龙　汪成龙　王嗣江
　　　　　刁先觉　庄世忠　刘志刚　金　松　唐茂林
　　　　　陈红波　纪厚强　郑伟峰　朱福春　赵先民
　　　　　党彦锋　李　茜　朱瑞允　王　凯　赵公明
　　　　　明　昕　向文凤　程华才　郭　佳　樊　平
　　　　　李　萍

前　言

马鞍山长江大桥是交通运输部重点工程与安徽省"861"项目,全长36.274km,跨江主体工程长11.209km。2008年12月开工建设,2013年12月建成通车。

大桥位于分汊河段,跨约5.5km宽的江心洲。左汊主桥桥位处水文、河势条件极其复杂,江中滩槽变动频繁,深泓摆动最大幅度达到1200m。为此,建设团队首次创造性提出了2×1080m三塔两跨悬索桥方案,并做了大量开创性的研究工作。主要特点有:主跨跨度为世界同类桥梁第一,覆盖了变化的整个通航水域。中塔采用超大规模钢—混叠合塔,确保中塔刚度适中。首次采用塔梁固结的结构体系,提高塔顶鞍座与主缆的抗滑移系数。首次采用具有原创性的根式基础,大幅提高承载能力。

右汊主桥采用主跨为2×260m的三塔六跨斜拉桥,桥塔为椭圆拱形,桥型设计新颖,为国内首座钢筋混凝土拱形塔三塔斜拉桥。

为解决大桥建设的关键技术难题,交通运输部与安徽省政府联合成立了技术专家组。建设单位安徽省交通控股集团组织开展了"马鞍山三塔缆索承重桥成套技术研究""多塔连跨悬索桥非漂移结构体系研究""系列根式基础研究"等20多项科研工作,取得了许多重大科研成果。

大桥建设受到国内外同行的高度关注,开展了广泛的技术交流,先后接待了日本、俄罗斯、韩国、美国、瑞典等国外同行,以及各省、直辖市、自治区国内同行100多批次的考察交流,有力促进了国际、国内桥梁技术的融合与发展,展示了我国桥梁建设领域的最新成就。

本书旨在总结、凝练马鞍山长江大桥在设计、施工、建设管理等方面取得的各项研究成果,为今后特大型桥梁建设提供有益的借鉴。

本书编著过程中,得到了中铁大桥勘测设计院、安徽省交通规划设计研究总院、交通运输部公路科学研究院、中铁大桥局、中交第二公路工程局、中交第二航务工程局、中交路桥华南工程有限公司、中铁宝桥集团等单位的支持,在此表示感谢。

因水平有限,书中难免有疏漏之处,恳请读者批评指正。

作 者
2017 年 2 月

目 录

第1章 绪论 ··· 1
  1.1 传统悬索桥发展历程 ··· 1
  1.2 多塔悬索桥的发展 ·· 2
  1.3 马鞍山长江大桥 ··· 6
  1.4 本书主要内容 ·· 7

第2章 三塔非飘浮体系悬索桥的设计技术 ·· 9
  2.1 概述 ··· 9
  2.2 主桥桥型方案论证 ·· 9
  2.3 三塔悬索桥非飘浮体系研究 ··· 18
  2.4 非飘浮体系的扩展应用研究 ··· 36
  2.5 三塔非飘浮体系悬索桥试验研究 ····································· 39

第3章 中塔设计与试验 ·· 56
  3.1 概述 ··· 56
  3.2 中塔设计关键技术 ··· 57
  3.3 主梁固结区段设计关键技术 ··· 75
  3.4 塔梁固结及钢—混叠合区模型试验研究 ···························· 84

第4章 三塔非飘浮体系悬索桥的施工技术 ······································· 102
  4.1 概述 ·· 102
  4.2 钢—混叠合中塔施工关键技术 ······································ 102
  4.3 边塔混凝土施工品质提升技术 ······································ 110
  4.4 大型陆上沉井施工关键技术 ··· 113
  4.5 上部结构施工关键技术 ·· 121

第5章 三塔拱形索塔斜拉桥设计与施工技术 ···································· 133
  5.1 概述 ·· 133
  5.2 拱形索塔斜拉桥的发展与应用 ······································ 133
  5.3 拱形塔斜拉桥设计与性能 ··· 135
  5.4 半椭圆形大比例全模型试验 ··· 150
  5.5 拱形塔斜拉桥施工关键技术 ··· 153

第6章 根式基础在马鞍山长江大桥中的探索研究 ······························ 160
  6.1 概述 ·· 160
  6.2 根式基础原理及适用性分析 ··· 161

6.3 根式基础试验研究 ··· 166
6.4 根式基础设计与施工 ··· 167

第7章 马鞍山长江大桥建设与养护管理技术 ························ 189
7.1 概述 ··· 189
7.2 马鞍山长江大桥建管养一体化管理模式 ····························· 189
7.3 基于EBS的大桥工程系统分解 ······································ 195
7.4 基于PIP的集成管理系统 ·· 201
7.5 质量、安全、成本管理技术 ·· 207

参考文献 ·· 229

第1章 绪 论

马鞍山长江大桥位于安徽省东部,起自马鞍山市和县姥桥镇省道206,接溧水至常熟高速公路,跨江后进入马鞍山市,终点位于马鞍山市当涂县牛路口(皖苏界),接马巢高速公路,路线全长约36.274km,其中跨江主体工程长11.209km,南岸接线长19.320km,北岸接线长5.745km,项目总投资约70.8亿元,是国家重点建设项目。

马鞍山长江大桥首次在千米级悬索桥中应用了非飘浮体系,带来了大量的技术难题,需要建立从理论到实践的综合创新体系。因此大桥在建桥伊始,紧紧围绕"结构体系与管理品质"这条主线,以实现"建管养一体化"为目标,进行大桥建设管理,同时将质量管理、安全管理、成本管理以及运营期的预防性养护管理全部纳入其中,取得了良好的效果。在技术创新方面,针对千米级多塔连跨悬索桥重大工程技术问题,着重开展非飘浮结构体系、钢—混叠合塔、拱形索塔、大型锚碇、超长主缆等重要结构物的设计与施工技术以及大桥建设和养护管理关键技术的研究与应用示范。博采众长,以自主创新和集成创新为主,引进消化吸收再创新为辅的方式,攻克千米级多塔连跨悬索桥的多项关键技术,实现了悬索桥的千米多塔连续跨越。

多塔悬索桥是指有两个或多个主跨,即有三个或更多桥塔的悬索桥。我国对三塔连跨悬索桥深入研究的时间并不长,仅在一些桥梁的方案研究阶段做过前期研究工作,成桥实例非常有限,但是从悬索桥发展来看,这种桥型起源于我国。

1.1 传统悬索桥发展历程

悬索桥是古老的桥型之一。远古时期热带原始人利用森林中的藤、竹、树茎等材料做成外形类似悬式桥的样子,以渡山涧中的小溪,也许这就是最早的悬索桥雏形。

现代悬索桥约始于我国汉代建成的百米铁索桥,后英国、美国、法国和俄国也先后建造了多座铁链悬索桥。1883年在纽约建成的布鲁克林桥主跨达到488m,当时被称为世界第八大奇迹。

近代悬索桥,大致分为三类:一为美国悬索桥,主要特征是加劲梁为钢桁架,代表作为旧金山金门大桥;二为欧洲悬索桥,主要特征是索塔改用混凝土结构,加劲梁采用流线型钢箱,代表作为塞文桥;三为日本悬索桥,主要特征是主缆架设采用预制索股法代替空中纺线法,代表作为本州四国联络线上的几座悬索桥。目前世界上已建成的最大跨径悬索桥为1998年建成的日本明石海峡桥,达到1990m。

国内近代悬索桥发展大致在20世纪90年代,当时的代表作有汕头海湾大桥、虎门大桥,随后又建造了江阴大桥、润扬大桥、海沧大桥、坝陵河大桥、南京三桥、矮寨大桥和西堠门大桥等。最大跨径已达到1650m。

1.2 多塔悬索桥的发展

1.2.1 多塔悬索桥力学特点

多塔悬索桥是在传统两塔悬索桥的基础上,通过增设一个或多个中间塔的方式,实现多主跨连续布设的悬索结构。由于中间塔的力学特性与边塔截然不同,因此从传统双塔悬索桥向多塔悬索桥发展是悬索桥建设技术的一次飞跃。多塔悬索桥中塔纵桥向两侧都是主跨,主缆对中塔的约束比对边塔的约束弱得多,中塔两侧主缆垂度大。以三塔两跨悬索桥为例,如图 1.2.1 所示,在单跨满布的汽车荷载作用下,一方面,中塔要有一定的纵向刚度,来抵抗自身的弯曲变形,避免造成加劲梁下挠过大;另一方面,中塔也要有一定的纵向柔度,来协调鞍座两侧主缆的拉力比(紧松比),保证主缆与鞍座不产生相对滑移。由此可见,中塔的刚度要适宜,要使两侧主缆不平衡力适中,既要满足鞍座抗滑安全性要求,也要满足行车舒适性要求(挠跨比)。中塔这种区别于边塔的力学特性,被称为多塔悬索桥的"中塔效应",是多塔悬索桥特有的力学现象。

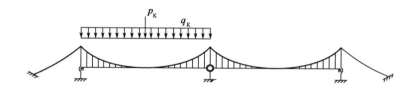

图 1.2.1　三塔悬索桥的中塔效应

也正是因为这种力学现象,相当一段时间内工程师对采用三塔以上悬索桥结构都持怀疑态度,比如 1995 年出版的《大跨度吊桥》一书中有这样的阐述:"三跨以上的多跨吊桥,由于结构柔性大,固有振动频率低,以及在活载作用下桥塔将产生较大变位等原因,是吊桥所忌用的形式。"在悬索桥技术发展历程中,双塔悬索桥一直是主流,虽然对多塔悬索桥技术很早就开始探索了,但一直限于小跨径,工程实例也不多。

1.2.2 早期小跨径多塔悬索桥发展概况

20 世纪上半叶,欧洲修建了多座小跨径多塔悬索桥,其中以位于法国中部的两座为典型代表。一座是 1937 年建成的 Chateauneuf 桥(四塔五跨悬索桥),如图 1.2.2 所示,桥跨布置为 49.15m + 3 × 59.50m + 49.15m,桥宽 7m,加劲梁为钢—混叠合梁,桥塔为钢结构,支承在圬工桥墩上。另一座是 1951 年建成的 Chatillon 桥(三塔四跨悬索桥),如图 1.2.3 所示,桥跨布置为 92m + 2 × 76m + 92m。Chatillon 桥与 Chateauneuf 桥的不同之处在于桥塔是圬工材料,相同之处在于它们都是利用纵向水平缆连接各桥塔塔顶来约束塔顶纵向位移,以提高悬索桥整体刚度。

1961 年日本建成的小鸣门桥是一座三塔四跨悬索桥,如图 1.2.4 所示,桥跨布置为 70.6m + 2 × 160m + 50.8m,桥宽 7m,钢桁架主梁,采用纵向 A 字形的钢筋混凝土刚性中塔(建在小鸣门海峡的孤岛上),主缆在中塔处全部断开并锚固于中塔,回避了主缆与中塔鞍座的抗滑问题。

1965年莫桑比克独立前,由其宗主国葡萄牙建造的Save桥是一座四塔五跨悬索桥,如图1.2.5所示,桥跨布置为110m+3×210m+110m,桥宽10.6m,主缆垂跨比为1/8.4,桥面由支承在横梁上的鱼腹式预应力混凝土板构成,横梁间距、吊索间距均为10m。

图1.2.2 法国Chateauneuf桥

图1.2.3 法国Chatillon桥

图1.2.4 日本小鸣门桥

图1.2.5 莫桑比克Save桥

综上所述,早期克服"中塔效应"的方法主要有两种:一种是通过纵向水平缆连接各桥塔塔顶,以增强桥梁纵向刚度;另一种是将主缆在中塔处全部断开并锚固于中塔,以回避主缆抗滑安全风险。

第一种方法的本质是边塔依靠紧绷的水平缆约束中塔。当跨径增大后,自重产生的垂度将使水平缆难以紧绷,约束力大打折扣。显然,该方法不宜在大跨径多塔悬索桥中应用。

第二种方法回避了主缆抗滑问题,因此可以采用A字形刚性中塔。由于需要将主缆全部断开,而不能只断开部分(未断开的主缆同样存在抗滑问题),这一做法很难适应大跨径多塔悬索桥。因为在中塔锚固不像在锚碇中锚固那么容易,需要交叉锚固,构造很复杂,为此国内三座大跨径悬索桥都没有采用这种方式。虽然有一些措施可提高主缆抗滑稳定性,如对鞍座内主缆加压、使用黏结剂、设置摩擦板,但是都不足以保证主缆能够连续通过中塔。

1.2.3 大跨径多塔悬索桥发展概况

800m以上的大跨径多塔悬索桥,目前建成的主要有两种形式:一种是共用锚碇实现多塔连跨;另一种是通过设计适宜刚度的中塔或适宜约束的结构体系来克服"中塔效应"。

目前全世界已有三座大桥采用共用锚碇方式：

（1）1936年美国建成的旧金山奥克兰西海湾大桥，由两座孪生悬索桥（主跨跨径701m）相连，如图1.2.6所示。

（2）1988年日本建成的本州四国联络桥之南北备赞濑户大桥，由南备赞大桥（主跨跨径1 100m）与北备赞大桥（主跨跨径990m）相连，如图1.2.7所示。

图1.2.6　美国旧金山奥克兰西海湾大桥

图1.2.7　日本南北备赞濑户大桥

（3）1998年日本建成的来岛海峡大桥，由三座不同悬吊形式的悬索桥相连，为世界首创，如图1.2.8所示。

图1.2.8　日本来岛海峡大桥

上述三座大桥实现了悬索桥的大跨径和多塔连跨，但本质上是几座独立受力的两塔悬索桥的组合。如果共用锚碇设在水中，不但造价高、施工难，还会增加航运要道的船撞风险。

早期大跨径多塔悬索桥，由于对设置中间塔的影响研究不够，只限于方案设计，如在美国旧金山奥克兰西海湾大桥的初步设计阶段，曾提出过大跨径三塔四跨悬索桥方案，桥跨布置为393m＋2×1 036m＋393m，如图1.2.9所示。

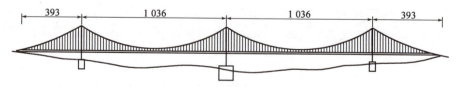
图1.2.9　美国旧金山奥克兰西海湾大桥的三塔悬索桥方案（尺寸单位：m）

早些年前就已开始研究的智利 Chacao 海峡大桥是一座大跨径三塔四跨悬索桥,如图 1.2.10 所示,桥跨布置为 240m + 1 100m + 1 055m + 240m,采用 A 字形的刚性中塔。

图 1.2.10　智利 Chacao 海峡大桥三塔悬索桥效果图

墨西拿海峡(Strait of Messina)位于意大利与西西里岛之间,连接第勒尼安海和爱奥尼亚海。海峡宽 3.3km,水深达 120m,海底有断层,属于强烈地震带。尽管如此,建造一座联系亚平宁半岛与西西里岛的跨海大桥,一直都是意大利人的梦想。1973 年,A. M. Toscano 提出了三塔两跨悬索桥方案,桥跨布置为 850m + 2 × 1 750m + 1 000m,如图 1.2.11 所示。

图 1.2.11　A. M. Toscano 提出的墨西拿海峡大桥方案(尺寸单位:m)

直布罗陀海峡(Strait of Gibraltar)位于西班牙与摩洛哥之间,连接地中海和大西洋,是隔断欧非大陆的"天堑"。在三条可能的渡桥路线中,有一条长 14km,水深超过 800m。1984 年,林同炎公司针对这一路线,提出了三塔四跨悬索桥方案,桥跨布置为 2 500m + 2 × 5 000m + 2 500m,如图 1.2.12 所示,深水桥墩高度为 450m。

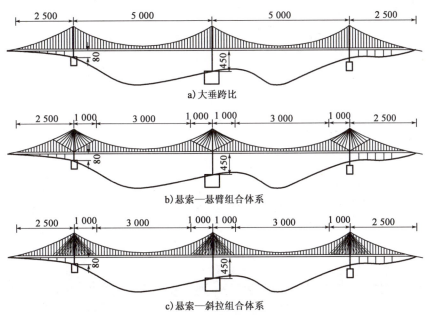

图 1.2.12　林同炎公司提出的直布罗陀海峡大桥方案(尺寸单位:m)

在国内,青岛海湾大桥、武汉阳逻长江大桥、郑州黄河四桥和南京长江四桥的初步设计阶段都曾提出过三塔悬索桥方案,前两座大桥的方案效果图如图 1.2.13、图 1.2.14 所示。直到 2010 年以后,国内先后建成了泰州大桥、马鞍山长江大桥和鹦鹉洲大桥,才真正实现了大跨径多塔悬索桥。

图 1.2.13　青岛海湾大桥三塔悬索桥效果图

图 1.2.14　武汉阳逻大桥三塔悬索桥效果图

1.3　马鞍山长江大桥

1.3.1　马鞍山三塔悬索桥工程特色

马鞍山长江大桥左汊主桥为结构对称布置的三塔两主跨悬索桥,垂跨比为 1/9,桥跨布置为 360m+1 080m+1 080m+360m,主桥如图 1.3.1 所示。加劲梁采用全焊扁平流线型封闭钢箱梁,全宽 38.5m(含风嘴),梁高 3.5m。加劲梁与中塔下横梁固结形成非飘浮结构体系;加劲梁在两边塔下横梁上设有竖向支座和横向抗风支座,以及设有纵向液压阻尼装置,以分担由地震等偶然荷载引发的纵向水平力。中塔是该桥设计的关键控制结构,采用刚度适中的钢—混叠合塔(图 1.3.2),下塔柱为混凝土塔柱,上塔柱为钢塔柱,钢—混叠合接头位于塔梁固结处下方。边塔为钢筋混凝土结构。

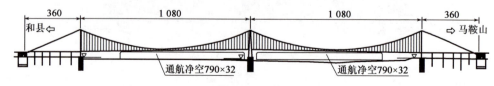

图 1.3.1　马鞍山长江大桥(尺寸单位:m)

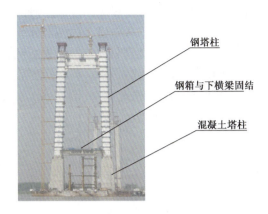

图 1.3.2 马鞍山长江大桥中塔

马鞍山长江大桥主要技术特色为:采用塔梁固结体系(固结处钢箱梁梁高由3.5m递增至5m);采用纵向I形钢—混叠合塔;中塔基础为群桩基础。

1.3.2 马鞍山长江大桥主要技术特点

马鞍山长江大桥以"世界一流,国内领先"为建设目标,在大桥建设过程中多项关键性技术得到解决,形成了系统的新理论、新方法、新材料的成套技术。大桥在建设期,首先深入分析了大桥工程河段的河势复杂演变历程,指出三塔连跨悬索桥可以满足在通航水域覆盖能力、河床摆动造成航道变迁的适应能力上的要求,并且可以融合地域特点,形成极具观赏性的标志性建筑。在三塔连跨悬索桥的基础上,创造性地提出了非飘浮结构体系的概念,区别于已建成的江苏泰州大桥(飘浮体系),在建的湖北武汉鹦鹉洲大桥(简支体系),因此非飘浮体系的适用性以及在此种体系下全桥结构刚度、中塔强度、加劲梁受力、关键参数的取值等问题亟待解决。完善的理论构想,需要先进的施工技术与施工工艺支撑。马鞍山长江大桥在施工期遇到了大量的技术瓶颈,比如塔梁固结段的施工工艺、钢—混叠合塔叠合段大尺寸底座板下混凝土密实性与密贴性、变曲率混凝土拱形索塔施工线形控制技术,这些关键问题的成功解决实现了桥梁施工技术又一次巨大飞跃。如今马鞍山长江大桥已经建成通车,成功跃居世界一流大桥之列,如何实现建设期到运营管理期的平稳过渡,如何进行有效的运营管理,是把大桥最终建设成一座经得起时间与历史检验的百年大桥、放心大桥的又一关键问题。

1.4 本书主要内容

本书围绕马鞍山长江大桥建设期中遇到的关键技术问题,在交通运输部建设科技项目"马鞍山三塔缆索承重桥成套技术研究"等科研项目的基础上凝练总结而成,阐述了大桥在桥型、体系、施工、运营养护中取得的一系列成果。

全书共分为7章。第1章绪论,介绍了悬索桥发展历程、马鞍山长江大桥的主要特色以及技术要点;第2章三塔非飘浮体系悬索桥的设计技术,从理论和多层次试验两个方面介绍三塔悬索桥适宜体系的研究成果,论证了非飘浮体系的合理性并给出其主要参数的合理取值范围;第3章中塔设计与试验,采用理论计算和大比例模型试验的方式证明了I形钢—混叠合塔的合理性,给出了Ⅰ形钢—混叠合塔的设计方法,通过更深层次的研究推导出中塔刚度的适用范围;第4章三塔非飘浮体系悬索桥的施工技术,从中塔、沉井、上部结构三个方面介绍三塔非飘浮体系悬索桥的施工技术;第5章三塔拱形索塔斜拉桥设计与施工技术,涉及理论分析、模型试验及技术研发;第6章根式基础在马鞍山长江大桥中的探索研究,阐述了施工工艺、计算理论、设计方法以及设备研发等完整的根式基础研究成果;第7章马鞍山长江大桥建设与养护管理技术,详细介绍了马鞍山长江大桥"建管养"一体化管理模式的建立与应用及其突出效果,其中的亮点为首次引入EBS分解与PIP技术建立了集成管理系统。

第2章 三塔非飘浮体系悬索桥的设计技术

2.1 概　　述

马鞍山河段河床变化复杂,深槽左右摆动,河床中间心滩消长及上下滩群变化使桥址附近断面形态改变频繁,在马鞍山长江大桥左汊主桥提出主跨 2×1 080m 三塔两跨悬索桥方案,该方案主跨覆盖了全部可通航水域,有效解决了深槽左右摆动引起的航道适应性问题,最大限度地减小了对长江航运的影响,最终大桥采用此方案。

三塔两跨悬索桥相较于两塔悬索桥多了一个中塔,存在加劲梁如何通过中塔(塔梁约束体系)和缆梁之间如何连接(缆梁约束体系)以保证三塔连跨悬索桥具有足够纵向刚度的问题,即结构体系选择问题。值得一提的是,马鞍上长江大桥在设计过程中首次提出了中塔与加劲梁的非飘浮塔梁固结形式,这是两塔悬索桥设计所不曾遇到的。

本章论证了马鞍山长江大桥选择三塔两跨悬索桥桥型的必要性,针对三塔两跨悬索桥特点,比较了加劲梁在中塔处不同约束方式下的受力特点,得出合理约束方案,阐述了三塔悬索桥采用非飘浮体系对结构动静力受力性能的影响及其应用范围,对非飘浮体系的推广具有重要意义。

2.2 主桥桥型方案论证

2.2.1 马鞍山长江大桥河段河势特点

马鞍山河段位于长江下游,地处马鞍山市境内,上起东梁山,承芜裕河段,下迄慈姆山(猫子山),与南京河段相接,全长 30.6km。河道走向为北东向,是一个两端束窄、中部展宽的顺直分汊型汊道。如图 2.2.1 所示。

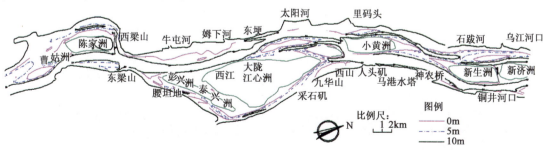

图 2.2.1　马鞍山河段 2000 年 5 月河势图(一)

桥址处河道为左、右两汊,左汊为主河道,宽约2km,右汊为支汊河流,宽约800m,河段河势如图2.2.2所示。左汊河床断面深泓摆动幅度大,历史上经历了从左至中、到右的摆动过程,右汊河床相对稳定。

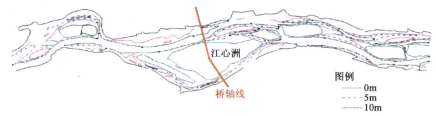

图2.2.2　马鞍山河段2000年5月河势图(二)

马鞍山河段河床演变复杂,属长江中下游干流重点治理河段之一,主要表现在以下几个方面:

(1)上游陈家洲为分汊河段,左右汊分流比不稳定。

陈家洲左汊水流与右汊主流交汇近90°,左汊为裕溪口水道,浅滩多,其洲滩变化影响左右汊分流比,高低水分流比相差较大,达20%左右。当陈家洲左汊分流比减小,主流受左汊水流横向挤压作用减小,水流出东西梁山后趋直冲刷牛屯河边滩,牛屯河至姆下河滩地冲刷较明显。当陈家洲左汊分流增加,受左汊水流横向挤压,主流出东西梁山后顶冲江心洲洲头一带,彭兴洲至江心洲头部冲刷增加较明显。

(2)江心洲岸线不稳,特别是洲头常年崩岸严重,防护难度较大。

目前,江心洲基本处于自然状态,上游主流变化,导致江心洲左汊新河口及郑浦圩以下左岸冲刷严重,左缘岸线呈逐年崩退的态势,在主流的摆动过程中,可能引起江心洲左汊滩槽变化及易位,多年来一直采取抛石护坎等措施进行防护。

(3)江心洲为分汊河段,江中洲(潜)滩交错状分布,且相互消长。

江心洲左汊为主汊,外形顺直,长约20km,平均河宽2580m,受主流摆动,两侧河槽交替变化,两岸依附边滩或心滩,主流左、右穿插蜿蜒下移,相应滩槽上、下移动,变化频繁,河道稳定性相对较差。

(4)桥位处深泓不稳,摆动较频繁。

江心洲左汊深泓摆动较为频繁。20世纪60年代,太阳河口以上深泓居中偏左;20世纪70年代,深泓线逐年右摆;20世纪80年代,深泓线左摆;20世纪90年代,上段深泓线逐年右移,1990~1999年右移幅度最大达1070m左右;2000年至今,上段河床渐趋稳定,深泓保持相对稳定的"S"形。近40年来深泓摆动最大幅度为1200m,如图2.2.3所示。

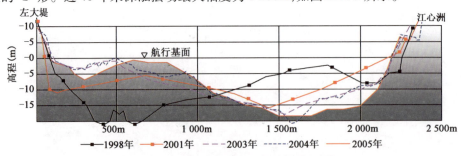

图2.2.3　江心洲左汊桥位处河床横断面变化图

2.2.2 涉水专题研究

相关试验表明:如果江心洲洲体不继续崩退,在各种水文条件及调整陈家洲左右汊分流比情况下,江心洲左汊断面总体冲深,其中桥址上游江心洲一侧岸坡较陡,深槽贴岸,沿岸冲刷较明显;桥址下游浅滩冲刷较明显,靠和县一侧深槽冲淤变化不大,河道深槽位置和走向变化不大,河势保持相对稳定。如果江心洲洲体继续崩退,在设计水流条件下,江心洲洲头下游岸坡冲刷崩退较大,岸坡崩退,江心洲上段形成弯曲形。岸坡崩退后,牛顿河边滩相应淤涨,使河床深槽进一步右移,上段主流右移,相应下游河床冲淤发生改变。桥位处主流由右岸向左岸过渡区将发生改变,过渡区深槽位置也将发生变化,下段河床滩槽位置将有所调整。

由此可见,上游河道变化及主流摆动,将影响下游河床的变化,江心洲左汊主流由右向左过渡,过渡区经常变化。主流过渡区变化,易引起上下河床的调整,马鞍山长江大桥桥址位于上下两深槽的过渡段,桥址上游深槽在右岸,桥址下游深槽在左岸,主流由右向左过渡。流向与桥轴线法向的夹角随流量不同而有所变化,小流量时夹角一般在5°～18°,大流量时一般在3°～12°。由于桥址处河道顺直,历史上滩槽变化较大。从安全考虑以适应工程河段滩槽变化为宜,采用大跨径桥梁方案。

2.2.3 主要桥型方案

左汊主桥孔跨覆盖范围在2 000m左右,通航净空宽度需大于790m,重点研究了斜拉桥和悬索桥两种桥型方案,主要方案如下:

(1)方案一:主跨2×1 080m三塔悬索桥方案。

该方案主跨2×1 080m覆盖全部可能的通航水域,边跨为360m,锚碇距大堤坡脚距离大于220m,边中跨比为0.33,主缆分跨为360m+2×1 080m+360m=2 880m,主跨主缆矢跨比为1/9。如图2.2.4所示。

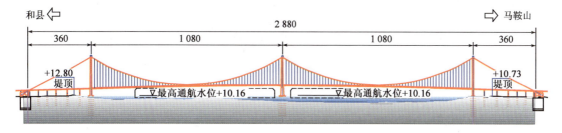

图2.2.4 方案一(尺寸单位:m)

(2)方案二:主跨1 388m两塔悬索桥方案。

中跨采用1 388m的主跨,左右边跨跨径为536m,直接跨过长江大堤,孔跨覆盖全部河道,大堤内除两个主塔墩外,不再布置桥墩。将主通航孔设在中跨,右塔墩布置在现行航路的右侧约40m、离江心洲大堤脚约470m,左塔墩布置在距左大堤脚约470m处。如图2.2.5所示。

(3)方案三:主跨1 180m两塔斜拉桥方案。

斜拉桥的主跨为1 180m,边跨为505m,与悬索桥孔跨覆盖范围基本相同,为2 190m。为增加边跨辅助通航能力,边跨仅设一个辅助墩。跨径布置为:50m+455m+1 180m+455m+

50m=2 190m。如图 2.2.6 所示。

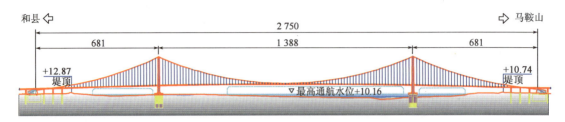

图 2.2.5 方案二(尺寸单位:m;高程单位:m)

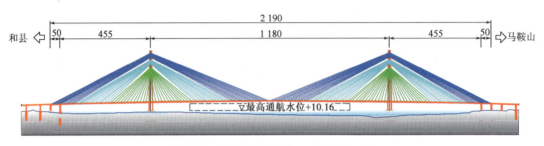

图 2.2.6 方案三(尺寸单位:m;高程单位:m)

(4)方案四:主跨 2×850m 三塔斜拉桥方案。

两主跨为 850m,辅助跨为 216m,考虑跨大堤的需要,设置了两个 72m 的协作跨,孔跨覆盖范围为 2 430m。跨径布置为:72m+77m+216m+2×850m+216m+77m+72m。如图 2.2.7 所示。

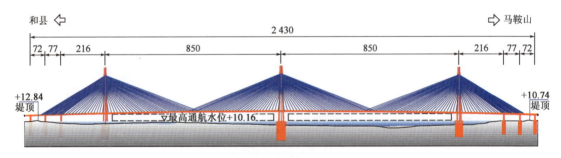

图 2.2.7 方案四(尺寸单位:m;高程单位:m)

(5)方案五:主跨 1 760m 单跨悬索桥方案

该方案主跨 1 760m,边跨为 550m,边中跨比为 0.312 5,主缆分跨为 550m+1 760m+550m=2 860m,主跨主缆矢跨比为 1/10。如图 2.2.8 所示。

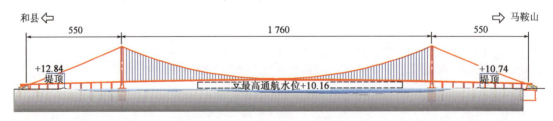

图 2.2.8 方案五(尺寸单位:m;高程单位:m)

2.2.4 各设计方案适应性分析

1)各方案河势、防洪及对港口、码头的影响分析

(1)主跨 2×1 080m 悬索桥方案

两跨连续体系,主梁为钢箱梁,中主塔采用钢—混凝土混合形式,边塔采用混凝土结构,主塔基础采用大直径钻孔桩,锚碇采用沉井基础。主跨跨径较大,水中仅一个塔墩,锚碇设在岸上,对河势影响很小,边塔处于岸边,对防洪影响最小,两边塔墩处于岸上,两主孔提供了足够的通航能力,对港口、码头的发展基本没有影响。

(2)681m+1 388m+681m 悬索桥方案

三跨连续体系,主梁为钢箱梁,主塔为钢筋混凝土主塔,基础采用大直径钻孔桩,锚碇采用沉井基础。有两个较大的水中基础,对河势将产生局部影响,但总体影响不大,江面宽阔,只有两个水中塔墩,对防洪影响也较小;目前,两边孔提供的通航宽度在 200m,可供进出港口、码头的船只使用,但由于主塔处在深水区,存在碍航,对港口、码头的发展有一定的影响。

(3)50m+455m+1 180m+455m+50m 双塔斜拉桥方案

主桥全长 2 160m,采用五跨连续飘浮体系,主梁采用钢箱—混凝土箱混合结构,主塔为钢筋混凝土主塔,主塔基础则采用大直径钻孔桩。工程对现有河势的影响十分有限,两个主塔墩及两个辅助墩位于水中,对航道表面流向有一定影响,范围主要在桥墩附近局部区域,对防洪不会产生明显的影响;两边孔稍小,辅助墩位于水中,在深泓摆动、航道调整的过程中,主塔墩对港口、码头的发展有一定影响。

(4)72m+77m+216m+2×850m+216m+77m+72m 三塔斜拉桥方案

主桥采用八跨连续协作体系,主梁采用钢箱—混凝土箱混合结构,主塔为钢筋混凝土主塔,主塔基础则采用大直径钻孔桩。江中三个主塔墩均处在深水中,考虑到塔墩对河床的压缩比有限,工程总体上对河势及行洪不会带来明显影响,右主墩冲刷会影响到江心洲防护;两边孔较小,左辅助墩位于水中,一定程度上压缩了左右两侧可通航水域,两边塔墩对港口、码头上、下行船舶,特别是对下行船舶的航行安全造成一定影响。

(5)主跨 1 760m 悬索桥方案

主桥采用单跨简支体系,主梁为钢箱梁,主塔采用混凝土结构,主塔基础采用大直径钻孔桩,锚碇采用沉井基础,边跨采用支墩形式。跨径最大,水中不设塔墩,锚碇设在岸上,对河势影响很小,边塔处于岸边,对防洪影响最小。两边塔墩处于浅水区,主孔提供了很大的通航能力,对港口、码头的发展基本没有影响。

2)各方案航道适应性分析

各方案评价如表 2.2.1~表 2.2.5 所示。

3)船舶通航风险性评估

通过风险评价分析,主跨 2×1 080m 悬索桥方案在桥位河段深槽摆动的各种情况下均具有较好的适应性,在不利环境条件下能基本满足远景规划中的大型船队和万吨级海轮彼此或

主跨 2×1 080m 悬索桥方案　　　　　表2.2.1

河槽变化形式	主槽断面	评价	风险
深槽偏右（现状）		主跨满足单孔双向通航要求,基本覆盖整个通航水域,其右跨完全覆盖现行航路设标宽度,满足目前船舶定线制要求,满足通航要求	风险较小
深槽居中（1969年）		航行基准面以下6.5m水域宽度,左孔达916m,满足单孔双向的通航要求；右孔可利用范围445m,满足单孔单向通航要求,可用于下行船舶辅助通航孔	风险较小
深槽靠左（1998年）		航行基准面以下6.5m水域宽度,左孔可达1 074m,满足单孔双向通航要求	风险较小
心滩居中（1986年、1993年）		可通航区域没有设墩,最大限度地满足通航需求,左孔可作为主通航孔,右孔作为辅助通航孔,基本满足通航需求	风险较小

681m+1 388m+681m 悬索桥方案　　　　　表2.2.2

河槽变化形式	主槽断面	评价	风险
深槽偏右（现状）		目前,主孔航行基准面以下6.5m水域宽879m,满足船舶定线制要求。两边孔可作为辅助通航孔。右主墩位于现行航路边缘,减少了航道有效使用范围	右主墩位于深水航路边缘,航道处于由右向左的过渡段上,易碍航,需注意防撞
深槽居中（1969年）		主孔航行基准面以下6.5m水域宽度可达1 126m,满足单孔双向的通航要求；左边孔可利用范围180m,可用于特定航路上行小型船舶通航的辅助通航孔	风险较小
深槽靠左（1998年）		主孔航行基准面以下6.5m水域宽度可达983m,满足单孔双向通航要求；左边孔可利用范围319m,可用于特定航路上行小型船舶通航的辅助通航孔	风险较小
心滩居中（1986年、1993年）		主通航孔无法通航；左边孔未能有效利用有限的通航水域,仅利用380m,满足不了大型船舶单孔单向需求；右边孔只能用于小型船舶下行,对船舶航行不利	船舶流量大时,可能出现船舶堵塞现象

第2章 三塔非飘浮体系悬索桥的设计技术

50m+455m+1 180m+455m+50m 双塔斜拉桥方案 表 2.2.3

河槽变化形式	主槽断面	评价	风险
深槽偏右（现状）		右主墩位于现行航路上，减少了航道有效使用范围。主通航孔航行基准面以下6.5m水域宽773m，满足船舶定线制要求。右边孔作为辅助通航孔，满足下行小型船舶的通航需求，可作为特定航路	右主墩位于航路中间，航道处于由右向左的过渡段上，易碍航，需对定线制航路进行调整
深槽居中（1969年）		航行基准面以下6.5m水域宽度，主通航孔可达1 037m，满足单孔双向的通航要求；左边孔可利用范围326m，可用于特定航路上行小型船舶通航的辅助通航孔	风险较小
深槽靠左（1998年）		航行基准面以下6.5m水域宽度，主通航孔可达869m，满足单孔双向的通航要求；左边孔可利用范围430m，可用于特定航路上行小型船舶通航的辅助通航孔	左主墩处于通航水域，且位于主流线上，对通航安全有一定影响
心滩居中（1986年、1993年）		主通航孔无法通航；左主墩位于有限的通航水域中，减小了有效使用范围，仅400m可用于通航，满足不了大型船舶单孔单向需求，只能用于特定上行航路。右边孔位于副槽，处于小型船舶航路中间，通航环境进一步恶化	可能出现断航情况

72m+77m+216m+2×850m+216m+77m+72m 三塔斜拉桥方案 表 2.2.4

河槽变化形式	主槽断面	评价	风险
深槽偏右（现状）		主跨满足单孔双向通航要求，右主墩位于现行航路上，右边孔无法满足小型船舶下行需求。右主墩冲刷会影响到江心洲防护	风险较小
深槽居中（1969年）		左主通航孔满足单孔双向的通航要求；左边孔无法运用；航行基准面以下6.5m水域宽度，右主通航孔达445m，满足单孔单向通航需求，可作为备用通航孔	风险较小
深槽靠左（1998年）		左主通航孔满足单孔双向的通航要求；右主通航孔洪季可用于备用通航孔；左右边孔达不到特定航路的需求	风险较小
心滩居中（1986年、1993年）		左主墩位于通航水域之中，未能有效利用有限的通航水域，仅452m，无法满足单孔双向的要求，且两边辅助通航孔不能利用。右主墩亦位于通航水域中	船舶流量大时，可能出现堵塞现象

550m+1 760m+550m 大跨径悬索桥方案　　　　　　　　　　　表2.2.5

河槽变化形式	主槽断面	评价	风险
深槽偏右(现状)		航行基面下6.5m水深宽度在1 070m左右,主通航孔满足单孔双向通航要求,左右主墩位于岸边,对通航影响较小	风险较小
深槽居中(1969年)		航行基面下6.5m水深宽度在1 240m左右,主通航孔满足单孔双向的通航要求,主跨覆盖全部可通航水域,对通航影响较小	风险较小
深槽靠左(1998年)		航行基面下6.5m水深宽度在1 080m左右,主通航孔满足单孔双向通航要求,左主墩位于通航水域,减少了航道有效使用范围	风险较小,左主墩需注意防撞
心滩居中(1986年、1993年)		左右主墩均位于通航水域之中,未能有效利用有限的通航水域。左侧航行基面下6.5m水深宽度基本满足定线制设标宽度500m双向通航的要求	左右主墩处于通航覆盖范围,且位于主流线上,船舶极易撞击桥墩。船舶流量大时,可能出现船舶堵塞现象

相互之间在桥位处双向通航要求,风险最小。通过对桥位河段船舶通航能力的分析计算,三塔悬索桥方案,在有效利用备用通航孔的前提下,只要合理规划桥区船舶航路,其船舶通航能力能满足现有船舶流量的通过要求,且具有一定发展空间。其他方案均存在各种各样的碍航风险。

4)工程经济分析

对各方案进行同深度的技术经济分析,斜拉桥技术经济优势较大,工期优势也较明显,而悬索桥在造价和工期方面优势不明显,各方案工程经济分析见表2.2.6。

各方案工程经济分析　　　　　　　　　　　表2.2.6

方案形式		方案一:主跨2×1 080m悬索桥方案		方案二:主跨1 388m悬索桥方案	
结构形式		两跨连续体系,主梁为钢箱梁,中主塔采用钢—混混合形式,边塔采用混凝土结构,主塔基础采用大直径钻孔桩,锚碇采用沉井基础		三跨连续体系,主梁为钢箱梁,主塔为钢筋混凝土主塔,基础采用大直径钻孔桩,锚碇采用沉井基础	
主要工程数量	项目	混凝土(m³)	钢材(t)	混凝土(m³)	钢材(t)
	上部结构	41 280	72 718	40 808	74 265
	下部结构	321 642	38 659	392 118	33 074

续上表

方案形式	方案一：主跨2×1 080m悬索桥方案	方案二：主跨1 388m悬索桥方案
建安费/桥长(亿元/m)	23.568/2 160	25.179/2 460
技术经济指标(元/m²)	28 340	26 585
施工工期	60个月	60个月

方案形式		方案三：主跨1 180m双塔斜拉桥方案		方案四：主跨2×850m三塔斜拉桥方案	
结构形式		主桥全长2 160m，采用五跨连续飘浮体系，主梁采用钢箱—混凝土箱混合结构，主塔为钢筋混凝土主塔，主塔基础则采用大直径钻孔桩		三跨连续体系，主梁为钢箱梁，主塔为钢筋混凝土主塔，基础采用大直径钻孔桩，锚碇采用沉井基础	
主要工程数量	项目	混凝土(m³)	钢材(t)	混凝土(m³)	钢材(t)
	上部结构	76 169	72 208	97 774	71 119
	下部结构	138 158	25 794	151 154	26 655
建安费/桥长(亿元/m)		21.237/2 190		20.941/2 430	
技术经济指标(元/m²)		25 187		22 383	
施工工期		48个月		48个月	

方案形式		方案五：主跨1 760m悬索桥方案	
结构形式		单跨简支体系，主梁为钢箱梁，主塔采用混凝土结构，主塔基础采用大直径钻孔桩，锚碇采用沉井基础，边跨采用支墩形式	
主要工程数量	项目	混凝土(m³)	钢材(t)
	上部结构	49 400	77 094
	下部结构	619 245	63 496
建安费/桥长(亿元/m)		29.55/1 760	
技术经济指标(元/m²)		43 610	
施工工期		66个月	

2.2.5 综合比较及方案选择

综合以上比较分析，在上游河势未完全控制条件下，结合马鞍山河段演变特点及规律，2×1 080m三塔悬索桥方案在可通航水域中只设一个中塔墩，两边塔墩处在岸边滩地或非通航区的浅水域上，对通航造成的不利影响最小，对河势、防洪及港口、码头的影响也最小，在复杂的河势和通航环境下，该方案获得航道部门的认可，其他方案虽然在造价和工程规模上具有一定优势，但是在行政许可制度的当下，任何存在碍航风险的方案，均无法获得航道部门的认可，其他方案只能作为比较方案。

马鞍山长江大桥河段河床变化复杂，深槽左右摆动，近40年深泓摆动最大幅度为1 200m，河床中间心滩消长及上下滩群变化使桥址附近断面形态改变频繁。深泓的摆动，一方面增大了可通航区域,另一方面给大桥桥型方案的论证增加了难度。提出马鞍山长江大桥左汊主桥采用主跨 $2\times1\,080$ m 三塔两跨悬索桥方案,该方案主跨覆盖了全部可通航水域,有效解决了深槽左右摆动引起的航道适应性问题,最大限度地减小了对长江航运的影响,方案一经提出,立即得到航道和防洪部门的一致认可,最终大桥采用此方案。

2.3 三塔悬索桥非飘浮体系研究

对于三塔连跨悬索桥,如何合理地提高结构整体的纵向刚度,是正面克服中塔效应的关键,也是使得三塔连跨悬索桥能够全面推广的根本方法。三塔连跨悬索桥结构体系的选择是影响悬索桥纵向刚度最为突出的因素之一。三塔连跨悬索桥结构体系的选择主要包含两个方面:缆梁约束体系的选择和塔梁约束体系的选择。

缆梁约束体系是指在悬索桥主跨跨中设置短斜索或刚性联结,使得加劲梁与主缆固结,强制协调吊索处加劲梁与主缆之间的纵向位移,从而增加悬索桥的整体纵向刚度。

塔梁约束体系则表征悬索桥桥塔与加劲梁之间的相互联结关系,就是塔梁交接处的加劲梁的 6 个自由度被桥塔约不约束的问题。

对于三塔连跨悬索桥,本节主要通过有限元计算分析,讨论中塔与加劲梁的联结问题,边塔与加劲梁的联结方式与传统两塔悬索桥相同,即横桥向、竖向上的约束平动自由度,顺桥向约束转动自由度。

2.3.1 有限元计算分析模型及荷载

1)模型概述

马鞍山长江大桥的结构动静力特性分析采用离散结构的有限元方法,主梁和桥塔等结构离散为空间梁单元,主缆和吊杆等采用空间杆单元模拟,主梁和吊杆吊点之间用刚臂连接。计算程序采用 Midas 公司授权的 Midas/Civil 通用有限元分析软件。全桥有限元模型如图 2.3.1 所示。

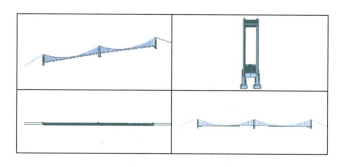

图 2.3.1 马鞍山长江大桥全桥有限元模型

2)边界条件

马鞍山长江大桥选用三塔连跨悬索桥非飘浮体系,其中塔梁完全固结,所有自由度均被约束,加劲梁在边塔处横桥向、竖向上的平动自由度被约束,顺桥向转动自由度被约束。表 2.3.1 列出了马鞍山长江大桥边界条件的处理情况。

边界条件处理情况 表2.3.1

节点	UX	UY	UZ	RX	RY	RZ
塔底	×	×	×	×	×	×
中塔梁交接处	×	×	×	×	×	×
边塔梁交接处	⊕	×	×	×	⊕	⊕

注：×表示该自由度约束；⊕表示该自由度放松。

3）分析荷载

马鞍山长江大桥的静力分析主要考虑一期恒载、二期恒载、汽车荷载（双跨满布—包络）、汽车荷载（单跨满布）和温度荷载，其中"单跨满布，跨中加力"的汽车荷载工况是三塔连跨悬索桥的主要活载控制工况，如图2.3.2所示。

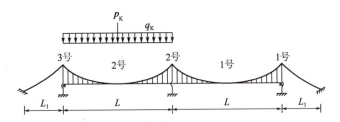

图2.3.2 单跨满布汽车荷载工况

汽车荷载采用公路—Ⅰ级车道荷载，其主要技术指标、折减均按照《公路桥涵设计通用规范》（JTG D60—2015）的规定：均布荷载标准值 $q_k = 10.5 \text{kN/m}$，集中荷载标准值 $p_k = 360 \text{kN}$，横向8车道对称布置，横向折减系数0.50，纵向折减系数0.93。

马鞍山长江大桥静力分析过程中采用了几种不同的荷载模式，如表2.3.2所示。

各工况荷载描述 表2.3.2

工况	荷载描述
1	恒载
2	汽车活载（双跨满布）
3	汽车活载（单跨满布）
4	整体升温
5	整体降温
6	恒载+汽车活载（双跨满布）
7	恒载+汽车活载（单跨满布）
8	恒载+汽车活载（双跨满布）+整体升温
9	恒载+汽车活载（单跨满布）+整体升温
10	恒载+汽车活载（双跨满布）+整体降温
11	恒载+汽车活载（单跨满布）+整体降温

2.3.2 缆梁约束体系

1）缆梁约束体系形式

依靠主缆约束加劲梁纵向位移的方式称为缆梁约束形式。为了缓解甚至避免跨中短吊索的弯折疲劳,将主缆与加劲梁在跨中用三角桁架联结[即刚性中央扣,如图2.3.3a)所示]或在两塔悬索桥主跨跨中设置短斜索[即柔性中央扣,如图2.3.3b)、c)、d)所示],使得加劲梁与主缆固结,强制协调跨中短吊索处加劲梁与主缆之间的纵向位移。

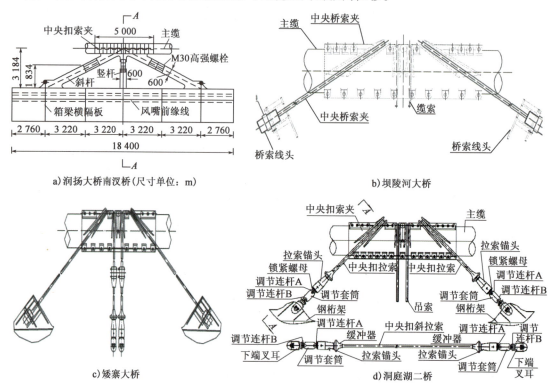

图2.3.3 悬索桥中央扣示意图

继1950年中央扣首次应用于Tacoma新桥后,我国几座大跨径两塔悬索桥也先后设置了中央扣以限制加劲梁与主缆之间的纵向相对位移,从而提高全桥刚度,改善跨中位置吊索的弯折和疲劳问题。

对于两塔悬索桥,其设置中央扣的好处主要有:缓解跨中短吊索弯折疲劳;减小加劲梁挠度及纵向位移;提高抗风稳定性。因此,两塔悬索桥设置中央扣,不仅可以强制协调跨中处缆梁之间的纵向位移,还能减小加劲梁的竖向位移,即挠度。

研究表明,"无中央扣悬索桥的最大活载挠度在1/4跨附近,中央扣不改变跨中挠度,而减小1/4跨挠度,使最大挠度减小约25%。中央扣使活载挠度包络图由'W'形变为'V'形。"如图2.3.4所示。中央扣不改变跨中最大挠度的原因是,跨中最大挠度所对应的活载工况,必然是关于跨中对称布置的,缆梁之间没有纵向错动,中央扣也就不起作用;而1/4跨最大挠度所对应的活载工况不关于跨中对称,缆梁之间有纵向错动,中央扣发挥作用。所以,中央扣只减小除跨中外的活载挠度。又由于无中央扣悬索桥的最大活载挠度不在跨中,才有了中央扣减小加劲梁挠度的功能。

然而,这一趋势并未在多塔悬索桥中得到发展,目前在建或已建的三塔以上悬索桥,均没有采用中央扣这样的缆梁约束形式,以下将讨论缆梁约束体系对于三塔连跨悬索桥的作用及影响。

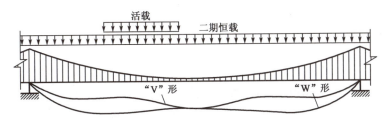

图 2.3.4　中央扣使活载挠度包络图由"W"形变为"V"形

我国悬索桥中央扣应用情况如表 2.3.3 所示。

我国悬索桥中央扣应用情况　　　　　　　　表 2.3.3

桥名(建成时间)	桥跨布置(m)	垂跨比	中央扣类型	中央扣描述
润扬大桥南汊桥 (2005 年)	470＋1 490＋470	1/10	刚性中央扣	国内首次采用三角桁架刚性中央扣的悬索桥结构,刚性中央扣由连接主缆的中央扣索夹、连接加劲梁的斜(竖)杆及跨中加劲梁段组成
坝陵河大桥 (2009 年)	268＋1 088＋228	1/10.3	柔性中央扣	每根主缆中设有 3 个柔性中央扣,是国内首次采用柔性中央扣的大跨径悬索桥,柔性中央扣包含中央扣索夹、中央扣拉索以及拉索锚头三部分
四渡河大桥 (2009 年)	900	1/10	刚性中央扣	刚性中央扣的节点板上联结有包括吊杆、主桁弦杆、主桁腹杆、横梁弦杆、横梁腹杆、上平联杆等在内的20 根杆件
矮寨大桥 (2012 年)	242＋1 176＋116	1/9	柔性中央扣	每根主缆 3 个位置处设有柔性中央扣,每个位置设置 2 根斜拉索,斜拉索采用直径 88mm 的钢丝绳
岳阳洞庭湖二桥 (在建)	460＋1 480＋491	1/10	柔性中央扣	每根主缆中设有 5 个钢丝绳柔性中央扣,对称布置于跨中中间吊索两侧,柔性中央扣主要包括三部分:中央扣拉索系统、主缆中央扣索夹系统和加劲梁锚固系统

缆梁约束体系就是依靠主缆约束加劲梁纵向位移的方式,为充分说明缆梁约束体系的作用效果和受力原理,本小节还将讨论采用其他方式约束加劲梁纵向位移的方式,这其中包含:

(1)加劲梁纵向位移无约束:主缆及桥塔均未限制加劲梁纵向位移。

(2)桥塔约束加劲梁纵向位移(弹性索):加劲梁在中塔处纵向设弹性索。

(3)桥塔约束加劲梁纵向位移(塔梁固结):加劲梁在中塔处固结。

下文围绕三塔悬索桥要解决的主要问题,对以上四种连续结构体系进行比较、分析。为反映结构体系的影响,四种结构体系对应的结构构件断面除加劲梁在中塔局部区段和中塔侧第一根吊索不同外,其余均相同,按照 2.3.1 节建立有限元模型。对于采用弹性索约束加劲梁纵向位移的形式,在中塔处设置 4 根弹性索,将加劲梁与中塔下横梁连接起来,弹性约束加劲梁的纵向位移,每根弹性索长 20m,采用与吊索相同的材料,并施加 5 000kN 的预拉力。

2)缆梁约束体系适宜性分析

对于纵向无约束、仅依靠缆梁约束体系(中央扣)、仅依靠桥塔(弹性索、塔梁固结)四种悬索桥纵向位移约束情况,计算汽车活载单跨满布时,三塔连跨悬索桥的主要静力分析结果见表2.3.4。

三塔连跨悬索桥的主要静力分析结果(纵向约束不同)　　表2.3.4

静力分析结果				
比较项目	无约束	中央扣	弹性索	塔梁固结
主缆抗滑系数	1.83	1.83	2.09	2.42
加劲梁最大挠度(m)	3.891	3.868	3.788	3.704
加劲梁最大纵向位移(m)	1.369	1.276	0.599	0.518
中塔塔顶纵向位移(m)	1.603	1.602	1.397	1.321

计算结果表明,弹性索及塔梁固结约束的所有四项指标的效果都较好,显著减小了加劲梁最大纵向位移,相较于弹性索,塔梁固结约束效果更加明显,而缆梁约束体系(中央扣)相对于无约束体系基本上没起什么作用。

其原因在于:弹性索的设置或塔梁固结形式对加劲梁的纵向位移可以直接"制动",且弹性索设置方向与受力方向一致,效率高。中央扣设在相对自由的跨中,对于三塔连跨悬索桥而言,由于主塔塔顶位移较大,直接导致原本通过中央扣约束加劲梁纵向位移的主缆整体纵向位移也比较大,中央扣只能与主缆一起"随动",起不到约束作用。

此外,加设中央扣后,还会带来更多问题:

(1)中央扣的设计问题,柔性中央扣也会出现完全卸载的现象,存在疲劳破坏问题,刚性中央扣长度大、现场安装困难很大,且中央扣及加劲梁局部应力很高。

(2)加劲梁在两中央扣之间的区段存在很大轴力,且该轴力存在压力、拉力交变问题。

(3)中央扣分担的荷载也是相当大的,上下游两侧的水平力达45 000kN左右,地震荷载下更大。

(4)中央扣与主缆连接,索夹的长度非常大,其构造如何保障及安装也存在较大问题。

综上所述,依靠桥塔的约束方式能够有效减小多塔悬索桥加劲梁纵向位移,从而减小中塔纵向位移和加劲梁挠度,提高了整体刚度以及主缆抗滑系数。而依靠主缆的约束方式不能有效约束加劲梁纵向飘浮,弊大于利,故缆梁约束体系对于三塔连跨悬索桥不适用。

2.3.3 塔梁约束体系

1)塔梁约束体系形式

塔梁约束体系是桥塔与加劲梁的相互联结关系,其实就是塔梁交界处的加劲梁的6个自由度被桥塔约不约束的问题。不论哪种支承体系,横向、扭转约束是必需的,而纵向约束在2.3.2节中已有所讨论。如果简支,那竖向和横弯约束也是必需的;如果固结,6个自由度都被约束。也就是说,塔梁约束体系有固定的约束搭配。

综合三塔悬索桥加劲梁在中塔各个自由度的约束形式,可将三塔悬索桥塔梁约束体系分为以下四类,各约束体系边界处理情况如表2.3.5所示。

第2章 三塔非飘浮体系悬索桥的设计技术

边界条件处理情况 表2.3.5

节点	UX	UY	UZ	RX	RY	RZ
简支约束体系	×	×	×	×	⊕	⊕
非飘浮体系	×	×	×	×	×	×
半飘浮体系	S	×	⊕	×	⊕	⊕
飘浮体系	⊕	×	⊕	×	⊕	⊕

注：×表示该自由度约束；⊕表示该自由度放松；S表示弹性索。

（1）简支约束体系：加劲梁在中塔处断开，设纵桥向、横桥向及竖向支座。
（2）非飘浮体系：加劲梁与中塔固结，不设支座、弹性索、竖向限位挡块等。
（3）半飘浮体系：加劲梁在中塔处设纵向弹性索，竖向飘浮，侧向设抗风支座。
（4）飘浮体系：加劲梁在中塔处纵向飘浮，竖向飘浮，侧向设抗风支座。

研究表明，简支约束体系悬索桥静力荷载作用下变形较小，整体受力性能较好，但简支体系在铰缝（伸缩缝）处易形成折角，不仅影响行车平顺，伸缩缝还易损坏。所以，三塔悬索桥中仅主跨跨径为850m的武汉鹦鹉洲长江公路大桥加劲梁在中塔处断开，选用了简支约束体系，对于更大跨径的悬索桥，则越来越多地采用连续体系，因此，本节将重点针对三塔连跨悬索桥受力性能进行讨论。

此外，研究还表明，三塔连跨悬索桥中塔与加劲梁间是否设置竖向固定支座，只影响中塔处加劲梁受力，对结构整体受力影响不大，因此，为了简化计算模型，本节中的半飘浮体系及飘浮体系有限元模型均未对加劲梁的竖向位移（UZ）进行限制。

下文围绕三塔悬索桥要解决的主要问题，对这三种连续结构体系进行详细的比较、分析，重点阐述马鞍山长江大桥选择非飘浮体系特点。为反映结构体系的影响，三种结构体系对应的结构构件断面除加劲梁在中塔局部区段和中塔侧第一根吊索不同外，其余均相同，按照2.3.1节建立有限元模型。对于半飘浮体系，在中塔处设置4根弹性索，将加劲梁与中塔下横梁连接起来，弹性约束加劲梁的纵向位移，每弹性索长20m，采用与吊索相同的材料，并施加5 000kN的预拉力。

2）塔梁约束体系适宜性分析
（1）静力分析

飘浮、半飘浮（弹性索）和非飘浮（固结）三种结构体系下的中间塔抗滑安全验算、加劲梁挠度、索塔偏位、加劲梁/中间塔/主缆内力和支反力等有限元计算结果分别列于表2.3.6~表2.3.13。下面对主要计算结果进行分析。

中塔顶鞍槽内主缆抗滑验算 表2.3.6

结构体系	摩擦系数 μ	紧边拉力（kN）	松边拉力（kN）	缆力差（kN）	安全系数 K	允许值 $[K]$	判断
非飘浮	0.2	196 845	184 375	12 470	2.56	2.0	满足
半飘浮	0.2	198 529	184 051	14 478	2.22	2.0	满足
飘浮	0.2	199 942	182 796	17 146	1.88	2.0	不满足

表2.3.6结果表明：非飘浮体系抗滑安全系数最高为2.56，而飘浮体系抗滑安全系数仅

为1.88,不满足≥2.0的要求。虽然非飘浮体系和半飘浮体系都满足了要求,但非飘浮体系抗滑安全性更高。

加劲梁变形及全桥结构刚度　　　　　　　　　　表2.3.7

结构体系	最大挠度(m)	挠跨比			最大上拱(m)	梁端转角(rad)	梁端纵坡(%)
		计算值	允许值	判断			
非飘浮	-3.706	1/290	1/250	满足	2.548	0.017	1.7
半飘浮	-4.013	1/268	1/250	满足	2.814	0.018	1.8
飘浮	-4.365	1/246	1/250	不满足	3.026	0.020	2.0

加劲梁纵移及中塔处挠度　　　　　　　　　　表2.3.8

结构体系	梁端纵移(m)		中塔处纵移(m)		中塔处挠度(m)	
	伸长	缩短	向左	向右	下挠	上拱
非飘浮	0.585	-0.657	0	0	0	0
半飘浮	0.719	-0.781	-0.197	0.197	-0.303	0.205
飘浮	1.494	-1.580	-0.924	0.924	-0.490	0.316

塔顶偏位　　　　　　　　　　表2.3.9

结构体系	中塔(m)	与中塔高比值	边塔(m)
非飘浮	1.367	1/123	0.191
半飘浮	1.529	1/110	0.192
飘浮	1.709	1/98	0.192

从上述表格可见,在活载作用下,非飘浮体系结构刚度最好,加劲梁挠跨比为1/290,梁端纵坡最小为1.7%,中塔顶偏位最小为1.367m;而飘浮体系结构刚度最差,挠跨比为1/246,大于规范允许值,梁端纵坡最大为2.0%,中塔顶偏位最大为1.709m。

中塔强度(单位:弯矩 kN·m,应力 MPa;应力以压为正)　　　　表2.3.10

结构体系	钢结构上段			预应力混凝土结构下段		
	根部弯矩	最大应力	最小应力	根部弯矩	最大应力	最小应力
非飘浮	1 867 295	231	-131	2 563 872	14.87	0.64
半飘浮	1 839 893	249	-131	2 533 540	15.06	0.46
飘浮	2 101 550	282	-156	2 624 030	15.24	0.45

加劲梁受力　　　　　　　　　　表2.3.11

结构体系	活载弯矩(kN·m)				应力(MPa,以压为正)	
	最大	位置	最小	位置	最大	最小
非飘浮	244 212	中塔处	-371 095	中塔处	174	-85
半飘浮	109 951	中塔处	-148 902	弹性索锚点	111	-81
飘浮	97 861	距中塔10m	-130 406	距中塔20m	95	-72

缆索内力 　　　　　　　　　　　表 2.3.12

结构体系	中塔侧主缆	中塔侧第一根吊索		弹 性 索	
	内力(kN)	内力(kN)	需截面	内力(kN)	需截面
非飘浮	205 235	2 481	2 - 127ϕ5	—	—
半飘浮	206 209	4 486	3 - 151ϕ5	17 033	2 - 337ϕ7
飘浮	206 090	5 298	3 - 187ϕ5	—	—

支座反力(kN) 　　　　　　　　　　　表 2.3.13

结构体系	抗风支座	结构体系	抗风支座
非飘浮	—	飘浮	8 513
半飘浮	13 679		

表 2.3.6 ~ 表 2.3.13 分析表明：

①仅非飘浮体系和半飘浮体系钢结构应力在容许范围内，飘浮体系应力超出了容许范围。钢结构容许应力为240MPa(Q420qE 钢，板厚60mm，屈服点390MPa，由于以弯曲应力为主，容许应力可提高5%，为240MPa)。

②非飘浮体系中塔附近加劲梁弯矩最大，飘浮体系加劲梁弯矩最小。通过调整梁高可把加劲梁应力控制在容许范围内。结构体系对主缆受力影响很小，影响幅度在0.5%以内。由于中塔侧第一根吊索分担的荷载范围不同，对其受力影响很大；半飘浮体系由于有弹性索支承，吊索内力比飘浮体系小。弹性索内力较大，因而其需要的截面也较大。

③非飘浮体系加劲梁在中塔处不存在设置支座的问题；半飘浮与飘浮体系均需设置侧向抗风支座，且抗风支座反力达 8 513 ~ 13 679kN，均比一般抗风支座反力要大，此两种结构体系在中塔处设置支座时，要考虑加劲梁纵向与竖向位移的影响。

静力分析小结：

①半飘浮体系(弹性索)比纵向完全放松的飘浮体系在约束加劲梁纵向位移、提高主缆抗滑稳定等方面有较大改善，是一种可行的方法，泰州大桥即在中塔处设置了弹性索，取得了较好的效果。弹性索的不足是存在疲劳及防腐问题，弹性索服役一定年限后，要定期检测，必要时进行更换。

②非飘浮体系(固结)在约束加劲梁纵向位移、提高主缆抗滑稳定等方面比半飘浮体系(弹性索)又优越一些，具体表现在：可显著增加悬索桥结构的整体刚度，减小加劲梁挠度；可显著减小中塔顶的不平衡剪力，有利中塔及基础受力；可显著减小中塔顶鞍座两侧主缆的不平衡力，这是固结体系特有的优势。

③非飘浮体系(固结)的不足是中塔处加劲梁弯矩和轴力都较大，需通过适当增大加劲梁梁高和截面面积来解决。这是一个局部问题，不会给全桥设计带来根本性的影响。由于固结后，塔梁可以转动，所以并非完全"固死"，所产生的内力在可控范围之内。

(2)动力及抗风、抗震分析

飘浮和非飘浮两种结构体系下的结构动力及抗风抗震分析有限元计算结果分别列于表 2.3.14 ~ 表 2.3.17。下面对主要计算结果进行分析。

飘浮体系动力特性   表2.3.14

振型阶数	周期(s)	频率(Hz)	振型特征
1	12.103	0.083	中塔纵桥向弯曲
2	7.903	0.127	主梁一阶反对称竖弯
3	7.869	0.127	主梁一阶对称侧弯
4	7.809	0.128	主梁二阶反对称竖弯
5	7.436	0.134	主梁二阶对称侧弯
6	6.349	0.158	主梁一阶对称竖弯
7	5.746	0.174	主梁二阶对称竖弯
8	4.974	0.201	北引桥振型
9	4.974	0.201	北引桥振型
10	4.560	0.219	南引桥振型

非飘浮体系动力特性   表2.3.15

振型阶数	周期(s)	频率(Hz)	振型特征
1	14.731	0.068	中塔纵桥向弯曲
2	9.979	0.100	主梁一阶反对称竖弯
3	8.048	0.124	主梁一阶对称侧弯
4	7.903	0.127	主梁二阶反对称竖弯
5	7.446	0.134	主梁二阶对称侧弯
6	6.349	0.158	主梁一阶对称竖弯
7	6.030	0.166	主梁二阶对称竖弯
8	5.306	0.188	主梁纵飘
9	4.974	0.201	北引桥振型
10	4.974	0.201	北引桥振型

不同塔梁约束体系结构静力扭转发散临界风速   表2.3.16

结构体系	C'_{M0}	$K_\alpha(N\cdot m^2)$	$B(m)$	临界风速(m/s)	检验值(m/s)
非飘浮	1.003	1.234×10^7	38.5	116	78.6
飘浮	1.003	1.123×10^7	38.5	111	78.6

不同塔梁约束体系风荷载响应结果   表2.3.17

计算截面响应	风偏角$\beta=0°$		风偏角$\beta=90°$	
	非飘浮	飘浮	非飘浮	飘浮
边塔塔底顺桥向弯矩(N·m)	-5.35×10^7	-5.36×10^7	-8.35×10^7	-9.08×10^7
中塔塔底顺桥向弯矩(N·m)	-5.36×10^5	-3.74×10^5	-3.68×10^8	-3.88×10^8
加劲梁左跨跨中横向弯矩(N·m)	2.61×10^8	2.62×10^8	8.37×10^{-2}	-1.50×10^{-3}
加劲梁左跨跨中竖向弯矩(N·m)	3.25×10^5	3.25×10^5	-1.90×10^6	-3.06×10^6
中塔处主梁横向弯矩(N·m)	-5.59×10^8	-5.61×10^8	1.26	-1.51×10^{-3}

续上表

计算截面响应		风偏角 $\beta = 0°$		风偏角 $\beta = 90°$	
		非飘浮	飘浮	非飘浮	飘浮
中塔处主梁竖弯矩(N·m)		-8.18×10^7	-8.18×10^7	-6.88×10^7	-6.69×10^7
左跨梁端顺桥向位移(m)		-3.66×10^{-3}	-3.44×10^{-3}	1.14×10^{-2}	2.95×10^{-1}
加劲梁左跨跨中位移(m)	横桥向	6.75×10^{-1}	6.83×10^{-1}	0	0
	竖向	-1.86×10^{-1}	-1.86×10^{-1}	2.94×10^{-1}	4.33×10^{-1}
边塔塔顶位移(m)	横桥向	8.81×10^{-2}	8.82×10^{-2}	0	0
	顺桥向	-3.77×10^{-2}	-3.77×10^{-2}	3.68×10^{-2}	3.69×10^{-2}
中塔塔顶位移(m)	横桥向	9.79×10^{-2}	1.32×10^{-1}	0	0
	顺桥向	-3.68×10^{-2}	-3.78×10^{-2}	3.52×10^{-2}	3.54×10^{-2}

动力分析小结：

①非飘浮体系与飘浮体系前10阶振动周期和振型如表2.3.14、表2.3.15所示，非飘浮体系与飘浮体系第一振型均为中塔纵弯，但飘浮体系的中塔纵桥向弯曲周期较长，为14.731s，而非飘浮体系第一振型为中塔纵桥向弯曲，周期为12.103s。

②抗风性能方面，非飘浮体系结构静力扭转发散临界风速的二维计算值如表2.3.16所示，结构静力扭转发散临界风速在成桥状态为116m/s，大于检验值78.6m/s，显示结构静风稳定性能满足设计要求。飘浮体系风荷载的各项位移及内力总体上大于非飘浮体系的对应位移及内力。因此，非飘浮体系的抗风性能优于飘浮体系。

③抗震性能方面，飘浮体系比非飘浮体系中塔塔顶纵桥向位移增大约1.3倍，主梁各关键部位纵桥向位移增大2~5倍，主梁南、北跨中竖向位移增大约2.6倍，其他位置位移变化较小；中塔塔根弯矩减小约40%，但中塔承台底的剪力增大约1.5倍，中塔桩基剪力和弯矩均增大1.5倍，其他位置内力变化较小；因此，飘浮体系相较于非飘浮体系显著增大了主要关键节点的位移，非飘浮体系的抗震性能优于飘浮体系。

2.3.4 非飘浮体系性能

由于三塔连跨悬索桥非飘浮体系在静动力受力性能上的显著优势，以马鞍山长江大桥为实际工程背景，本节针对三塔连跨悬索桥非飘浮体系的静力受力特征、抗风性能、抗震性能及稳定性四个方面进行深入研究。

1）静力受力分析

有限元计算考虑的主要施工过程如下：混凝土塔施工，钢塔施工，主缆架设，吊索、加劲梁（铰接）施工，加劲梁刚接，桥面铺装等施工。计算结果分别列于表2.3.18~表2.3.23。下面对主要计算结果进行分析。

活载作用下加劲梁变形及结构刚度 表2.3.18

项目	最大挠度(m)	挠跨比			最大土拱(m)	梁端转角(rad)	梁端纵坡(%)
		计算值	允许值	判断			
数值	-3.706	1/290	1/250	满足	2.548	0.010/-0.017	1.0/-1.7

从上表可见,挠跨比为 1/290,满足《公路悬索桥设计规范》(JTG/T D65-05—2015)不宜大于 1/250 的要求。加劲梁梁端竖弯转角 0.010/−0.017rad,相应的加劲梁梁端纵坡为 1.0%/−1.7%,梁端纵坡不大,对行车的舒适性不致造成不利的影响。如表 2.3.19 所示。

横向强风作用下加劲梁变形及横向结构刚度　　　　　　　　　　表 2.3.19

项　目	最大横向位移(m)	与跨径比值		判断
		计算值	允许值	
数值	0.934	1/1 152	1/150	满足

最大横向位移与跨径比值为 1/1 152,满足《公路悬索桥设计规范》(JTG/T D65-05—2015)不宜大于跨径的 1/150 的要求,且富余度很大,对行车安全性及舒适性非常有利。横向强风作用下,塔顶位移如表 2.3.20 所示。

塔　顶　位　移　　　　　　　　　　表 2.3.20

项　目	活载塔顶纵向偏位(m)			横向强风塔顶横向位移(m)	
	中塔	与塔高比值	边塔	中塔	边塔
数值	±1.367	1/123	0.191	0.171	0.156

在活载作用下,中塔塔顶偏位为塔高的 1/123,边塔塔顶偏位为塔高的 1/881,塔顶偏位量不大。在横向强风作用下,塔顶横向位移较小。中塔钢结构上塔柱控制工况应力如表 2.3.21 所示。

中塔钢结构上塔柱控制工况应力(MPa,压为正)　　　　　　　　　表 2.3.21

截面号(从上到下)	材质	外壁板厚(mm)	应　力			判断
			最大	最小	允许	
824	Q370qE	40	70	48	204	满足
826	Q370qE	40	96	23	204	满足
828	Q370qE	40	106	15	204	满足
830	Q370qE	40	114	7	204	满足
832	Q370qE	40	123	−1	204	满足
834	Q370qE	40	131	−9	204	满足
836	Q370qE	40	162	−8	204	满足
838	Q370qE	40	174	−23	204	满足
840	Q370qE	40	187	−36	204	满足
842	Q370qE	40	189	−45	204	满足
844	Q370qE	44	200	−55	204	满足
846	Q420qE	44	211	−66	247	满足
848	Q420qE	44	221	−76	247	满足
850	Q420qE	44	230	−85	247	满足
852	Q420qE	50	210	−83	247	满足
854	Q420qE	50	214	−89	247	满足

续上表

截面号 (从上到下)	材质	外壁板厚 (mm)	应力			判断
			最大	最小	允许	
856	Q420qE	50	220	−94	247	满足
858	Q420qE	50	226	−100	247	满足
860	Q420qE	50	231	−105	247	满足
862	Q420qE	56	221	−102	240	满足
864	Q420qE	56	225	−106	240	满足
866	Q420qE	56	229	−109	240	满足
868	Q420qE	60	219	−104	240	满足
870	Q420qE	60	197	−108	240	满足
872	Q420qE	60	220	−129	240	满足
874	Q420qE	60	215	−131	240	满足
876	Q420qE	60	157	−90	240	满足
最值	—	—	231	−131	247	满足

从表2.3.21可见,中塔钢结构上塔柱控制工况下最大压应力231MPa,最大拉应力−131MPa,容许应力分别为247MPa、240MPa,满足要求。

在最不利的主力+附加力(恒载+活载+温度变化+有车横风)作用下,最大压应力247MPa,最大拉应力−133MPa,容许应力286MPa,满足要求。根据《公路钢结构桥梁设计规范》(JTG D64—2015),主力+附加力容许应力提高到1.25倍。

中塔钢结构上、下横梁强度检算:在各自的控制工况下,中塔上横梁之上梁、中梁、下梁,下横梁应力均不高,均满足要求,具体应力如表2.3.22所示。

中塔钢结构上、下横梁控制工况应力(MPa,压为正) 表2.3.22

构件	上横梁—上梁	上横梁—中梁	上横梁—下梁	下横梁
最大	114	82	54	96
最小	−100	−71	−58	−111

中塔混凝土下塔柱强度检算:在各种荷载组合中,中塔混凝土下塔柱控制工况的荷载组合应力结果如表2.3.23所示。

中塔混凝土下塔柱为预应力混凝土构件,采用C50混凝土,根据《公路钢筋混凝土及预应力混凝土桥涵设计规范》(JTG D62—2004),容许压应力为16.2MPa;从应力表可见,最大压应力15.75MPa,最小压应力0.24MPa,均在容许应力范围内,满足要求。

加劲梁强度检算:加劲梁采用流线型扁平钢箱梁,中心线处梁高3.5m,中塔塔梁固结处梁高线性变化到5m;一般节段材质为Q345qD,塔梁固结段材质为Q370qE。加劲梁除中塔两侧一定距离外,其他大部分区段受力均较小、较均匀,不控制设计。靠近中塔的1/4跨加劲梁应力如表2.3.23所示。最不利作用下加劲梁应力如表2.3-24所示。

中塔混凝土下塔柱控制工况名义应力（MPa,压为正）　　　　表2.3.23

截面号（从上到下）	最大	最小	容许	判断
878	10.90	0.76	16.2	满足
880	10.52	0.67	16.2	满足
882	10.16	0.60	16.2	满足
884	11.17	1.78	16.2	满足
886	12.12	2.55	16.2	满足
888	12.76	2.48	16.2	满足
890	14.58	2.88	16.2	满足
892	15.75	2.82	16.2	满足
894	14.64	1.92	16.2	满足
896	13.61	1.11	16.2	满足
898	13.02	0.73	16.2	满足
900	12.25	0.56	16.2	满足
902	10.85	0.31	16.2	满足
904	9.10	0.24	16.2	满足
906	1.74	0.78	16.2	满足
最值	15.75	0.24	16.2	满足

最不利作用下加劲梁应力（MPa,压为正）　　　　表2.3.24

对应位置	截面号	距中塔距离（m）	恒载+活载（主力）							
			上缘				下缘			
			最大	最小	容许	判断	最大	最小	容许	判断
3/4跨	256	268.4	41	-21	203	满足	27	-58	203	满足
	259	260	37	-24	203	满足	33	-52	203	满足
	260	252.4	41	-21	203	满足	28	-58	203	满足
	263	244	37	-24	203	满足	33	-52	203	满足
	264	236.4	41	-21	203	满足	28	-58	203	满足
	267	228	37	-25	203	满足	34	-52	203	满足
	268	220.4	41	-21	203	满足	29	-58	203	满足
	271	212	37	-25	203	满足	34	-52	203	满足
	272	204.4	41	-22	203	满足	30	-58	203	满足
	275	196	37	-25	203	满足	35	-52	203	满足
	276	188.4	41	-22	203	满足	30	-57	203	满足
	279	180	36	-25	203	满足	35	-51	203	满足
	280	172.4	40	-22	203	满足	30	-57	203	满足
	283	164	35	-25	203	满足	35	-50	203	满足
	284	156.4	39	-22	203	满足	31	-55	203	满足

续上表

对应位置	截面号	距中塔距离(m)	恒载+活载(主力)							
			上缘				下缘			
			最大	最小	容许	判断	最大	最小	容许	判断
3/4 跨	287	148	34	−25	203	满足	36	−48	203	满足
	288	140.4	37	−21	203	满足	31	−53	203	满足
7/8 跨	291	132	32	−25	203	满足	36	−46	203	满足
	292	124.4	34	−21	203	满足	31	−49	203	满足
	295	116	29	−24	203	满足	35	−41	203	满足
	296	108.4	30	−21	203	满足	30	−44	203	满足
	299	100	24	−25	203	满足	35	−34	203	满足
	300	92.4	27	−24	203	满足	30	−35	203	满足
	303	84	21	−29	203	满足	41	−29	203	满足
	304	76.4	23	−30	203	满足	44	−34	203	满足
	307	68	18	−39	203	满足	58	−28	203	满足
	308	60.4	22	−44	203	满足	67	−35	203	满足
	311	52	20	−57	203	满足	88	−32	203	满足
	312	44.4	26	−68	203	满足	105	−42	203	满足
	315	36	26	−89	203	满足	136	−42	203	满足
	316	33	30	−96	203	满足	146	−48	203	满足
	319	30.4	32	−103	203	满足	157	−52	203	满足
	320	28.4	34	−109	203	满足	166	−54	203	满足
	321	26	34	−115	203	满足	143	−46	203	满足
	322	24	34	−120	203	满足	146	−45	203	满足
	323	22	35	−126	203	满足	155	−46	203	满足
	324	20	33	−126	203	满足	160	−45	203	满足
	325	18	35	−125	203	满足	163	−49	203	满足
	326	16	36	−123	203	满足	167	−52	203	满足
	327	14	36	−122	203	满足	170	−54	203	满足
	328	12	36	−121	203	满足	173	−55	203	满足
	329	9.1	37	−124	194	满足	180	−57	218	满足
	330	8	35	−118	194	满足	171	−54	218	满足
	331	6	32	−112	194	满足	175	−53	218	满足
	332	4	22	−83	194	满足	179	−52	218	满足
	333	2	21	−82	194	满足	160	−43	218	满足
固结处	334	0	20	−85	194	满足	174	−44	218	满足
	最值	—	42	−126	203	满足	180	−62	218	满足

从表 2.3.24 可见,在最不利作用下,加劲梁一般区段最大压应力 40MPa,最大拉应力 -62MPa;中塔附近最大压应力 180MPa,最大拉应力 -126MPa,均满足要求。

2) 抗风性能

马鞍山长江大桥抗风性能研究全部有限元结构动力分析均采用了 ANSYS 分析软件,并在风洞试验室指定计算机系统中完成。经过设计方案节段模型风洞试验、成桥状态三维静风稳定性分析结论及耦合抖振响应分析,主要研究结论有:

(1)根据《公路桥梁抗风设计规范》(JTG/T D60-01—2004)中的全国基本风速分布图和全国各气象台站的基本风速值,马鞍山长江大桥桥位处的基本风速值可偏安全地取为 27.1m/s。

(2)三分力系数风洞试验结果:加劲梁成桥状态和施工阶段的三分力系数风洞试验主要结果如表 2.3.25 所示。

三分力系数风洞试验结果　　　　表 2.3.25

断面形式	攻角(°)	阻力系数		升力系数		升力矩系数	
		C_D	dC_D/da	C_L	dC_L/da	C_M	dC_M/da
成桥状态	-3	0.731 8	-3.952 9	-0.376 6	3.646 0	-0.063 5	1.056 5
	0	0.666 8	0.796 6	-0.217 2	3.816 3	-0.015 2	1.012 9
	+3	0.702 5	1.955 8	-0.026 1	2.242 5	0.026 0	0.472 8
施工阶段	-3	0.484 8	-4.083 0	-0.393 1	4.413 4	-0.043 9	1.299 1
	0	0.358 1	-0.501 1	-0.170 7	4.111 4	0.013 5	0.982 6
	+3	0.461 9	4.935 1	0.061 6	4.687 3	0.077 0	1.205 5

(3)成桥状态的颤振临界风速在三种风攻角下(-3°、0°和+3°)的颤振临界风速最小值为 70.5m/s,高于该桥的颤振检验风速 56.6m/s,因此成桥状态颤振稳定性能满足规范要求;施工阶段合龙状态的颤振临界风速在三种风攻角下(-3°、0°和+3°)的颤振临界风速最小值为 60.8m/s,高于该桥的颤振检验风速 47.5m/s,因此施工阶段合龙状态的颤振稳定性能满足规范要求。

(4)成桥状态及施工阶段合龙状态的涡激共振试验在均匀流场中进行,试验风攻角范围为 -3°~+3°,涡激共振试验的最大风速(换算到实桥状态)均大于成桥状态的设计基准风速 39.3m/s。成桥状态静风稳定临界风速最小值为 122m/s,远大于静风稳定检验风速 47.2m/s。

(5)在设计基准风速下,在横桥向风作用下,成桥状态加劲梁跨中抖振位移单峰值:竖向为 1.181~1.734m,侧向为 0.383~0.511m,其中下限和上限分别对应于气动导纳为 Sears 函数和气动导纳为 1。

3) 抗震性能

在 P_1 和 P_2 纵向+竖向地震动输入下,三塔连跨悬索桥非飘浮结构体系纵向地震反应特点为:中塔响应最大,中塔塔底最大剪力分别为 21 986.596kN 和 40 327.512kN,最大弯矩分别为 1 096 539.267kN·m 和 2 012 146.014kN·m;边塔塔底最大剪力分别为 14 894.873kN 和 25 717.121kN,最大弯矩分别为 502 404.678kN·m 和 921 985.687kN·m;南、北塔桩基础内力相差较大,主要是由于冲刷高度存在较大差异引起。

在 P_1 和 P_2 纵向+竖向地震动输入下,三塔连跨悬索桥非飘浮结构体系横向地震反应特点为:中塔响应最大,中塔塔底最大剪力分别为 18 311.174kN 和 33 566.388kN,最大弯矩分别为 492 081.063kN·m 和 892 307.375kN·m;边塔塔底最大剪力分别为 20 767.907kN 和 35 844.625kN,最大弯矩分别为 289 965.688kN·m 和 508 422.000kN·m;南、北塔桩基础内力相差较大,主要是由于冲刷高度存在较大差异引起。

抗震设计和验算表明,三塔悬索桥北、中、南塔塔柱根部采用Ⅱ级钢筋,塔柱根部截面(包括新的更改方案)配筋率初步定为 0.55%。

4) 稳定性

马鞍山长江大桥施工阶段和运营阶段各工况下弹性稳定系数如表 2.3.26 和表 2.3.27 所示。

施工阶段各工况下弹性屈曲稳定系数　　　　表 2.3.26

工况	一阶失稳模态	屈曲稳定系数			
		一阶	二阶	三阶	四阶
1	桥塔横桥向反对称弯曲失稳	51.39	51.80	121.60	123.49
2	桥塔横桥向反对称弯曲失稳	51.34	51.74	123.14	124.00
3	桥塔横桥向正对称弯曲失稳	12.24	12.43	21.02	23.70
4	桥塔横桥向正对称弯曲失稳	12.24	12.44	21.02	23.70
5	桥塔顺桥向弯曲失稳	10.50	10.50	25.46	25.58
6	桥塔顺桥向弯曲失稳	10.50	10.50	25.46	25.58
7	桥塔顺桥向弯曲失稳	5.30	5.30	18.34	18.96
8	桥塔顺桥向弯曲失稳	5.30	5.30	18.34	18.96
9	桥塔顺桥向弯曲失稳	5.25	5.25	18.25	18.91
10	桥塔顺桥向弯曲失稳	5.25	5.25	18.25	18.91

运营阶段各工况下弹性屈曲稳定系数　　　　表 2.3.27

工况	一阶失稳模态	屈曲稳定系数			
		一阶	二阶	三阶	四阶
1	桥塔顺桥向弯曲失稳	4.50	4.50	8.08	8.08
2	桥塔顺桥向弯曲失稳	4.50	4.50	8.08	8.08
3	桥塔顺桥向弯曲失稳	4.17	4.18	7.99	7.99
4	桥塔顺桥向弯曲失稳	4.12	4.13	7.98	7.98
5	桥塔顺桥向弯曲失稳	4.17	4.18	7.99	7.99
6	桥塔顺桥向弯曲失稳	4.12	4.13	7.98	7.98
7	桥塔顺桥向弯曲失稳	4.18	4.52	7.99	8.08
8	桥塔顺桥向弯曲失稳	4.13	4.47	7.98	8.07
9	桥塔顺桥向弯曲失稳	4.18	4.52	7.99	8.08
10	桥塔顺桥向弯曲失稳	4.13	4.46	7.98	8.07

续上表

工况	一阶失稳模态	屈曲稳定系数			
		一阶	二阶	三阶	四阶
11	桥塔顺桥向弯曲失稳	4.34	4.35	8.04	8.04
12	桥塔顺桥向弯曲失稳	4.29	4.30	8.02	8.03
13	桥塔顺桥向弯曲失稳	4.34	4.35	8.04	8.04
14	桥塔顺桥向弯曲失稳	4.29	4.30	8.02	8.02
15	桥塔顺桥向弯曲失稳	4.34	4.52	8.04	8.08
16	桥塔顺桥向弯曲失稳	4.29	4.47	8.02	8.07
17	桥塔顺桥向弯曲失稳	4.34	4.52	8.04	8.08
18	桥塔顺桥向弯曲失稳	4.29	4.46	8.02	8.07

通过施工及运营阶段弹性稳定分析计算,得到如下结论:

(1)马鞍山长江大桥施工阶段最小稳定系数大于5.25,成桥阶段最小稳定系数大于4.12,结构具有一定的稳定安全储备。

(2)悬索桥在施工阶段结构的稳定性逐渐降低,表明悬臂长度越大,结构稳定性越差。在主缆架设前,结构失稳模态为主塔横桥向弯曲失稳,主缆架设后,失稳模态为主塔顺桥向弯曲失稳。

(3)施工阶段风荷载对结构的弹性稳定性影响很小,结构的稳定性主要由结构本身的刚度决定。

(4)成桥阶段一阶失稳模态均为边塔顺桥向弯曲失稳,且风荷载、温度荷载、汽车荷载对结构的弹性稳定性影响很小,结构的稳定性主要由结构本身的刚度决定。

马鞍山长江大桥施工阶段和运营阶段各工况下弹塑性稳定系数如表2.3.28所示。恒载与活载同时加倍运营各阶段下稳定系数汇总如表2.3.29所示。仅活载加倍运营阶段各工况下稳定系数汇总如表2.3.30所示。

施工阶段各工况下弹塑性稳定系数汇总　　　表2.3.28

工况	最终破坏位置	稳定系数	
		弹塑性变形分界点	极限状态
1	下横梁处钢塔	7.00	11.49
2	下横梁处钢塔与下塔柱塔底	14.60	19.83
3	下横梁处混凝土塔塔柱	2.10	2.40
4	下横梁处混凝土塔塔柱	2.68	3.71
5	下横梁处混凝土塔塔柱	2.25	3.98
6	下混凝土塔塔底	2.26	3.73
7	边混凝土塔下横梁处塔柱与塔底	2.50	3.23
8	边混凝土塔下横梁处塔柱与塔底	1.40	2.57
9	中塔塔根处主梁;边混凝土塔下横梁处塔柱与塔底	2.77	3.25
10	边混凝土塔下横梁处塔柱与塔底	1.38	2.50

恒载与活载同时加倍运营阶段各工况下稳定系数汇总　　　　表2.3.29

工况	荷 载 描 述	稳定系数
1	恒载+横桥向风荷载(100年)	2.76
2	恒载+顺桥向风荷载(100年)	2.20
3	恒载+汽车(两跨满载)+整体升温+横桥向风荷载(25m/s)+索梁升温	2.89
4	恒载+汽车(两跨满载)+整体降温+横桥向风荷载(25m/s)+索梁降温	2.87
5	恒载+汽车(两跨满载)+整体升温+顺桥向风荷载(25m/s)+索梁升温	2.27
6	恒载+汽车(两跨满载)+整体降温+顺桥向风荷载(25m/s)+索梁降温	2.24
7	恒载+汽车(全桥偏载)+整体升温+横桥向风荷载(25m/s)+索梁升温	2.79
8	恒载+汽车(全桥偏载)+整体降温+横桥向风荷载(25m/s)+索梁降温	2.78
9	恒载+汽车(全桥偏载)+整体升温+顺桥向风荷载(25m/s)+索梁升温	2.12
10	恒载+汽车(全桥偏载)+整体降温+顺桥向风荷载(25m/s)+索梁降温	2.10
11	恒载+汽车(半桥满载)+整体升温+横桥向风荷载(25m/s)+索梁升温	2.95
12	恒载+汽车(半桥满载)+整体降温+横桥向风荷载(25m/s)+索梁降温	2.92
13	恒载+汽车(半桥满载)+整体升温+顺桥向风荷载(25m/s)+索梁升温	2.23
14	恒载+汽车(半桥满载)+整体降温+顺桥向风荷载(25m/s)+索梁降温	2.21
15	恒载+汽车(半桥偏载)+整体升温+横桥向风荷载(25m/s)+索梁升温	3.00
16	恒载+汽车(半桥偏载)+整体降温+横桥向风荷载(25m/s)+索梁降温	2.98
17	恒载+汽车(半桥偏载)+整体升温+顺桥向风荷载(25m/s)+索梁升温	2.30
18	恒载+汽车(半桥偏载)+整体降温+顺桥向风荷载(25m/s)+索梁降温	2.26

仅活载加倍运营阶段各工况下稳定系数汇总　　　　表2.3.30

工况	荷 载 描 述	稳定系数
1	恒载+汽车全桥满载+降温+横桥向风荷载	18.52
2	恒载+汽车全桥满载+降温+顺桥向风荷载	12.18
3	恒载+汽车全桥偏载+降温+横桥向风荷载	26.39
4	恒载+汽车全桥偏载+降温+顺桥向风荷载	21.48
5	恒载+汽车半桥满载+降温+横桥向风荷载	20.11
6	恒载+汽车半桥满载+降温+顺桥向风荷载	10.64
7	恒载+汽车半桥偏载+降温+横桥向风荷载	21.97
8	恒载+汽车半桥偏载+降温+顺桥向风荷载	19.78

通过施工及运营阶段弹塑性稳定分析计算,得到如下结论:

(1)施工阶段,最小稳定系数为2.40,成桥阶段最小稳定系数为2.10,结构具有一定的稳定性。

(2)主塔上横梁架设前,主塔最大悬臂状态下稳定性较差,尤其是边塔在横桥向风荷载作用下,稳定系数仅2.4。施工时需要采取一定的措施。悬索桥在施工阶段结构的稳定性逐渐降低,表明随着结构构件的逐渐增多,整体刚度下降,结构稳定性也下降。

(3) 马鞍山长江大桥成桥阶段二类稳定破坏形态均为结构发生强度破坏。全桥的薄弱位置主要为边塔下横梁处塔柱，中塔塔梁结合处主梁与塔柱。

(4) 成桥阶段温度荷载对结构的弹性稳定性影响很小；风荷载（尤其是顺桥向风荷载）对结构的弹性稳定性影响较大。

(5) 汽车荷载加载方式对结构的稳定性有一定的影响，恒载与活载同时加倍失稳时，稳定性影响从大到小依次为：全桥偏载 > 全桥满布 > 半桥满布 > 半桥偏载，在运营过程中需要尽可能避免出现结构偏载现象；仅活载加倍失稳时，稳定性影响从大到小依次为：半桥满布 > 全桥满布 > 半桥偏载 > 全桥偏载，在运营过程中需要尽可能避免出现结构不对称布载现象。

5) 非飘浮体系性能分析小结

(1) 静力性能方面，考虑主要施工过程及恒载、活载组合情况作用下，竖向位移挠跨比、最大横向位移与跨径比值满足要求，加劲梁梁端竖弯转角及纵坡不大，对行车的舒适性不至于造成不利的影响，塔顶偏位量不大，在横向强风作用下，塔顶横向位移较小，各主要部位强度验算均满足要求。

(2) 抗风性能方面，施工阶段及成桥阶段颤振稳定性能满足规范要求，涡激共振试验的试验最大风速均大于成桥状态的设计基准风速，成桥状态静风稳定临界风速最小值远大于静风稳定检验风速。

(3) 抗震设计和验算表明，三塔悬索桥北、中、南塔塔柱根部采用Ⅱ级钢筋，塔柱根部截面（包括新的更改方案）配筋率初步定为 0.55%。

(4) 弹性稳定分析表明，施工阶段和成桥阶段结构具有一定的稳定安全储备，悬索桥在施工阶段结构的稳定性逐渐降低，施工阶段风荷载对结构的弹性稳定性影响很小，结构的稳定性主要由结构本身的刚度决定，成桥阶段一阶失稳模态均为边塔顺桥向弯曲失稳，且风荷载、温度荷载、汽车荷载对结构的弹性稳定性影响很小，结构的稳定性主要由结构本身的刚度决定。

(5) 弹塑性稳定分析表明，施工阶段和成桥阶段结构具有一定的稳定性，主塔上横梁架设前，主塔最大悬臂状态下稳定性较差，悬索桥在施工阶段结构的稳定性逐渐降低，成桥阶段二类稳定破坏形态均为结构发生强度破坏。全桥的薄弱位置主要为边塔下横梁处塔柱，中塔塔梁结合处主梁与塔柱。风荷载对结构的弹性稳定性影响较大，汽车荷载加载方式对结构的稳定性有一定的影响。

2.4 非飘浮体系的扩展应用研究

在确定三塔连跨悬索桥适宜结构体系后，本节针对多塔悬索桥的不同特点，探讨约束体系扩展应用的可能性和条件，查看三塔以上悬索桥不同结构体系的适用性及组合体系受力特征，并最终给出三塔或三塔以上连跨悬索桥通用的结构设计方法。三塔以上悬索桥至少有两个中塔，存在中塔效应增长性问题和适宜结构体系组合问题，这两个问题将在中塔效应分析和温度效应分析两节中分别加以论述。

1) 中塔效应分析

以全非飘浮体系组合及全飘浮体系组合为例，进行三塔至六塔悬索桥各控制工况下的主要静力分析（表 2.4.1），各悬索桥主跨跨径均为 1 080 m，同一悬索桥，中塔构造相同。

全非飘浮体系组合及全飘浮体系组合三塔至六塔悬索桥静力分析结果　　表2.4.1

比较项目		全非飘浮体系				全飘浮体系			
		三塔	四塔	五塔	六塔	三塔	四塔	五塔	六塔
主缆抗滑系数		2.42	2.46	2.46	2.46	1.83	1.85	1.87	1.90
加劲梁最大挠度(m)		-3.704	-4.962	-4.949	-4.948	-3.891	-5.303	-5.311	-5.317
加劲梁最大上拱(m)		2.505	3.842	3.837	3.836	2.681	4.147	4.17	4.18
加劲梁梁端纵向位移(m)	伸长	0.026	0.026	0.026	0.026	0.875	0.823	0.771	0.738
	缩短	-0.033	-0.034	-0.034	-0.034	-0.879	-0.836	-0.792	-0.767
中塔塔顶纵向位移(m)		1.32	1.31	1.311	1.311	1.603	1.588	1.575	1.562
中塔上部钢结构根部弯矩(kN·m)		1 969 283	2 101 425	2 027 390	2 025 116	2 156 945	2 249 386	2 119 913	2 082 566
中塔下部混凝土根部弯矩(kN·m)		2 841 077	3 381 382	3 448 787	3 456 532	2 853 653	2 980 898	2 804 944	2 755 002

三塔以上悬索桥中塔效应都有所增强,主要表现在加劲梁在活载作用下最大挠度值和最大上拱值增大,三塔以上悬索桥挠跨比为三塔悬索桥的1.3~1.4倍,上拱值为三塔悬索桥的1.4~1.5倍。

三塔悬索桥主缆抗滑系数最低,四塔、五塔和六塔主缆抗滑系数依次升高。

与三塔悬索桥结构性能类似,全非飘浮体系组合悬索桥在主缆抗滑性能及桥梁整体刚度方面均优于全飘浮体系组合悬索桥,但全非飘浮体系组合的塔梁固结构造会导致中塔下部混凝土根部处产生较大弯矩,且中塔所承受之弯矩随塔数的增多而增大,对于六塔全非飘浮体系组合悬索桥,其中塔下部混凝土根部最大弯矩为全飘浮体系组合的1.25倍。

其他静力分析结果,如加劲梁梁端纵向位移、中塔塔顶纵向位移、中塔上部钢结构根部弯矩等受塔数变化影响较小。

2)温度效应分析

对于三塔连跨悬索桥,由于桥塔沿顺桥向对称布置,在温度应力作用下中塔不产生纵向弯矩与剪力,因此对于非飘浮体系,将加劲肋与中塔下横梁固结在一起,中塔在温度力作用下不会产生多余的内力,而对于三塔以上连跨悬索桥,当整体温度变化、中塔间加劲梁热胀冷缩产生的轴向变形受到约束时,结构(尤其中塔)产生次内力。温度效应分析主要确定三塔以上悬索桥采用连续体系或连续采用非飘浮体系的可能性,以及三塔以上悬索桥不同塔梁约束体系最优组合,即适宜结构体系组合问题。

有限元计算结果显示,三塔以上连跨悬索桥在温度荷载作用下展现了与三塔连跨悬索桥迥然不同的受力特征,不同桥塔个数、不同塔梁约束体系组合,温度荷载作用效应不同,大致可分为无温度效应、弱温度效应及强温度效应三种形式。

(1)无温度效应:结构中心中间塔无论采用何种塔梁约束形式,由于对称特性,固结区域均不受温度荷载影响。

(2)弱温度效应:只在一个非结构中心桥塔处塔梁固结。由于桥塔两侧加劲梁变形差异主要来源于缆索约束不同,而非桥塔约束,加劲梁变形产生的轴力差值有限,因此结构温度效应不明显。

(3)强温度效应:如图2.4.1所示,最外侧非飘浮桥塔A、B,在两处及以上桥塔处塔梁固结,固结处的桥塔底部温度荷载作用弯矩值较大,数量级与汽车活载弯矩值相同,非固结处的桥塔温度应力不大。

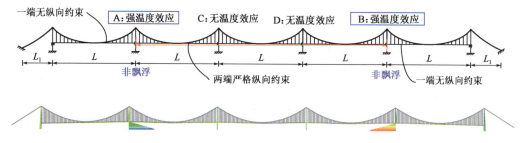

图2.4.1 强温度效应原理图

3)塔梁约束体系组合适宜性分析

由温度效应计算分析总结可得,对于多塔连跨悬索桥,中塔只设置一处纵向约束(非飘浮体系的塔梁固结)能有效避免温度效应在中塔塔底产生的较大附加力的作用,在减弱温度荷载影响的同时,还可提高主缆抗滑性能及桥梁整体刚度,减小加劲梁纵向位移。所以,对于大跨径三塔以上悬索桥,宜选用有且仅有一处纵向约束的塔梁约束体系组合——"1配N"模式,即1个非飘浮体系配N个飘浮体系的组合结构体系。当然,组合后的结构体系是否成立,其抗滑安全系数、挠跨比是否满足,依然是重要条件。由于温度内力与结构绝对刚度正相关,结构设计时不推荐选用拥有两座或两座以上采用非飘浮体系桥塔的塔梁约束体系组合。

对于"1配N"模式的塔梁约束体系组合,探究不同桥塔数量及不同跨径对多塔悬索桥结构性能的影响。悬索桥静力分析选用本节中结构某一满跨偏载控制工况+整体升温30℃的荷载组合。如表2.4.2所示。

单中塔固结体系悬索桥静力分析结果　　　　　表2.4.2

比较项目	1 080m			1 200m		1 440m	
	四塔	五塔	六塔	四塔	五塔	四塔	五塔
主缆抗滑系数	2.05	2.01	2.01	2.13	2.15	2.41	2.39
加劲梁最大挠度(m)	−5.822	−5.788	−5.853	−6.423	−6.383	−7.162	−7.118
加劲梁梁端纵向位移(m)	0.843	0.844	1.128	0.96	0.961	1.092	1.092
中塔下部混凝土根部弯矩(kN·m)	3 116 065	2 941 776	2 707 083	3 438 896	3 418 016	4 603 675	4 590 151
中塔下部混凝土根部轴力(kN)	−463 757	−463 143	−462 143	−487 558	−487 115	−542 459	−542 286

可以看出,相较于不同桥塔数量,不同跨径对多塔连跨悬索桥的主缆抗滑特性、加劲梁位移以及中塔受力均有比较大的影响。五塔1 080m悬索桥(总长5 400m)和四塔1 440m悬索桥(总长5 760m)总长相近,但五塔1 080m悬索桥受力性能更优,因此,"1配N"模式的塔梁约束体系组合适用于跨径适中的多塔连跨悬索桥,即在条件允许时,对于相同总长,宜首先选择塔

数较多跨径不大的"1配N"模式的塔梁约束体系组合悬索桥（建议单跨跨径≤1 200m），同时应着重考察该悬索桥的主缆抗滑特性。

对于三塔以上悬索桥，为增加"1配N"模式的抗滑安全性和整体刚度，除"1"桥塔采用非飘浮体系外，其余"N"个桥塔也可采用设置弹性索的半飘浮体系形式，使得悬索桥整体受力性能达到最优。

相同跨径，随塔数增多，加劲梁纵向位移增加，准确给出多塔悬索桥由于加劲梁纵向位移过大而不得不采用简支体系的条件是困难的。当塔数超过6时，为有效减小加劲梁纵向位移，需断开加劲梁，采用塔数不超过6的简支体系的形式（端部简支，不设置纵向约束），在每个简支体系内，选择"1配N"模式的塔梁约束体系组合。以简支体系为基本单元，组拼多塔悬索桥。

2.5　三塔非飘浮体系悬索桥试验研究

2.5.1　非飘浮体系整桥模型试验验证

以马鞍山长江大桥为原型，建立1:80比例缩尺全桥模型。试验的主要目的为：通过模型测试与有限元仿真计算结果的对比分析实现对三塔悬索桥理论计算的验证；在成桥状态下通过分级加载试验，研究测试三塔悬索桥荷载与结构响应线性程度，验证理论计算过程中活载线性化处理方法的合理性。试验主要内容包括：①活载作用下三塔悬索桥线性行为验证试验；②运营阶段三塔悬索桥受力行为试验；③固结体系与飘浮体系结构体系性能试验；④三塔悬索桥自振特性试验。

试验主要结果为：

1）活载作用下三塔悬索桥线性行为验证试验

分级加载采用两种加载模式，一是单点加载，二是均布加载。如图2.5.1与图2.5.2所示。图2.5.1给出了在3号吊索处主梁分级施加荷载时加劲梁竖向挠度、主缆拉力、中塔塔顶水平位移与塔身应变测试值。图2.5.2给出了沿全桥均布分级加载时加劲梁挠度、主缆拉力、边塔水平位移与塔身应变测试值。

2）影响线加载试验

图2.5.3给出了三塔悬索桥典型截面内力与位移影响线测试值与计算值。图a)、b)表示加劲梁竖向挠度影响线，图c)为中塔水平位移影响线，图d)为主缆拉力影响线。由于测试所施加单点荷载相对全桥满载时荷载值较小，响应值也相应小，测试误差稍大，从图中可以看出，影响线测试值的变化趋势与有限元分析结果吻合程度很好。

3）成桥状态验证试验

表2.5.1给出了固结体系三塔悬索桥模型主梁、主塔、主缆各控制截面位移内力测试结果计算值与实测值。从表中可以看出，固结体系跨中最大挠度测试值为−44.8mm，计算值为−46.7mm，相对差为4%。中塔塔顶水平位移测试值为−16.6mm，计算值为−15.8mm，相对差为5%。边塔塔顶水平位移测试值为2.2mm，计算值为2.1mm，相对差为5%。主缆拉力测试值为3.6kN，计算值为4.2kN，相对差为17%。梁端位移测试值为0.8mm，计算值为0.34mm，相对差很大，但是测试值与计算值绝对值都很小，都小于1mm，如换算为原桥梁端位

移实测值也仅为64mm。除梁端位移由于测试值很小引起较大误差外，总体上，固结体系测试值与计算值相对误差除主缆拉力外都在10%以内。

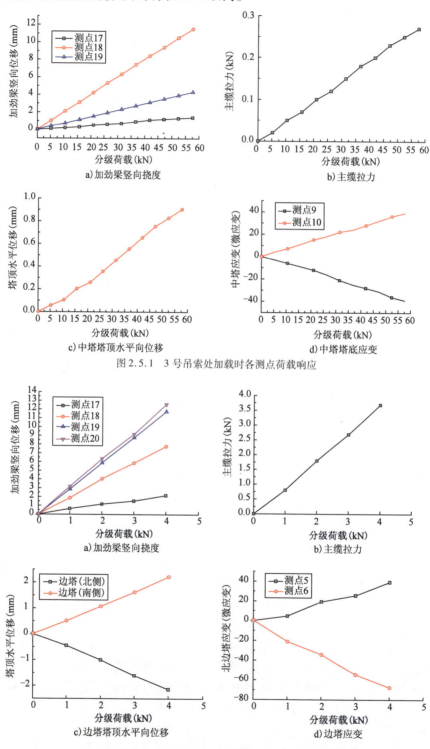

图2.5.1　3号吊索处加载时各测点荷载响应

图2.5.2　全桥均布分级加载时各测点荷载响应

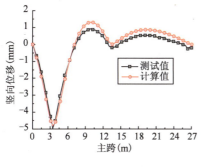
a) 主梁四分之一跨影响线测试值与计算值

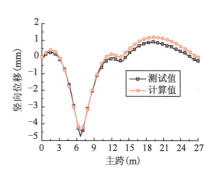
b) 主梁跨中影响线测试值与计算值

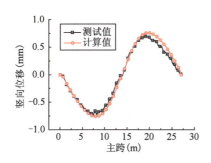
c) 中塔塔顶水平位移影响线测试值与计算值

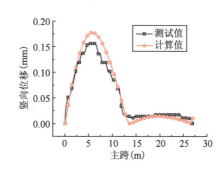
d) 主缆拉力影响线测试值与计算值

图 2.5.3 三塔悬索桥模型位移与内力影响线测试值与计算值

静力荷载作用下固结体系三塔悬索桥各控制截面内力与位移   表 2.5.1

工 况	单 位	实测值	计算值	相对差(%)
1/8 处主梁挠度	mm	−30.7	−32.1	−5
1/4 处主梁挠度	mm	−39.7	−43.9	−10
跨中挠度(单跨满载)	mm	−41.6	−40.7	2
跨中最大挠度	mm	−44.8	−46.7	−4
3/4 处挠度	mm	−42.4	−45.7	−8
7/8 处挠度	mm	−31.5	−29.6	6
主梁梁端最大位移	mm	0.8	0.34	—
中塔塔顶位移/单跨满载	mm	−16.6	−15.8	5
边塔塔顶位移/两跨满载	mm	2.2	2.1	5
主缆拉力/全跨满载	kN	3.6	4.2	−17

表 2.5.2 给出了飘浮体系三塔悬索桥模型主梁、主塔、主缆各控制截面位移内力测试结果计算值与实测值。从表中可以看出，跨中最大挠度测试值为 −47.4mm，计算值为 −43.1mm，

相差仅为3%，跨中最大挠度值换算成实桥3.79m。中塔塔顶水平位移在单跨满载时为最大值，测试值为19.5mm，计算值为17.8mm，测试值比计算值大9%。如将中塔水平位移换算成原桥为1.56m。边塔塔顶水平位移测试值为2.3mm，计算值为2.2mm，相差4%。主梁梁端位移测试值为10.8mm，计算值为12.4mm，相差为15%，梁端位移测试值与计算值的差异也较大，但相差绝对值不大，不到2mm。主缆拉力测试值为3.5kN，而计算值为4.2kN，两者相差较大，为20%。其原因为锚跨区主缆、边跨主缆与桥跨方向的角度有一点差异，本次有限元建模没有考虑锚跨，忽略了这种差异。因此总体来说，飘浮体系三塔悬索桥模型各控制截面响应的测试值与计算值吻合较好。

静力荷载作用下飘浮体系三塔悬索桥各控制截面内力与位移　　表2.5.2

工况	单位	实测值	计算值	相对差(%)
1/8处主梁挠度	mm	-32.0	-35.2	-10
1/4处主梁挠度	mm	-50.0	-49.1	2
跨中挠度(单跨满载)	mm	-46.1	-43.1	7
跨中最大挠度	mm	-47.4	-48.8	-3
3/4处挠度	mm	-46.5	-48.4	-4
7/8处挠度	mm	-32.4	-33.9	-5
主梁梁端最大位移	mm	10.8	12.4	-15
中塔塔顶位移/单跨满载	mm	19.5	17.8	9
边塔塔顶位移/两跨满载	mm	2.3	2.2	4
主缆拉力/全跨满载	kN	3.5	4.2	-20

为了更直观地比较固结体系与飘浮体系在荷载作用下加劲梁挠度，图2.5.4给出了两种体系加劲梁竖向挠度包络图测试值与计算值，图中可以看出固结体系与飘浮体系挠度包络图在单跨范围呈"U"形，这与普通悬索桥挠度包络图形状相似。两种体系挠度测试值与计算值都吻合较好，在单跨四分点附近相差稍大，中、边塔附近相差较小。

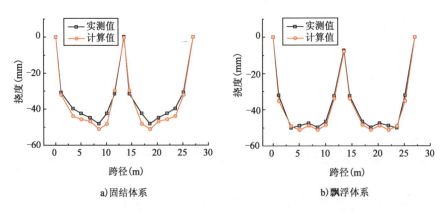

a) 固结体系　　　　　　　　　b) 飘浮体系

图2.5.4　两种体系三塔悬索桥主梁最大竖向挠度包络图计算值与测试值

4) 主缆抗滑安全性验证试验

如表 2.5.3 所示,主缆抗滑安全性验证通过一跨满载、一跨空载进行验证,试验结果显示,单跨满载时,中塔两侧主缆在加载前后缆的水平夹角差,固结体系为 7.1°,飘浮体系为 8.8°,固结体系比飘浮体系小,如表中 $\Delta\alpha$。通过简单计算可以得出主缆紧边拉力与松边拉力的比值,飘浮体系为 1.096,固结体系为 1.078。

加劲梁单跨加载时中塔两侧主缆空间位置测量数据 表 2.5.3

边界条件		紧边		松边		主缆夹角			F_{c1}/F_{c1}
		X	Z	X	Z	加载跨	非加载跨	$\Delta\alpha$	
固结体系	初始状态	−121.70	−14.45	121.70	−14.45	30.7	30.3	—	—
	单跨满载	−138.25	−13.40	105.15	−15.65	27.3	34.4	7.1	1.078
飘浮体系	初始状态	−121.70	−14.45	121.70	−14.45	30.4	30.2	—	—
	单跨满载	−141.00	−13.00	102.35	−15.95	26.4	35.2	8.8	1.096

5) 动力测试模态参数结果

表 2.5.4 给出了飘浮体系与固结体系各阶模态对应的频率实测值与计算值。主梁一阶对称横向受弯飘浮体系实测值为 0.43Hz,计算值为 0.46Hz。固结体系实测值为 0.65Hz,计算值为 0.68Hz。主梁一阶反对称竖弯飘浮体系实测值为 0.62Hz,计算值为 0.666Hz。固结体系实测值为 0.91Hz,计算值为 0.99Hz。从表中可以看出三塔悬索桥模型模态测试值与计算值吻合较好,误差小于 10%。

三塔悬索桥自振特性参数 表 2.5.4

模态	飘浮体系			固结体系		
	实测值(Hz)	计算值(Hz)	误差(%)	实测值(Hz)	计算值(Hz)	误差(%)
主梁一阶对称横向受弯	0.43	0.46	7	0.65	0.68	6
主梁一阶反对称竖弯	0.62	0.66	6	0.91	0.99	9

试验主要结论为:

(1) 通过马鞍山长江大桥 1:80 缩尺全桥模型试验,测试了三塔悬索桥在不同模式分级加载下主梁、主缆与主塔结构响应,结果显示,不论是固结体系或飘浮体系三塔悬索桥,其结构行为基本呈线性,即在活载作用下三塔悬索桥非线性表现不明显,因此可以得出结论:相较于普通悬索桥,三塔悬索桥尽管因增加了一个中塔而使全桥刚度变柔,但是在活载作用下其非线性不显著,在进行有限元计算时仍然可以在恒载作用的基础上对活载作用进行线性化处理,如 MIDAS 程序中对悬索桥活载的分析方法。

(2) 通过将公路一级荷载进行相似变换后对马鞍山长江大桥进行加载试验,测试了主梁竖向挠度、中塔水平位移与塔底截面应变、主缆拉力等控制工况,同时与有限元计算结果进行了比较,结果显示试验测试结果与理论计算结果吻合较好,其中除主缆拉力测试结果误差稍大外,其余测试结果与计算结果误差均在 10% 以内,使模型试验与理论计算方法得到了相互验证。

(3)在马鞍山长江大桥模型的基础上通过将固结体系变为飘浮体系进行桥梁运营荷载加载试验,并将两种体系下结构响应测试结果进行对比分析,结果显示固结体系由于中塔处对主梁约束,使梁端位移较飘浮体系减小90%以上,极大地限制了主梁纵向位移,因此固结体系与飘浮体系相比,由于两端位移的减小,行车舒适性会得到极大的提高;而且梁端位移减小使吊索在荷载作用下倾斜度也相应减小,从而改善短吊索的受力。

(4)通过单跨满载工况试验,进行了中塔水平位移及中塔塔底应变测试,试验结果显示,固结体系下中塔水平位移较之飘浮体系减小15%,塔底应变减小21%。中塔水平位移减小使中塔两侧主缆不平衡拉力减小,从而提高主缆抗滑安全系数,因此固结体系相对于飘浮体系,主缆抗滑安全系数增大。塔底应变减小说明主梁在中塔处增加约束后中塔整体受力也得到了极大的改善。

(5)固结体系与飘浮体系相比对主缆的受力影响有限,两种体系下主缆受力几乎没有改变。对于边塔也可以得出和主缆相同的结论,因此表明主梁在中塔处设置约束对于主缆拉力影响很小。

(6)加劲梁在中塔处固结虽然对主缆拉力影响有限,但是对于中塔两侧不平衡拉力的影响则另当别论。单跨满载作用下测试了飘浮体系与固结体系条件下主缆空间位置的变化,根据测试结果分析了主缆在中塔两侧不平衡拉力,并以此对固结体系与飘浮体系中塔鞍槽内缆抗滑安全性能作了比较分析,结果显示三塔悬索桥固结体系主缆抗滑安全系数比飘浮体系要大,这与有限元分析结果一致。

(7)通过马鞍山长江大桥模型模态试验,测试了主梁前两阶频率,进一步对模型与理论计算进行相互校核,结果显示对于固结体系与飘浮体系测试值与计算值吻合较好,相对差在10%以内。一阶振动模态出现在主梁一阶对称横向受弯。同时根据测试结果,主梁一阶对称横向受弯和主梁一阶反对称竖弯对应频率固结体系测试值比飘浮体系测试值都大,据此可以得出结论,即固结体系全桥整体刚度比飘浮体系大。

2.5.2 非飘浮体系关键结构模型试验研究

根据钢—混塔墩接头及塔梁固结处的受力特点和试验研究目的,进行了模型试验,该模型试验以获取结构应力和变形分布,研究结构受力机理,验证结构承载能力为目的,试验内容主要包括:钢—混塔墩接头及塔梁固结处整体模型试验,用以确定其受力状态和传力机理,采取整体缩尺模型进行试验研究,模型选择1:4缩尺比,模型范围包括钢—混塔墩接头、部分横梁、钢塔柱、混凝土塔柱的一部分,模型的加载长度和约束条件均满足圣维南原理。通过该试验,可确定钢—混塔墩接头及塔梁固结处应力场、应力集中状况,最不利受力部位,对设计计算进行验证和优化。

试验主要结果如下所述:

1)预应力工况测试结果分析

模型塔柱中所有预应力钢束张拉锚固后,实际测得的混凝土塔柱各主要断面预压应力结果见表2.5.5。实测应变换算为应力时,塔柱混凝土的弹性模量取为 $E_c = 34.5\text{GPa}$。

由表2.5.5可知,预应力束张拉锚固后,混凝土塔柱1-1断面实测预压应力在 $-4.59 \sim -3.45\text{MPa}$;2-2断面实测预压应力在 $-5.66 \sim -4.49\text{MPa}$;3-3断面实测预压应力在 $-3.93 \sim$

−2.86MPa。可见,模型塔柱中预应力钢束张拉锚固后,在塔墩叠合接头部产生了较大的预压应力,达到了使钢塔柱与其下混凝土塔柱紧密叠合的目的。

预应力测试结果(MPa) 表2.5.5

断面	测点号	应力	测点号	应力	测点号	应力	测点号	应力
1-1	1	−3.62	6	−3.48	11	−3.59	16	−3.55
	2	−4.14	7	−3.83	12	−4.21	17	−3.80
	3	−4.59	8	−3.69	13	−4.52	18	−3.59
	4	−4.24	9	−3.59	14	−4.17	19	−4.04
	5	−3.83	10	−3.52	15	−3.62	20	−3.45
2-2	21	−5.18	26	−5.14	31	−5.18	36	−4.97
	22	−5.35	27	−5.21	32	−5.35	37	−5.31
	23	−4.49	28	−5.49	33	−4.49	38	−5.28
	24	−5.45	29	−5.11	34	−5.45	39	−5.66
	25	−4.93	30	−5.04	35	−4.93	40	−5.07
3-3	41	−2.93	49	−3.04	57	−2.86	65	−3.28
	42	0.07	50	0.21	58	0.17	66	0.21
	43	−2.90	51	−2.93	59	−3.07	67	−3.00
	44	−3.11	52	−3.38	60	−2.93	68	−3.17
	45	0.14	53	0.28	61	0.24	69	0.31
	46	−3.00	54	−3.07	62	−2.97	70	−3.35
	47	−2.90	55	−2.97	63	−3.04	71	−3.93
	48	0.21	56	0.10	64	0.14	72	0.17

2)控制内力工况试验结果分析

(1)叠合塔墩接头最大轴力工况

主要应力测试结果如表2.5.6~表2.5.9所示。

最大轴力工况主要断面应力结果对照表(MPa) 表2.5.6

截面	计算值	实测值
1-1	−0.99 ~ −0.89	−1.04 ~ −0.66
2-2	−1.01 ~ −0.89	−1.17 ~ −0.69
3-3	−1.11 ~ −0.97	−1.31 ~ −0.72
6-6	−36.01 ~ −30.85	−31.31 ~ −26.57
7-7	−44.07 ~ −37.74	−46.56 ~ −34.81

注:表中应力为未考虑预压应力时的数值,本节下文表同。

实测及计算结果均表明,本工况在1.0P荷载作用下,钢塔柱底座钢板应力水平很低。本工况加载至1.0P荷载时,钢塔柱测点处最大实测换算Von Mises应力值为62.22MPa,钢塔柱测点附近计算Von Mises应力点极值为68.0MPa,远小于Q420qE钢材允许值,满足规范要求。

最大轴力工况混凝土应力测试结果（MPa）　　　　表2.5.7

断面	测点号	应力	测点号	应力	测点号	应力	测点号	应力
1-1	1	-0.86	6	-0.79	11	-0.83	16	-0.86
	2	-0.72	7	-0.90	12	-0.69	17	-0.93
	3	-0.79	8	-0.69	13	-0.76	18	-0.93
	4	-0.66	9	-0.86	14	-0.79	19	-1.04
	5	-0.76	10	-0.97	15	-0.90	20	-0.83
2-2	21	-0.79	26	-0.93	31	-0.86	36	-1.17
	22	-0.69	27	-1.04	32	-0.76	37	-1.00
	23	-0.72	28	-0.83	33	-0.90	38	-0.97
	24	-0.83	29	-0.90	34	-0.79	39	-1.10
	25	-0.86	30	-1.00	35	-0.93	40	-0.97
3-3	41	-1.10	49	-1.04	57	-1.17	65	-1.28
	42	0.07	50	-0.21	58	0.14	66	0.10
	43	-0.83	51	-0.79	59	-1.21	67	-1.21
	44	-0.93	52	-0.86	60	-1.14	68	-1.04
	45	0.17	53	0.10	61	0.03	69	0.17
	46	-0.72	54	-0.97	62	-1.24	70	-1.17
	47	-0.83	55	-1.10	63	-1.28	71	-1.31
	48	0.07	56	0.21	64	0.07	72	0.07

最大轴力工况钢塔柱单向应力测试结果（一）（MPa）　　　　表2.5.8

5-5		6-6		7-7	
测点号	应力	测点号	应力	测点号	应力
110	9.27	130	-26.99	150	-36.26
111	6.80	131	-28.02	151	-35.43
112	5.36	132	-26.57	152	-34.81
113	7.00	133	-26.99	153	-36.67
114	5.36	134	-27.40	154	-38.11
116	1.65	136	-27.19	156	-40.58
117	1.24	137	-31.31	157	-44.29
118	2.68	138	-29.05	158	-46.56
120	5.77	141	-31.31	160	-40.17
121	9.06	142	-30.90	161	-38.93
122	8.03	143	-30.08	162	-41.20
123	6.80	146	-28.22	163	-44.08
124	9.89	147	-27.40	164	-42.23
126	10.30	148	-28.43	166	-43.47
127	7.00			167	-41.82
128	9.06			168	-38.73

最大轴力工况钢塔柱应变花应力测试结果(二)(MPa)　　　　表2.5.9

断面	测点号	σ_1	σ_3	σ_s	断面	测点号	σ_1	σ_3	σ_s
4-4	73	1.91	-1.32	2.8	4a-4a	90	5.00	-16.18	19.2
	74	6.94	-3.41	9.1		91	8.48	-14.66	20.3
	75	6.47	-3.82	9.0		92	8.57	-15.93	21.5
	76	4.74	-1.21	5.4		93	8.12	-11.36	17.0
	77	-0.86	-1.79	1.5		94	13.50	-8.21	19.0
	78	6.18	-4.12	9.0		95	6.94	-4.59	10.1
	79	7.95	-6.48	12.5	4b-4b	96	12.42	-5.65	16.0
	80	2.75	-2.16	4.3		97	9.14	-7.08	14.1
5-5	115	1.23	-18.59	19.2		98	11.22	-5.63	14.9
	119	3.13	-16.37	18.1		99	8.20	-5.26	11.7
	125	3.19	-20.55	22.3		100	8.93	-9.81	16.2
	129	1.75	-19.40	20.3		101	7.50	-8.68	14.0
6-6	135	-12.83	-53.66	48.5	4c-4c	102	5.87	-13.22	16.9
	139	-10.14	-47.52	43.3		103	4.51	-20.69	23.3
	140	-14.83	-59.31	53.5		104	5.57	-10.87	14.5
	144	-12.94	-57.66	52.4		105	6.24	-11.24	15.3
	145	-5.95	-32.88	30.3		106	6.72	-11.13	15.6
	149	-4.15	-35.57	33.7	4d-4d	107	5.00	-13.53	16.6
7-7	155	-9.85	-50.16	46.0		108	5.81	-16.40	19.9
	159	-5.81	-51.85	49.2		109	15.68	4.91	13.9
	165	-3.69	-58.97	57.2					
	169	-6.34	-65.15	62.2					

(2)叠合塔墩接头最大竖向弯矩工况

主要应力测试结果如表2.5.10所示。

最大竖向弯矩工况主要断面应力结果对照表(MPa)　　　　表2.5.10

截面	计算值	实测值	截面	计算值	实测值
1-1	-2.03~1.46	-2.24~1.35	6-6	-125.68~105.50	-140.08~100.32
2-2	-2.53~1.95	-2.59~2.14	7-7	-152.77~128.08	-162.53~102.79
3-3	-3.01~2.38	-3.35~2.59			

注:表中应力为未考虑预压应力时的数值,本节下文表同。

实测及计算应力结果均表明,本工况1.0P荷载作用下,钢塔柱底座钢板应力水平不高。由钢塔柱实测应力结果可知,叠合塔墩接头最大竖向弯矩工况加载至1.0P荷载时,测点处最大实测换算Von Mises应力值为187.6MPa,测点处计算Von Mises应力点极值为215.9MPa,实测值小于计算值,且均小于钢塔柱Q420qE钢材允许值,满足规范要求。

(3)叠合塔墩接头最大横向弯矩工况

主要应力测试结果如表2.5.11所示。

最大横向弯矩工况主要断面应力结果对照表(MPa)　　　表2.5.11

截面	计算值	实测值	截面	计算值	实测值
1-1	−2.18～1.47	−2.42～1.52	6-6	−73.58～48.28	−71.69～43.26
2-2	−2.07～1.35	−2.38～1.45	7-7	−77.73～46.78	−82.81～42.44
3-3	−2.18～1.39	−1.79～1.41			

注：表中应力为未考虑预压应力时的数值，本节下文表同。

实测及计算应力结果均表明，本工况在 1.0P 荷载作用下，钢塔柱底座钢板应力水平很低。由钢塔柱实测应力结果可知，叠合塔墩接头最大竖向弯矩工况加载至 1.0P 荷载时，测点处最大实测换算 Von Mises 应力值为 151.55MPa，测点附近计算 Von Mises 应力点极值为 158.1MPa，实测值小于计算值，且均小于钢塔柱 Q420qE 钢材允许值，满足规范要求。

(4)塔梁固结处最大横向弯矩工况

主要应力测试结果如表2.5.12所示。

最大横向弯矩工况应力测试结果(MPa)　　　表2.5.12

断面	测点号	σ_1	σ_3	σ_s	断面	测点号	σ_1	σ_3	σ_s
8-8	170	0.35	−29.77	29.95	9-9	194	33.24	−39.13	62.74
	171	0.20	−30.50	30.60		195	42.91	−21.73	56.98
	172	10.39	−70.40	76.13		196	14.47	−36.53	45.53
	173	32.68	−104.46	124.07		197	−0.06	−67.02	66.99
	174	0.39	−16.28	16.48		198	7.42	−119.81	123.69
	175	19.03	−22.26	35.79		199	66.92	−18.96	78.14
	176	28.00	−38.59	57.91		200	51.60	3.42	49.98
	177	24.85	−43.09	59.54		201	70.23	−18.45	81.05
	178	−1.47	−20.01	19.31	10-10	202	1.58	−68.07	68.87
	179	26.48	−34.72	53.16		203	6.78	−2.67	8.44
	180	28.86	−34.15	54.64		204	44.96	−4.65	47.45
	181	20.91	−27.08	41.68		205	−14.56	−84.59	78.33
	182	24.28	−21.93	40.04		206	−0.82	−38.60	38.20
9-9	183	8.07	−45.73	50.25		207	0.94	−18.30	18.78
	184	21.77	−45.01	58.99		208	4.97	−4.97	8.61
	185	8.79	−54.39	59.28		209	45.56	−15.84	55.21
	186	23.93	−25.70	42.99		210	11.75	−8.51	17.62
	187	24.41	−33.53	50.39	11-11	211	16.54	2.88	15.30
	188	10.46	−45.76	51.79		212	40.60	−0.88	41.05
	189	15.84	−43.79	53.50		213	19.92	0.08	19.88
	190	35.75	−3.98	37.89		214	30.13	−16.00	40.57
	191	7.52	−0.46	7.76	12-12	215	31.42	−54.07	74.90
	192	21.09	−20.80	36.28		216	9.71	−196.52	201.55
	193	17.69	−33.87	45.38		217	−3.29	−77.91	76.31

由塔梁固结处主要断面实测应力结果可知,固结处最大横向弯矩工况加载至 1.0P 荷载时,测点处最大实测换算 Von Mises 应力 σ_s 值为 201.55MPa,小于横梁 Q345qE 钢材允许值,满足规范要求。

(5)塔梁固结处最大横向弯矩工况

主要应力测试结果如表 2.5.13 所示。

最大竖向弯矩工况应力测试结果(MPa) 表 2.5.13

断面	测点号	σ_1	σ_3	σ_s	断面	测点号	σ_1	σ_3	σ_s
8-8	170	0.50	-3.15	3.42	9-9	194	0.20	-10.50	10.60
	171	0.93	-6.52	7.03		195	0.16	-18.40	18.48
	172	-0.30	-16.18	16.03		196	0.49	-17.26	17.50
	173	0.37	-37.74	37.93		197	0.37	-19.49	19.68
	174	0.79	-2.85	3.32		198	0.24	-35.84	35.96
	175	0.02	-5.90	5.91		199	2.25	-4.60	6.05
	176	-0.29	-10.01	9.87		200	-0.24	-12.12	12.00
	177	0.17	-29.29	29.37	10-10	201	-0.64	-35.26	34.94
	178	0.73	-26.91	27.29		202	0.43	-17.79	18.01
	179	0.41	-25.12	25.33		203	-0.19	-18.93	18.84
	180	-0.59	-21.47	21.19		204	-0.52	-25.66	25.41
	181	0.75	-19.58	19.97		205	-0.27	-25.32	25.19
	182	0.66	-28.31	28.65		206	0.60	-30.31	30.62
9-9	183	-0.31	-16.16	16.01		207	0.21	-31.39	31.50
	184	-0.63	-15.55	15.25		208	0.36	-27.73	27.91
	185	0.60	-25.90	26.20		209	-0.82	-24.48	24.08
	186	1.00	-18.07	18.59	11-11	210	1.22	-6.81	7.49
	187	0.79	-16.38	16.79		211	0.05	-8.87	8.90
	188	-0.06	-29.95	29.92		212	1.05	-9.58	10.14
	189	0.56	-38.22	38.51		213	1.48	-12.95	13.75
	190	18.78	-0.84	19.21	12-12	214	-4.46	-7.60	6.62
	191	20.93	-1.51	21.72		215	1.03	-7.50	8.06
	192	18.55	-0.31	18.71		216	1.41	-15.24	15.99
	193	0.25	-11.73	11.86		217	1.71	-17.01	17.92

由塔梁固结处主要断面实测应力结果可知,固结处最大横向弯矩工况加载至 1.0P 荷载时,测点处最大实测换算 Von Mises 应力 σ_s 值为 201.55MPa,小于横梁 Q345qE 钢材允许值,

满足规范要求。

(6)塔梁固结处最大扭矩工况

主要应力测试结果如表2.5.14所示。

最大扭矩工况应力测试结果(MPa) 表2.5.14

断面	测点号	σ_1	σ_3	σ_s	断面	测点号	σ_1	σ_3	σ_s
8-8	170	11.33	-24.86	32.06	9-9	194	20.91	-35.04	48.96
	171	16.63	-27.81	38.89		195	35.85	-30.56	57.58
	172	12.13	-60.67	67.56		196	18.24	-32.37	44.40
	173	23.61	-83.33	97.31		197	26.77	-47.96	65.58
	174	71.52	-5.03	74.16		198	14.45	-66.23	74.52
	175	24.39	-11.45	31.71		199	45.16	-19.86	57.71
	176	59.31	-21.36	72.40		200	36.11	-2.86	37.62
	177	60.16	-23.39	74.66		201	45.05	-20.63	58.17
	178	27.03	-15.85	37.56	10-10	202	9.41	-39.72	45.17
	179	19.82	-36.00	49.01		203	3.85	-22.38	24.53
	180	30.85	-34.97	57.04		204	4.98	-14.69	17.71
	181	43.14	-35.20	67.96		205	-0.81	-47.73	47.33
	182	55.34	-44.45	86.59		206	7.24	-20.78	25.19
9-9	183	19.75	-102.42	113.60		207	7.05	-18.23	22.60
	184	27.18	-72.48	89.23		208	2.38	-9.44	10.83
	185	28.91	-38.33	58.42		209	34.09	-26.73	52.80
	186	64.89	-14.87	73.46		210	13.03	-8.03	18.41
	187	39.93	-31.40	61.93	11-11	211	59.63	11.27	54.87
	188	68.06	-25.41	83.71		212	62.66	-2.94	64.19
	189	19.81	-35.11	48.17		213	42.86	-1.97	43.88
	190	9.48	-23.90	29.79		214	15.48	-29.01	39.12
	191	4.05	-1.40	4.91	12-12	215	23.38	-64.57	78.90
	192	34.57	-3.39	36.38		216	-1.64	-181.35	180.54
	193	27.17	-49.24	67.09		217	-0.81	-138.06	137.66

由塔梁固结处主要断面实测应力结果可知,固结处最大扭矩工况加载至1.0P荷载时,测点处最大实测换算Von Mises应力σ_s值为180.54MPa,小于横梁Q345qE钢材允许值,满足规范要求。

3)位移测试结果及分析

叠合塔墩接头三个控制工况、塔梁固结处三个控制工况及模型极限状态工况1.0P荷载作用下,叠合界面及塔梁固结处各位移测点的实测位移结果及相应的理论计算结果分别见表2.5.15、表2.5.16。

各工况叠合界面各测点位移结果(mm)　　　　　　　　　　　　　　　表2.5.15

工况		表号	表1	表2	表3	表4	表5	表6	表7	表8
叠合塔墩接头	最大轴力	实测值	0.005	0	0	0	0	0.005	0.01	0
		计算值	0	0	0	0	0	0	0	0
		方向	钢—混相对靠近					钢—混相对靠近	钢—混相对靠近	
	最大竖向弯矩	实测值	0.005	0	0.01	0	0	0.015	0.025	0
		计算值	0	0	0	0	0	0	0	0
		方向	钢—混相对远离		钢—混相对远离			钢—混相对靠近	钢—混相对靠近	
叠合塔墩接头	最大横向弯矩	实测值	0.005	0	0	0.01	0	0.005	0	0.01
		计算值	0	0	0	0	0	0	0	0
		方向	钢—混相对靠近			钢—混相对远离		钢—混相对远离		钢—混相对靠近
极限状态		实测值	0	0	0.02	0.015	0	0.01	0.03	0.005
		计算值	0	0	0	0	0	0	0	0
		方向			钢—混相对远离	钢—混相对远离		钢—混相对靠近	钢—混相对靠近	钢—混相对靠近

各工况塔梁固结处各测点位移结果(mm)　　　　　　　　　　　　　表2.5.16

工况		表号	表9	表10	表11	表12	表13	表14
塔梁固结处	最大横向弯矩	实测值	0.02	0.07	0.16	0.15	0.295	0.255
		计算值	0.013	0.06	0.173	0.148	0.598	0.378
		方向	向3号粗钢筋侧	向上	向3号粗钢筋侧	向1号粗钢筋侧	向下	向上
	最大竖向弯矩	实测值	0.02	0.03	0.02	0	0.145	0.13
		计算值	0.02	0.025	0.013	0	0.178	0.18
		方向	向3号粗钢筋侧	向下	向1号粗钢筋侧	向1号粗钢筋侧	向下	向下
	最大扭矩	实测值	0.12	0.23	0.12	0.185	0.32	0.15
		计算值	0.125	0.218	0.103	0.25	0.45	0.21
		方向	向3号粗钢筋侧	向上	向3号粗钢筋侧	向1号粗钢筋侧	向下	向上
极限状态		实测值	0.02	0.13	0.26	0.23	0.58	0.455
		计算值	0.021	0.102	0.293	0.251	1.016	0.642
		方向	向3号粗钢筋侧	向上	向3号粗钢筋侧	向1号粗钢筋侧	向下	向上

由表 2.5.15 可以看到,在叠合塔墩接头最大轴力、最大竖向弯矩、最大横向弯矩三个控制工况及极限状态工况的 1.0P 荷载作用下,钢—混叠合界面之间竖向相对位移实测最大值为钢—混相对靠近 0.03mm,钢—混相对远离 0.01mm,相应的位移计算结果极其微小,几乎为零。钢—混叠合界面之间水平向(包括顺桥向和横桥向)相对位移基本为零。

实测及计算位移结果表明,在各工况荷载作用下,钢—混叠合界面之间竖向及水平向(包括顺桥向和横桥向)相对位移都非常微小,近乎为零,表明在接合部强大的预压应力作用下,钢—混叠合界面贴合紧密,具有足够的抗弯和抗剪刚度。

由表 2.5.16 可以看到,在塔梁固结处最大扭矩、最大竖向弯矩、最大横向弯矩三个控制工况及极限状态工况的 1.0P 荷载作用下,塔梁固结处横梁与塔壁之间竖向相对位移实测最大值为横梁相对塔壁向下 0.58mm(极限状态工况表 13),相应的计算结果为 1.016mm;横梁相对塔壁向上实测最大值为 0.455mm(极限状态工况表 14),相应的计算结果为 0.642mm;横梁相对塔壁偏向 3 号粗钢筋侧位移实测最大值为 0.26mm(极限状态工况表 11),相应的计算结果为 0.293mm;横梁相对塔壁偏向 1 号粗钢筋侧实测最大值为 0.23mm(极限状态工况表 12),相应的计算结果为 0.251mm。实测相对位移值大多数小于相应的计算值。

由位移实测及计算结果可知,在极限状态工况试验荷载作用下,塔梁固结处横梁与塔壁间的相对位移最大。实测相对位移值均小于相应的计算值,塔梁固结处刚度满足要求。

试验主要结论为:

(1)叠合塔墩接头最大轴力、最大竖向弯矩、最大横向弯矩控制工况试验结果表明,在三个控制工况 1.0P 试验荷载作用下,叠合塔墩接头混凝土塔柱及钢塔柱主要断面实测应力满足规范要求,结构是安全的。

(2)塔梁固结处最大扭矩、最大竖向弯矩、最大横向弯矩控制工况试验结果表明,在三个控制工况 1.0P 试验荷载作用下,塔梁固结处塔壁及钢横梁、加劲梁主要断面实测应力满足规范要求,结构是安全的。

(3)极限状态工况加载至 1.0P 荷载时,塔柱混凝土叠加相应的预压应力后实测最大拉应力为 0.66MPa,最大压应力为 -6.66MPa,小于 C50 混凝土的允许值,混凝土结构应力满足规范要求;钢塔柱主要断面测点处最大实测换算 Von Mises 应力值为 190.46MPa,测点附近计算 Von Mises 应力点极值为 246.8MPa,小于钢塔柱 Q420qE 钢材允许值,满足规范要求;塔梁固结处主要断面测点处最大实测换算 Von Mises 应力 σ_s 值为 184.65MPa,小于横梁 Q345qE 钢材允许值,满足规范要求。由此可见,结构在极限状态工况 1.0P 荷载作用下是安全可靠的。

(4)极限状态工况加载至 1.7P 荷载时,塔柱混凝土主要断面测点处叠加预压应力后最大实测拉应力值为 2.25MPa,塔柱混凝土实际未见开裂,压应力值为 -11.70MPa,小于塔柱 C50 混凝土容许强度;钢塔柱主要断面测点处最大实测换算 Von Mises 应力 σ_s 值为 330.50MPa,小于钢塔柱 Q420qE 钢材屈服强度;塔梁固结处横梁、加劲梁主要断面测点处最大实测换算 Von Mises 应力 σ_s 值为 300.23MPa,小于横梁 Q345qE 钢材屈服强度。由此可见,模型结构在极限状态工况 1.7P 荷载作用下仍然没有破坏的迹象,且钢结构板件未出现局部屈曲现象,证明结构具有足够的安全储备。

(5)实测及计算位移结果表明,在各工况荷载作用下,钢—混叠合界面之间竖向及水平向(包括顺桥向和横桥向)相对位移都非常微小,近乎为零,表明在接合部强大的预压应力作用下,钢—混叠合界面贴合紧密,结构具有足够的抗弯和抗剪刚度。

2.5.3 非飘浮体系实桥荷载试验验证

马鞍山长江大桥左汊主桥为 $2\times1~080\mathrm{m}$ 三塔两跨连续钢箱梁悬索桥,本次实桥荷载试验将第二跨(马鞍山侧桥跨)作为主试验跨,第一跨(和县侧桥跨)作为次试验跨,进行了动静载试验。试验主要结果如下:

1)中塔偏位与扭转

在工况 1 满载作用下,中塔及马鞍山侧边塔塔顶纵向位移校验系数在 $0.90\sim0.98$,表明索塔纵向抗推刚度满足设计要求,卸载后,最大相对残余变形 5.0%,表明索塔在试验过程中处于良好的弹性工作状态。详细测试结果见表 2.5.17。

工况 1 满载作用下索塔塔顶纵向位移测试结果　　　　表 2.5.17

工况		实测值(m)	残余变形(m)	相对残余变形(%)	弹性值(m)	计算值(m)	校验系数
工况 1	I-1	0.124 3	0.005 9	4.75%	0.118 4	0.124	0.95
	I-2	0.122 5	0.011 3	9.22%	0.111 2	0.124	0.90
	J-1	-0.863 6	-0.009 2	1.07%	-0.854 4	-0.872 8	0.98
	J-2	-0.862 5	-0.003 7	0.43%	-0.858 8	-0.872 8	0.98

注:纵桥向偏位值正方向为和县至马鞍山方向。

在工况 2 满载作用下,中塔塔顶扭转效应校验系数为 0.94,表明中塔扭转刚度满足设计要求,卸载后,最大相对残余变形 5.35%,表明索塔在试验过程中处于良好的弹性工作状态。详细测试结果见表 2.5.18。

工况 2 满载作用下索塔塔顶纵向位移测试结果　　　　表 2.5.18

工况		实测值(m)	残余变形(m)	相对残余变形(%)	弹性值(m)	计算值(m)	校验系数
工况 2	J-1	0.110 2	0.005 9	5.35%	0.104 3	0.111 4	0.94
	J-2	-0.109 6	-0.004 4	4.01%	-0.105 2	-0.111 4	0.94

2)加劲梁竖向挠度

在工况 4、5、6、7、11、13、14 满载作用下,加劲梁控制截面实测挠度校验系数介于 $0.96\sim1.00$,实测挠度均小于计算值,表明加劲梁控制截面竖向刚度满足设计要求;卸载后,测试截面测点的最大相对残余变形为 1.70%,表明加劲梁控制截面在试验过程中处于良好的弹性工作状态。详细测试结果见表 2.5.19。

加劲梁挠度测试结果　　　　表 2.5.19

工况	测点编号	实测值(m)	残余变形(m)	相对残余变形(%)	弹性值(m)	计算值(m)	校验系数
工况 4	A 断面	A-1	-2.330 5	-0.023 7	1.02%	-2.306 8	-2.388 8	0.97
		A-2	-2.321	-0.022 4	0.97%	-2.298 6	-2.388 8	0.96
工况 5	B 断面	B-1	-3.062 2	-0.019 6	0.64%	-3.042 6	-3.089 8	0.98
		B-2	-3.089 6	-0.047 1	1.52%	-3.042 5	-3.089 8	0.98

续上表

工况	测点编号		实测值（m）	残余变形（m）	相对残余变形(%)	弹性值（m）	计算值（m）	校验系数
工况6	C 断面	C-1	-3.58	-0.012 1	0.34%	-3.567 9	-3.582 7	1.00
		C-2	-3.58	-0.012	0.34%	-3.568	-3.582 7	1.00
工况7	D 断面	D-1	-2.630 3	-0.028 5	1.08%	-2.601 8	-2.639 8	0.99
		D-2	-2.624 4	-0.021 8	0.83%	-2.602 6	-2.639 8	0.99
工况11	F 断面	F-1	1.412 5	0.012 1	0.86%	1.400 4	1.416 3	0.99
		F-2	1.415 2	0.012	0.85%	1.403 2	1.416 3	0.99
工况13	G 断面	G-1	-3.051	-0.044 2	1.45%	-3.006 8	-3.089 8	0.97
		G-2	-3.038 3	-0.031 9	1.05%	-3.006 4	-3.089 8	0.97
工况14	G 断面	G-1	1.544 5	0.026 2	1.70%	1.518 3	1.561 6	0.97
		G-2	1.554 9	0.025 2	1.62%	1.529 7	1.561 6	0.98

注：挠度方向"-"为向下。

3) 加劲梁纵向位移

在工况1满载作用下，钢箱梁H断面纵向位移实测纵向偏位在6.23~6.27cm，各个测点实测纵向位移校验系数为0.68，实测值小于计算值，表明结构纵向刚度满足设计要求。详细测试结果见表2.5.20。

工况1满载作用下H断面局部应力测试结果　　　表2.5.20

测点编号		实测值(m)	计算值(m)	校验系数
H 断面	左侧	0.062 3	0.092 2	0.68
	右侧	0.062 7	0.092 2	0.68

4) 脉动试验

实测各阶频率均大于计算值，其中实测竖向基频0.093 4Hz大于计算值0.089 0Hz，实测横向基频0.095 8Hz大于计算值0.082 0Hz，表明结构动刚度指标良好，实测各阶阻尼比在正常范围之内。详细测试结果见表2.5.21。

桥跨结构自振特性参数测试结果　　　表2.5.21

序号	振型描述	实测频率(Hz)	计算频率(Hz)	实测阻尼比(%)
1	主梁反对称竖向弯曲	0.093 4	0.089 0	0.90
2	主梁反对称横向弯曲	0.095 8	0.082 0	1.93
3	主梁正对称横向弯曲	0.101 3	0.090 0	1.85
4	主梁反对称竖向弯曲	0.130 6	0.120 0	1.81
5	主梁正对称竖向弯曲	0.152 0	0.150 0	0.48
6	主梁反对称竖向弯曲	0.172 7	0.172 1	0.69
7	主梁正对称竖向弯曲	0.218 5	0.218 1	0.25
8	主梁反对称竖向弯曲	0.235 0	0.234 1	0.55

续上表

序 号	振型描述	实测频率(Hz)	计算频率(Hz)	实测阻尼比(%)
9	主梁正对称竖向弯曲	0.240 4	0.240 0	1.85
10	主梁反对称横向弯曲	0.265 5	0.234 0	1.82
11	主梁正对称横向弯曲	0.273 4	0.264 8	1.76

本次实桥荷载试验所得结论为:

(1)马鞍山长江大桥实桥荷载试验表明:中塔及马鞍山侧边塔塔顶纵向位移校验系数在0.90~0.98,表明索塔纵向抗推刚度满足设计要求,卸载后,最大相对残余变形5.0%,表明索塔在试验过程中处于良好的弹性工作状态。中塔塔顶扭转效应校验系数为0.94,表明中塔扭转刚度满足设计要求,卸载后,最大相对残余变形5.35%,表明索塔在试验过程中处于良好的弹性工作状态。

(2)加劲梁控制截面实测挠度校验系数介于0.96~1.00,实测挠度均小于计算值,表明加劲梁控制截面竖向刚度满足设计要求;卸载后,测试截面测点的最大相对残余变形为1.70%,表明加劲梁控制截面在试验过程中处于良好的弹性工作状态。加劲梁实测纵向位移校验系数为0.68,实测值小于计算值,表明结构纵向刚度满足设计要求。

(3)实测各阶频率均大于计算值,其中实测竖向基频0.093 4Hz 大于计算值0.089 0Hz,实测横向基频0.095 8Hz 大于计算值0.082 0Hz,表明结构动刚度指标良好,实测各阶阻尼比在正常范围之内。

综上,实桥荷载试验表明,结构静力、动力特性均满足设计要求,校验系数在0.90以上,卸载后残余变形很小,大桥处于良好的弹性工作状态。

第3章 中塔设计与试验

3.1 概 述

三塔连跨悬索桥由于中塔塔顶的约束较边塔弱很多,因而具有先天"柔弱"的特点,似乎具有较大纵向刚度的 A 形索塔能够弱化中塔效应,解决其整体纵向刚度偏弱的问题,然而 A 形索塔真的是首选吗?答案是不尽然。

A 形索塔是指纵向两塔柱在塔顶或上部一定范围以内连接,向下两塔柱分离张开的桥塔类型。理论上,塔顶纵向不平衡力对中塔不同高度处的力矩主要由两塔柱轴向力与张开距离予以平衡,各尺寸合适时,塔柱截面弯矩得以减小,由于三塔悬索桥中塔塔顶不平衡力较边塔大得多,期望通过纵向 A 形索塔减小塔柱截面弯矩,方便中主塔设计。此外,由于 A 形索塔刚度大,可以有效减小加载跨主梁竖向挠度。然而,研究表明:为使 A 形索塔截面应力在可方便实施范围、主梁挠度得到合理控制,对应抗滑安全系数不小于 2.0 需要的摩擦系数至少为 0.345,否则刚性的 A 形索塔将使得中塔不满足抗滑安全要求。然而理论摩擦系数仅为 0.15,纵然有多种措施可以增大摩擦系数,如部分主缆束股直接锚固于中主鞍座等,但各种措施均有其局限性,且增加效果不易量化,或像日本小鸣门桥一样采用主缆在中塔处全断开的方式避开主缆抗滑移问题,但这种方法仅适用于跨径不大、主缆断开锚固切实可行的桥梁。

有学者指出:对于刚性中塔,当且仅当主跨跨径在 3 000m 以上时,抗滑安全系数才能满足规范的要求,即大于 2.0,这是由于随着悬索桥跨径的增大,虽然主缆在中塔两侧的索力差增大,但由于恒、活载的比值增长更快,主缆与鞍座间的抗滑安全系数也同步增加,当跨径满足一定要求后,滑动失稳问题可能会自动得到满足。虽然对于悬索桥来说抗滑安全系数是否一定需要大于 2.0(刚性中塔可以满足抗滑安全系数大于 1.0 的要求)还需进一步探讨,但至少在现行规范的要求下,除超大跨径悬索桥外(跨径大于 3 000m),三塔连跨悬索桥在不量化增大摩擦系数的条件下无法选用刚性中塔承担荷载,也就是说为保证三塔悬索桥抗滑安全性,中塔适宜刚度设计只能在柔性中塔范围内进行,这是三塔连跨悬索桥中塔刚度选取过程中的"先天"制约条件。然而,当三塔连跨悬索桥中塔过柔刚度过小时,非加载跨主缆缆力增加,两侧主缆水平力差值减少,主缆在中塔鞍座鞍槽内抗滑安全性有保证,但中塔会产生可观的塔顶纵向位移,结构竖向刚度小,对行车舒适性较为不利,可见,三塔连跨悬索桥中塔刚度不仅存在一个上限值,还存在一个下限值。

至于三塔连跨悬索桥中塔形式的选择,为解决上述过柔或过刚均不适用的问题,可参见国内现有三座三塔两跨悬索桥的中塔形式:对于中塔纵向受力,选取柔性中塔已达共识,泰州大桥选用了人字形钢中塔,马鞍山长江大桥选用了 I 型钢—混组合中塔,鹦鹉洲大桥选用了人字形钢—I形钢混合组合中塔。选用柔性塔保证了主缆的抗滑安全性,泰州大桥中塔分叉后的下半部结构与基础构成了三角形体系,具有几何不变形,马鞍山长江大桥和鹦鹉洲大桥混凝土下塔柱较为粗壮,也具有几何不变形,通过合理设计,两者均可用于抵抗塔顶纵向不平衡力传递给柔性中塔底部的弯矩,保证中塔强度以及中塔稳定性满足要求。如图3.1.1所示为三座三塔连跨悬索桥中塔立面示意图。

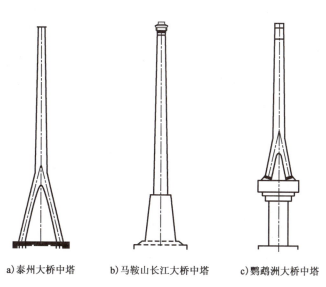

a) 泰州大桥中塔　　b) 马鞍山长江大桥中塔　　c) 鹦鹉洲大桥中塔

图3.1.1　三座三塔连跨悬索桥中塔立面

根据前述三塔悬索桥结构行为特点分析,中塔在顺桥向的结构刚度,应是既有恰当的可挠曲性,又有足够的抗弯刚度,给全桥以稳定的视觉外观。本章结合马鞍山长江大桥的工程建设条件,围绕马鞍山长江大桥设计所确定的技术控制指标,通过求解三塔连跨悬索桥非飘浮体系数值模型,建立中塔刚度上限值与下限值约束条件,获取三塔连跨悬索桥中塔适宜刚度,这对解决三塔悬索桥的关键问题起到了至关重要的作用。

3.2　中塔设计关键技术

3.2.1　中塔适宜结构形式和刚度

1) 中塔适宜结构形式

(1) 基本假定

中塔的塔形及材料构成有多种选择,本书主要比选钢—混叠合塔、全钢塔、全混凝土塔和A形塔四种方案,比选的基本假定如下:

①四种方案下均保持主缆中心线最低点(高程为+58.30m)和理论散索点(高程为+30.00m)高程不变。

②保持塔柱在横桥向的坡度及倾角不变,塔高不变。

③保持边塔均为纯混凝土塔不变。中塔的构成如图3.2.1所示。

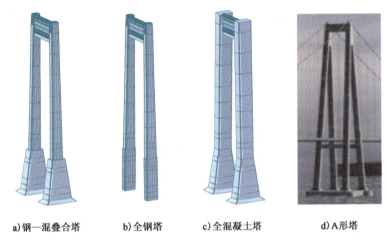

　　　　a) 钢—混叠合塔　　　　b) 全钢塔　　　　c) 全混凝土塔　　　　d) A形塔

图 3.2.1　四种方案中塔构成示意图

　　由于三塔悬索桥刚度比两塔悬索桥小得多,人们很容易想到采用纵向 A 形中塔来提高三塔悬索桥的刚度,但很容易忽略了主缆抗滑移安全性,这里对 A 形中塔也进行仔细研究。

　　(2) 桥位处潮(水)位条件

　　马鞍山水位站有记录的最高潮位为 9.56m,最低潮位为 -0.11m;左汊主桥 0.33% 频率设计潮位为 11.22m,99% 频率设计潮位为 0.41m。可见,桥位处最大水位落差可达 11.33m。左汊主桥最高通航水位为 10.16m。

　　(3) 四种中塔方案分析

　　结合结构布置及工程实例,本桥中塔横向设计为门式框架结构,纵向(顺桥向)结构形式有 A 形及 I 形可供选择;材料可选择混凝土和钢,则中塔纵向结构形式有以下几种:A 形塔(考虑结构强度及构造布置需要,A 形混凝土塔、A 形钢塔及 A 形钢—混叠合塔刚度差别不大,本书统称为 A 形塔)、全混凝土 I 形塔、全钢 I 形塔、钢—混凝土叠合塔(I 形)。

　　由于纵向 A 形塔及全混凝土 I 形塔刚度较大,无法满足本桥对中塔刚度的要求。A 形塔刚度很大,实际相当于一个很高的"锚碇",无法适应一跨满载,另一跨空载作用下结构的变形,中塔鞍座两侧主缆出现很大的缆力差值,鞍槽内主缆抗滑稳定无法满足要求,基础规模也很大,受力极为不利。全混凝土 I 形塔刚度也较大,对一跨满载,另一跨空载作用下结构变形的适应能力也较差,且由于中塔本身正负弯矩大,拉压应力均很高,结构难以设计。

　　中塔若采用全钢塔,由于桥位处水位落差大,钢塔下部分势必浸没在水中,后期养护费用很高;由于钢结构板件较薄,刚度小,对防船撞非常不利。

　　(4) 计算结果

　　几种中塔结构形式代表性计算结果见表 3.2.1 ~ 表 3.2.3。表 3.2.1 为一跨满载、另一跨空载作用下中塔顶鞍槽内主缆抗滑稳定验算结果,表 3.2.2 为活载最不利影响线加载作用下加劲梁变形及全桥结构刚度计算结果,表 3.2.3 为活载最不利影响线加载作用下中塔顶纵向偏位及中塔基础反力计算结果。

中塔顶鞍槽内主缆抗滑稳定验算　　　　表 3.2.1

中塔形式	摩擦系数 μ	紧边拉力 (kN)	松边拉力 (kN)	缆力差 (kN)	安全系数 K	允许值 K	判断
钢—混叠合塔	0.2	196 845	184 375	12 470	2.56	2.0	满足
全钢Ⅰ形塔	0.2	194 422	182 390	12 033	2.62	2.0	满足
全混凝土Ⅰ形塔	0.2	199 713	181 832	17 881	1.78	2.0	不满足
A形塔	0.2	203 567	178 285	25 282	1.26	2.0	不满足

加劲梁变形及全桥结构刚度　　　　表 3.2.2

中塔形式	最大挠度 (m)	挠跨比 计算值	挠跨比 允许值	判断	最大上拱 (m)	梁端转角 (rad)	梁端纵坡 (%)
钢—混叠合塔	−3.706	1/290	1/250	满足	2.548	0.017	1.7
全钢Ⅰ形塔	−4.265	1/252	1/250	刚满足	3.106	0.018	1.8
全混凝土Ⅰ形塔	−3.229	1/333	1/250	满足	2.123	0.017	1.7
A形塔	−2.408	1/447	1/250	满足	1.526	0.016	1.6

中塔顶纵向偏位及中塔基础反力　　　　表 3.2.3

中塔形式	中塔顶偏位 (m)	塔高 (m)	纵向偏位与塔高比值	弯矩 (kN·m)	剪力 (kN)	轴力 (kN)
钢—混叠合塔	1.367	168.3	1/123	5 199 518	−36 585	21 812
全钢Ⅰ形塔	1.635	168.3	1/103	4 623 008	−34 992	21 770
全混凝土Ⅰ形塔	1.062	168.3	1/158	5 850 145	−39 881	21 896
A形塔	0.262	168.3	1/642	7 507 453	−47 037	22 021

从表 3.2.1～表 3.2.3 可见，A 形塔由于刚度太大，无法适应变形协调，塔顶偏位仅 0.262m，从而导致缆力差值最大达 25 282kN，抗滑稳定安全系数仅为 1.26，远不能满足规范要求，中塔基础反力很大，弯矩达 7 507 453kN·m，剪力 −47 037kN，基础规模很大；A 形塔全桥结构刚度最大，对行车舒适性有利。全混凝土Ⅰ形塔刚度也大，主缆抗滑稳定不满足要求，基础受力比 A 形塔稍好，但塔柱本身受力问题难以解决。全钢Ⅰ形塔刚度最小，变形协调能力最好，但全桥结构刚度也最小。

钢—混叠合塔刚度适中，对变形协调能力适应较强，缆力差值不大，主缆抗滑稳定安全系数 2.56，完全满足规范要求，基础受力、规模适中，且全桥有行车舒适性所必需的刚度，活载最大挠度 −3.706m，挠跨比 1/290，梁端转角 0.017rad。

(5) 结论

综上，经过计算，马鞍山长江大桥三塔悬索桥中塔最终选用钢—混叠合塔。钢—混叠合塔刚柔相济、刚度适中，上段钢结构对变形的适应能力较强，且钢结构强度高，满足受力需要；下段为混凝土结构，养护不存在问题，且可以很好地防船撞，混凝土中施加预应力，受力满足要求。

2) 中塔适宜刚度

(1) 概述

通过叠加法可得中塔总刚度 EI 的解析式为：

$$\frac{1}{EI} = \frac{\alpha^3}{E_1 I_1} + \frac{1-\alpha^3}{E_2 I_2} \tag{3.2.1}$$

式中：$E_1 I_1$——上段钢结构的平均刚度；

$E_2 I_2$——下段混凝土结构的平均刚度；

α——钢塔高度系数，$\alpha = \dfrac{l_1}{l}$；

其中：l_1——上段钢结构的高度；

l——叠合中塔总高。

可见，总刚度 EI 随着分段刚度 $E_1 I_1$、$E_2 I_2$ 的增大（减小）而增大（减小）；但由于该桥 $l_1 \gg l_2$、$E_1 I_1 \ll E_2 I_2$，上式第二项比第一项小得多，即中塔混凝土段刚度对中塔刚度影响很小，中塔刚度主要来源于其钢结构段的贡献。

马鞍山长江大桥三塔悬索桥钢—混凝土叠合中塔，总高 168.3m。上段钢结构高度 127.8m，则 $\alpha = 0.76$，塔柱为单箱多室截面，弹性模量为 2.1×10^5 MPa，惯性矩平均约为 30m^4。下段为 C50 预应力混凝土结构，高度 40.5m，塔柱为空心箱形截面，弹性模量为 3.45×10^4 MPa，惯性矩平均约为 $6\,000 \text{m}^4$。经计算，钢结构段和混凝土结构段的刚度贡献分别占 96.26% 和 3.74%，中塔刚度主要来源于上段钢结构，下段混凝土结构对中塔刚度影响很小，中塔下段混凝土结构对全桥受力行为影响很小。因此，中塔下段混凝土结构的截面尺寸可以根据其自身受力、预应力束的布置、构造等方面的需要较为自由地选择。

本节将对中塔钢段的截面形式进行研究，分别比选 $0.6I$、$0.8I$、I、$1.2I$ 和 $1.4I$ 五种方案（I 为中塔钢段原始截面惯性矩），比选的前提条件如下：

①五种方案下均保持主缆中心线最低点（高程为 58.30m）和理论散索点（高程为 30.00m）高程不变。

②保持塔柱在横桥向及顺桥向两个方向的坡度及倾角不变。

③保持边塔和中塔的构成材料不变。

（2）计算模型和相关参数

在这里对于中塔钢段惯性矩 I 的改变是通过 MIDAS 程序中的截面特性值调整系数实现的，即将初始钢—混叠合中塔钢段的调整系数分别赋予 0.6、0.8、1.2、1.4 后得到四个比选模型，经计算后再将最终的结果和原始模型的计算结果进行对比。

（3）计算结果

①变形。

如表 3.2.4 和图 3.2.2、图 3.2.3 所示。

由上述图表可知，随着中塔钢段截面惯性矩的增大，加劲梁竖向挠度和中塔顶顺桥向位移逐渐减小，其余位移变化不大。其中，加劲梁竖向挠度的降幅逐渐递减，中塔顶顺桥向位移在减小过程中降幅略有变化。这表明中塔钢段惯性矩的增大仅对中塔顶顺桥向位移和加劲梁竖向挠度有较明显影响，但影响能力逐渐减弱。

不同截面刚度中塔下的全桥变形对比表　　　　　　　表3.2.4

中塔截面形式	加劲梁(m)							中塔	边塔
	δ_v				δ_x	δ_h		$\delta_{x中}$(m)	$\delta_{x边}$(m)
	δ_{vmax}	δ_{vmin}	δ'_{vmax}	δ'_{vmax}/L	δ'_{xmax}	δ_{hmax}	δ_{hmax}/L	$\delta_{xmax中}$	$\delta_{xmax边}$
0.6I	5.016	-6.310	-5.384	1/201	0.496	1.522	1/710	2.211	0.316
0.8I	4.546	-5.724	-4.798	1/225	0.493	1.514	1/713	1.982	0.316
I	4.335	-5.378	-4.452	1/243	0.492	1.508	1/716	1.818	0.322
1.2I	3.903	-5.064	-4.160	1/260	0.489	1.504	1/718	1.528	0.316
1.4I	3.681	-4.832	-3.948	1/274	0.487	1.500	1/720	1.361	0.316

注：δ_v——竖向挠度；δ'_v——不考虑可变荷载冲击力的竖向挠度；δ_h——横向水平挠度；δ_x——顺桥向位移。

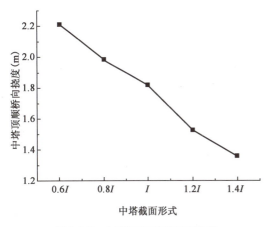

图3.2.2　中塔顶顺桥向位移变化图

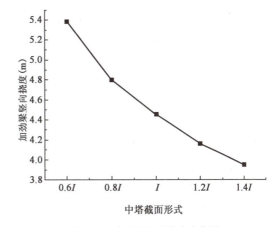

图3.2.3　加劲梁竖向挠度变化图

②截面内力。

如表3.2.5～表3.2.8和图3.2.4所示。

不同截面刚度中塔下的加劲梁截面内力对比表　　　　　　　表3.2.5

中塔截面形式	竖向弯矩 M_v(kN·m)			
	一般部位		中塔附近	
	最大	最小	最大	最小
0.6I	95 716	-66 951	308 552	-409 816
0.8I	95 572	-66 862	296 407	-402 772
I	95 465	-66 795	291 324	-397 414
1.2I	95 364	-66 733	284 898	-392 303
1.4I	95 287	-66 685	280 162	-388 386

不同截面刚度中塔下的中塔截面内力对比表　　　　表3.2.6

中塔截面形式	N_{max}(kN)		M_{ymax}(kN·m)		M_{zmax}(kN·m)	
	钢段	混凝土段	钢段	混凝土段	钢段	混凝土段
0.6I	141 348	815 056	223 190	437 841	1 591 324	2 222 688
0.8I	141 349	815 057	231 135	432 005	1 824 069	2 539 347
I	141 350	815 058	237 999	426 448	1 959 466	2 700 704
1.2I	141 351	815 059	245 298	420 035	2 086 985	2 852 700
1.4I	141 351	815 059	251 483	414 220	2 183 795	2 968 115

不同截面刚度中塔下的边塔截面内力对比表　　　　表3.2.7

中塔截面形式	N_{max}(kN)	M_{ymax}(kN·m)	M_{zmax}(kN·m)
0.6I	291 146	363 588	864 715
0.8I	291 184	363 625	865 592
I	291 213	363 622	866 252
1.2I	291 240	363 448	866 876
1.4I	291 260	363 422	867 353

不同截面刚度中塔下的缆索体系内力对比表(kN)　　　　表3.2.8

中塔截面形式	主缆			吊索	
	最大张力	最小张力	不平衡缆力	最大张力	最小张力
0.6I	133 789	131 051	2 738	1 587	630
0.8I	134 076	130 769	3 307	1 588	598
I	134 292	130 558	3 734	1 590	558
1.2I	134 496	130 359	4 137	1 591	585
1.4I	134 652	130 208	4 444	1 591	576

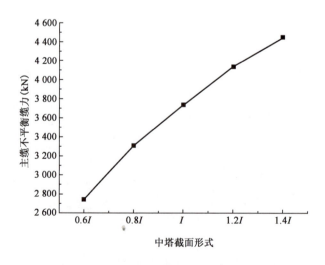

图3.2.4　主缆不平衡缆力变化图

随着中塔钢段截面惯性矩的增大,主缆的不平衡缆力、中塔的纵向弯矩 M_{zmax} 逐渐增加,而其余的内力则无明显变化。主缆不平衡缆力越小对结构越有利,而中塔钢段截面惯性矩的增大,在增强自身刚度的同时,提高了缆索体系的荷载分配比例,导致主缆不平衡缆力持续增加,对结构不利。依据这种变化趋势,仅对主缆不平衡力而言,应选择较小的中塔钢段截面惯性矩。

③截面应力。

如表3.2.9 和图3.2.5、图3.2.6 所示。

不同截面刚度中塔下各构件最大应力对比表(MPa)　　　　表3.2.9

中塔截面形式	加劲梁	中塔混凝土段	中塔钢段	边塔	主缆	吊索
0.6I	147.7	13.2	110.1	21.0	452.9	425.7
0.8I	144.9	13.4	116.0	21.0	453.3	425.8
I	142.8	13.5	120.4	21.0	453.6	425.9
1.2I	140.8	13.6	124.2	21.1	453.8	425.9
1.4I	139.2	13.7	128.0	21.1	454.0	425.9

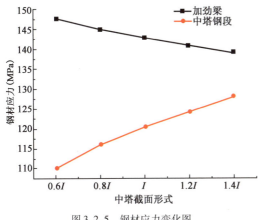

图3.2.5　钢材应力变化图

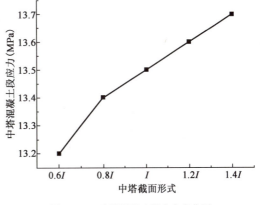

图3.2.6　中塔混凝土段应力变化图

随着中塔截面惯性矩的增加,加劲梁的应力逐渐减小,中塔的应力逐渐增加,但变化幅度不大,而其余应力均无明显变化。

④比选结论。

为满足变形及刚度要求,中塔钢段应取较大的截面惯性矩。而较小的中塔钢段截面惯性矩则能更好地减小主缆不平衡缆力,对主缆抗滑有利。为了在两者间寻求平衡,应选择适中的中塔截面刚度。

3.2.2　中塔钢—混叠合区结构受力分析

1)钢—混叠合区构造

马鞍山长江大桥中塔采用钢—混叠合结构形式,下塔柱为变截面混凝土塔柱。混凝土内部为空心结构,顺桥向壁厚为2m,横桥向壁厚为1.6m,在钢—混叠合部位分别有一段变厚度段和实心段,具体构造如图 3.2.7 所示。混凝土内壁有锯齿形阶梯,底面设有下锚固点。钢塔柱 T_1 节段采用阶梯形变截面段,阶梯顶面设接头预应力的上锚固点。塔梁固结处位于阶梯的顶层上缘。具体如图 3.2.8 所示。

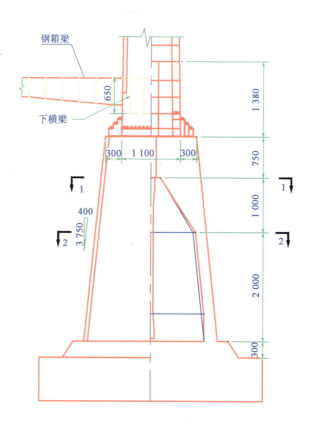

图 3.2.7　钢—混叠合塔柱结构构造(一)(尺寸单位:mm)

2)钢上塔柱与混凝土下塔柱连接设计

钢上塔柱底端设置长 15.9m、宽 7.8m、厚度为 150mm 的钢底座板"坐"于混凝土下塔柱顶,上塔柱压力通过底座板传递到混凝土下塔柱中,而拉力则通过无黏结预应力钢绞线索传递到混凝土下塔柱中。中塔在主梁单跨满载工况下最为不利,设计以该工况下叠合面无拉应力出现(底板不出现缝隙)来控制设计。经计算需在单个塔柱叠合面布置 110 根 $\phi^s15.2-37$ 无黏结预应力钢绞线索($f_{pk}=1\ 860$MPa)。单根预应力钢绞线索设计有效预应力为 5 000kN。如图 3.2.9 所示。

连接上、下塔柱采用无黏结预应力镀锌钢绞线,单根钢绞线与热挤 HDPE 护层之间填充油脂以做到可单根更换,整束预应力张拉完成后,锚头设置密封防护罩并灌注油脂。

连接用无黏结钢绞线上端锚固于上塔柱底端设置的钢牛腿上,下端锚固于混凝土下塔柱内腔塔壁齿块上。为防止牛腿局部失稳,钢牛腿锚下箱内填充微膨胀混凝土。如图 3.2.10 所示。

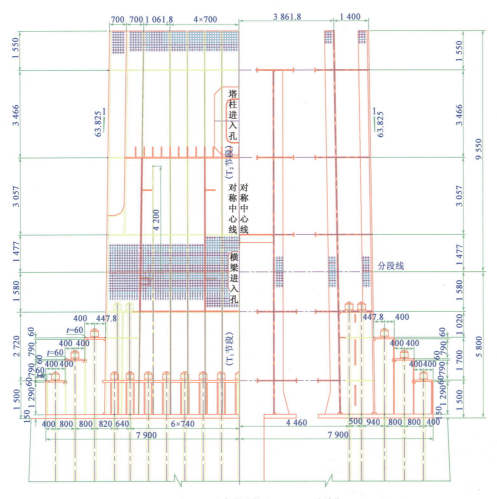

图 3.2.8 钢—混叠合塔柱构造(二)(尺寸单位:mm)

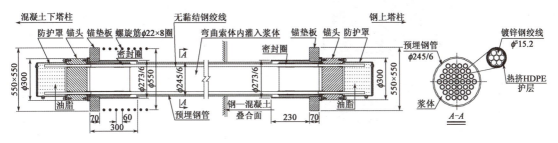

图 3.2.9 $\phi^s15.2-37$ 无黏结钢绞线索大样(尺寸单位:mm)

3)计算模型

计算模型范围包括部分混凝土下塔柱、钢—混凝土接头、钢塔柱、塔梁固结处、下横梁及钢箱梁,混凝土下塔柱取顶部24m高度范围,包括靠近接头的混凝土塔柱、变截面混凝土塔柱及部分底部等截面塔柱。钢塔柱则取至T_2节段顶部,包括钢—混叠合塔接头、塔梁固结处及部分钢塔。钢箱梁和下横梁沿横桥向取一半,钢箱梁沿纵桥向取的长度超过横梁高度的2倍,以符合圣维南原理,分别向两边各取14.0m。

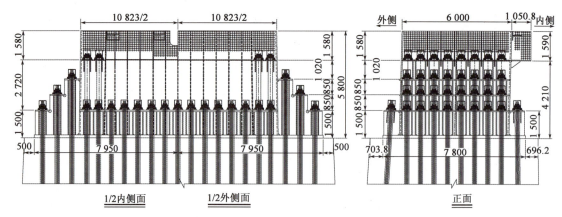

图 3.2.10 连接用无黏结钢绞线在上塔柱段锚固设计图(尺寸单位:mm)

建模中混凝土采用体单元模拟,钢主塔、钢箱梁和下横梁的钢板采用壳单元模拟,预应力钢绞线和预应力螺杆采用杆单元模拟。叠合塔墩接头和塔梁固结部位基本按照实际构造进行建模。整个模型有 99 555 个体单元,60 149 个壳单元,220 个杆单元,72 961 个节点。模型底部混凝土采用固结约束。钢主塔 T_2 上方、钢箱梁两端、中间横梁则按照整体模型计算结果施加均布轴力、弯矩、剪力和扭矩等内力组合。各断面上的内力(轴力和剪力)都通过截面均布施加到模型上,弯矩和扭矩则通过延伸一段钢臂施加力偶实现。

对固结处的加劲板构造等都按照实际大小进行建模,塔梁固结螺栓群的连接,在本次有限元计算分析中忽略螺栓连接,近似成钢板连续。有限元分析模型如图 3.2.11 所示。

本次有限元计算分析采用接触非线性分析,计算时首先施加底部固结约束、界面接触关系和预应力,然后分级加载各截面上荷载。计算材料采用线弹性材料,各构件材料属性如下所示。

C50 混凝土:$E = 3.45 \times 10^4$ MPa,泊松比 $\mu = 0.167$;

钢板:$E = 2.1 \times 10^5$ MPa,泊松比 $\mu = 0.3$;

预应力钢绞线:$E = 1.9 \times 10^5$ MPa,泊松比 $\mu = 0.3$;

预应力螺杆:$E = 2.1 \times 10^5$ MPa,泊松比 $\mu = 0.3$。

图 3.2.11 有限元分析模型

4)计算工况

有限元分析的计算工况为中塔叠合部位的设计控制工况,即叠合界面上最大轴力、顺桥向弯矩、横桥向弯矩等所对应的工况组合。具体如下:

工况 1:中塔柱叠合界面最大轴力,恒载 + 活载(全桥满载) + 升温 + 横风;

工况 2:中塔柱叠合界面最大剪力、竖向弯矩和扭转,恒载 + 活载(左跨满载) + 降温 + 横风;

工况3：中塔柱叠合界面最大横向弯矩，恒载+活载（中塔两侧各1/3跨加载）+降温。

具体内力值如表3.2.10～表3.2.12所示，内力方向示意图见图3.2.12。

工况1 中塔柱叠合界面最大轴力　　　　　　　　　　　　　　　　表3.2.10

工况信息 内力位置	恒载+活载（全桥满载）+升温+横风					
	力（kN）			力矩（kN·m）		
	轴力	横剪	竖剪	横弯	竖弯	扭矩
塔 T_2 节段上截面	193 061.4	1 308.2	0.0	55 046.2	0.2	-0.1
中塔左侧14m加劲梁	1 685.9	769.7	-1 532.9	155 005.8	78 791.9	1 244.2
中塔右侧14m加劲梁	1 685.7	-769.7	1 532.9	155 005.8	78 791.9	-1 244.2
下横梁截面	16 699.4	-0.2	-12 833.5	-1.4	156 877.8	-0.1

工况2 中塔柱叠合界面最大剪力、竖向弯矩和扭转　　　　　　　　表3.2.11

工况信息 内力位置	恒载+活载（左跨满载）+降温+横风					
	力（kN）			力矩（kN·m）		
	轴力	横剪	竖剪	横弯	竖弯	扭矩
塔 T_2 节段上截面	183 311.1	1 864.8	-11 395.7	96 556.0	1 473 526.7	14 305.0
中塔左侧14m加劲梁	-6 010.5	772.6	-2 193.1	155 196.7	98 947.5	2 576.0
中塔右侧14m加劲梁	2 014.0	-766.6	-1 204.6	152 686.4	-37 032.1	3 313.5
下横梁截面	-11 752.4	8 064.2	-10 236.4	49 456.1	72 323.8	181 765.2

工况3 中塔柱叠合界面最大横向弯矩　　　　　　　　　　　　　　表3.2.12

工况信息 内力位置	恒载+活载（中塔两侧各1/3跨加载）+降温					
	力（kN）			力矩（kN·m）		
	轴力	横剪	竖剪	横弯	竖弯	扭矩
塔 T_2 节段上截面	176 082.4	233.3	5 144.2	33 328.5	-663 145.1	-5 408.3
中塔左侧14m加劲梁	142.9	-1.4	-1 112.9	-508.6	35 163.9	1 045.7
中塔右侧14m加劲梁	-293.5	-0.3	3 547.3	28.8	154 488.3	-4 904.8
下横梁截面	-12 305.6	-474.2	-11 609.9	-4 181.7	47 140.1	-152 051.9

5）计算内容

钢—混塔墩接头及塔梁固结处构造复杂，由混凝土结构和钢结构通过焊接、高强度螺栓、预应力钢索、剪力槽、摩擦件等连接而成，结构存在着梁、实体、板、索等多种单元形式，涉及预应力问题、接触问题、弹塑性问题、收缩徐变问题等计算，需要进行极限状态下的钢—混塔墩接头及塔梁固结处内力计算和整体受力分析、实桥钢—混塔墩接头及塔梁固结处应力计算、局部构造的弹塑性分析和接触分析、钢—混塔墩接头及塔梁固结处整体模型计算、局部模型计算、结构细部设计的检算和配筋计算。

分析计算部分内容包括：

（1）为确定钢—混塔墩接头及塔梁固结处的内力、变形及分布状况，通过有限元模型，计算设计荷载工况,正常使用极限状态和承载能力极限状态最不利荷载组合作用下钢—混凝土塔墩接头及塔梁固结处受到的作用(轴力、剪力、弯矩和扭矩)。

(2)通过建立整个钢—混塔墩接头及塔梁固结处有限元计算模型,进行整体应力场和变形计算。

(3)利用非线性有限元弹塑性计算,进行局部结构有限元计算,分析钢—混塔墩接头及塔梁固结处主要研究区域和最不利构造处的应力状态,研究在各种作用下细部构造的应力状态、应力分布、应力梯度变化和最不利应力区域。

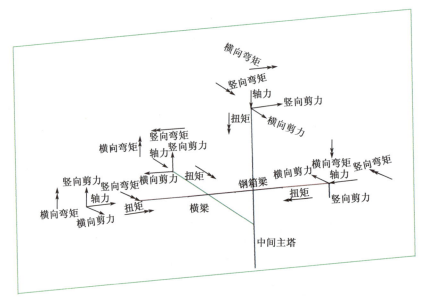

图 3.2.12　模型端部荷载方向示意图

注:力矩方向由右手螺旋法则确定,箭头方向为大拇指方向。

6)混凝土塔柱分析结果

以工况 1 钢—混叠合中塔柱最大轴力工况为例,计算模型各关键部位应力分布如下所述:

工况 1 恒载 + 活载(全桥满载) + 升温 + 横风内力组合作用下,混凝土塔柱的受力和变形以轴向受压为主,由于恒活载对称布置,混凝土塔柱的应力分布及变形基本对称。如图 3.2.13 所示。

混凝土的主压应力和主拉应力分布如图 3.2.14、图 3.2.15 所示。由图可知,塔柱混凝土的主压应力主要分布在接头叠合面预应力布置范围和钢塔柱竖向主板交角处,最大主压应力为 -12.11MPa,位于预应力局部锚固位置附近,应力极值小于材料的允许值。塔柱混凝土最大主拉应力为 2.49MPa,位于混凝土塔柱顶面内孔附近。该位置应力集中主要由塔柱巨大的轴力和接头预应力使内孔边缘混凝土劈裂、挤压引起,开孔使该位置混凝土局部刚度有一定削弱,因此在开孔处应设倒角过渡和加强针对性配筋。

混凝土塔柱的 1-1 和 2-2 变截面混凝土的主拉应力、主压应力和竖向应力分布如图 3.2.16 ~ 图 3.2.20 所示。混凝土在 1-1 截面内孔周围有主拉应力集中,应力极值为 1.72MPa。混凝土主压应力极值为 -7.36MPa,位于混凝土塔柱外壁。混凝土在 2-2 截面主拉应力较小,为 0.18MPa,混凝土主压应力极值为 -7.63MPa,竖向应力最大极值为 -7.51MPa。

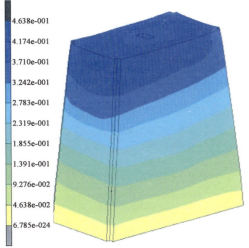

图 3.2.13　工况 1 混凝土塔柱总变形
（变形单位：mm）

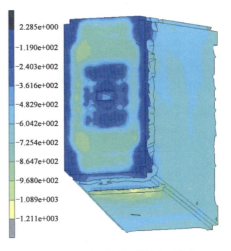

图 3.2.14　工况 1 混凝土塔柱主压应力
（应力单位：10^{-2} MPa）

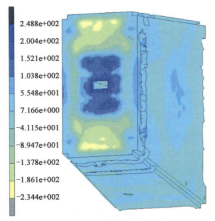

图 3.2.15　工况 1 混凝土塔柱主拉应力
（应力单位：10^{-2} MPa）

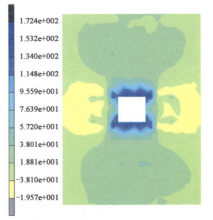

图 3.2.16　混凝土主拉应力分布
（应力单位：10^{-2} MPa）

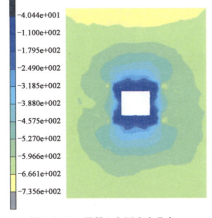

图 3.2.17　混凝土主压应力分布
（应力单位：10^{-2} MPa）

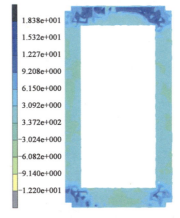

图 3.2.18　混凝土主拉应力分布
（应力单位：10^{-2} MPa）

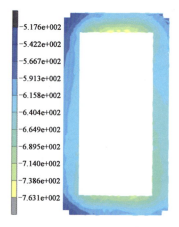
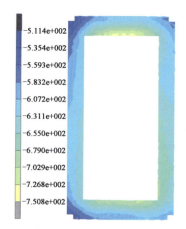

图 3.2.19　混凝土主压应力分布　　　　　图 3.2.20　混凝土竖向应力分布
（应力单位：10^{-2}MPa）　　　　　　　　　（应力单位：10^{-2}MPa）

7）钢塔柱分析结果

在工况 1 内力组合作用下，钢塔柱的受力和变形以轴向受压为主，由于活载对称布置，钢塔柱的应力分布及变形基本对称。

工况 1 钢塔柱的 Von Mises 应力、主压应力和主拉应力分布如图 3.2.21～图 3.2.23 所示。由计算结果可知，钢塔柱最大 Von Mises 应力为 113.6MPa，最大主压应力为 −108.6MPa，最大主拉应力为 66.0MPa。Von Mises 应力和主压应力极值主要分布在塔梁固结处，而主拉应力极值主要分布在钢主塔接头内部横隔板上。接头预应力锚固架板处构造有较强的应力集中，图中的应力结果为去除锚垫板附近构造应力集中后的结果，在后文将详细讨论锚固架细部应力场分布。

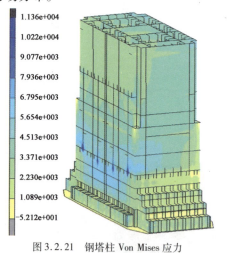
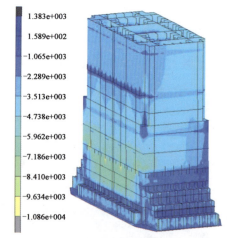

图 3.2.21　钢塔柱 Von Mises 应力　　　　图 3.2.22　钢塔柱主压应力
（应力单位：10^{-2}MPa）　　　　　　　（应力单位：10^{-2}MPa）

8）钢—混界面分析结果

工况 1 钢塔柱底板节点的正压力和摩擦力的分布如图 3.2.24、图 3.2.25 所示，混凝土界面节点正压力和摩擦力的分布如图 3.2.26、图 3.2.27 所示，由图可知，界面节点正压力的分布基本对称,跟该工况活载为全桥满载有关。界面节点摩擦力在横桥向远离加劲梁侧稍大。由图可知,最大节点摩擦力与最大节点正压力的比值,即计算界面最大摩擦系数较小,远小于相关规范规定的钢—混摩擦系数,因此在本工况下钢—混界面摩擦抗剪还存在较大余量。

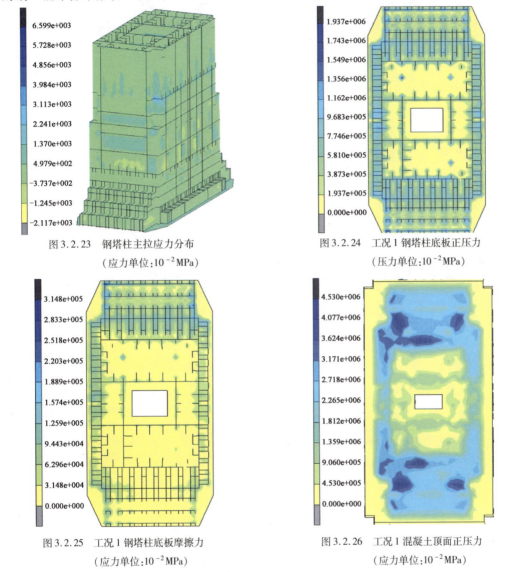

图 3.2.23 钢塔柱主拉应力分布
(应力单位:10^{-2} MPa)

图 3.2.24 工况 1 钢塔柱底板正压力
(压力单位:10^{-2} MPa)

图 3.2.25 工况 1 钢塔柱底板摩擦力
(应力单位:10^{-2} MPa)

图 3.2.26 工况 1 混凝土顶面正压力
(应力单位:10^{-2} MPa)

工况 1 混凝土界面剪应力如图 3.2.28 所示,最大剪应力面均值为 2.01MPa,其分布规律与混凝土界面正压力的分布基本一致。钢与混凝土在界面上变形协调,不存在局部滑移现象。

9) 分析结果小结

根据理论计算结果,将前述中塔界面最大内力组合各工况下的混凝土应力汇总于表 3.2.13。混凝土下塔柱最大主拉应力点极值为 3.0MPa,面均值为 2.12MPa,出现在塔柱最大纵桥向弯矩工况,位于混凝土顶面内孔边附近。其应力集中形成原因主要有两点:一是钢塔柱巨大竖向力作用在顶面开孔的外围,对内孔附近混凝土形成劈裂和挤压作用;二是内孔本身对混凝土整体受力有一定削弱,加之开孔直角过渡有一定应力集中。

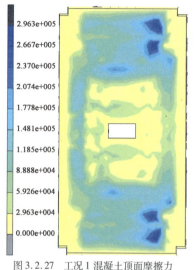

图 3.2.27 工况 1 混凝土顶面摩擦力
（应力单位：10^{-2}MPa）

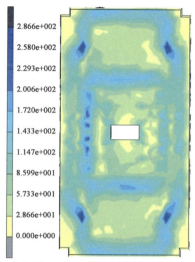

图 3.2.28 工况 1 混凝土顶面剪应力分布
（应力单位：10^{-2}MPa）

界面最大内力组合各工况塔柱混凝土应力值和变形值　　　　表 3.2.13

项目		工况	工况 1 最大轴力	工况 2 最大剪力、竖向 弯矩和扭矩	工况 3 最大横向弯矩
塔柱最大应力 （MPa）	主拉应力	点极值	2.49	3.00	2.79
		面均值	2.00	2.12	2.10
	主压应力	点极值	−12.11	−17.83	−14.62
		面均值	−10.89	−16.00	−13.16
1-1 截面 最大应力 （MPa）	主拉应力	点极值	1.72	2.25	1.85
		面均值	1.53	2.00	1.65
	主压应力	点极值	−7.36	−11.56	−8.65
		面均值	−6.66	−10.43	−7.82
2-2 截面 最大应力 （MPa）	主拉应力	点极值	0.18	1.66	0.32
		面均值	0.15	1.47	0.27
	主压应力	点极值	−7.63	−12.68	−10.23
		面均值	−7.38	−11.41	−9.36
	竖向应力	点极值	−7.51	−12.52	−10.05
		面均值	−7.27	−11.11	−9.20
最大位移 （mm）	位移	总位移	4.64	9.30	7.06
		横桥向	0.72	3.15	3.84
		纵桥向	0.49	5.14	1.57
		竖向	4.58	7.64	5.88

注：1. 点极值是指模型应力极值点的应力值，该点应力值仅代表该点（小范围）的应力值。
2. 面均值是指模型应力极值位置附近一定范围（大小约 0.5m × 0.5m）内的应力值。

1-1 截面混凝土最大主拉应力点极值为 2.25MPa,面均值为 2.0MPa。由此可知,内孔边缘是混凝土的薄弱部位,建议内孔倒角过渡,并加强针对性配筋,同时在浇筑接头现浇段混凝土时,让混凝土能够顺着钢塔柱底座板的开孔,浇注到底座板上方一定高度,以增强钢—混凝土之间的连接,提高接头的刚度,也可以提供混凝土底座板下方混凝土的密实度。

总体而言,界面最大内力组合各工况混凝土应力最大主拉应力和最大主压应力均值均在材料许可范围内,满足规范要求。

将前述界面最大内力组合各工况下的钢塔柱应力值汇总于表 3.2.14。由表可知,钢塔柱 Von Mises 应力点极值为 262.0MPa,面均值为 235.9MPa,主压应力点极值为 -273.7MPa,面均值为 -240.9MPa,都位于塔柱靠近左加劲梁侧的箱形角点处,为工况 2(界面最大剪力、竖向弯矩和扭转工况)。钢主塔最大主拉应力为 -209.0MPa,面均值为 182.8MPa,位于塔柱靠近右加劲梁侧的箱壁板处,为工况 2(界面最大剪力、竖向弯矩和扭转工况)。

界面最大内力组合各工况钢塔柱应力值　　　　表 3.2.14

项目	工况		工况 1	工况 2	工况 3
			最大轴力	最大剪力、竖向弯矩和扭矩	最大横向弯矩
钢塔柱最大应力(MPa)	Von Mises 应力	点极值	113.6	262.0	158.1
		面均值	102.2	235.9	142.2
	主拉应力	点极值	66.0	209.0	-27.2
		面均值	57.3	182.8	-16.5
	主压应力	点极值	-108.6	-273.7	-155.6
		面均值	-96.3	-240.9	-138.6

注:1. 点极值是指模型应力极值点的应力值,该点应力值仅代表该点(小范围)的应力值。
　　2. 面均值是指模型应力极值位置附近一定范围(大小约 0.2m×0.2m)内的平均应力值。

总体而言,当两主跨活载一致时,钢塔柱以轴心受压为主,钢塔柱受力均匀,应力较小。当两跨活载处于不对称时,钢塔柱则大偏心受压,当塔柱结构处于单幅汽车满载、风荷载和温度荷载的最不利组合工况下,该工况基本为实际正常营运很难达到的状态。在最不利工况下,钢塔柱最大 Von Mises 应力面均值为 235.9MPa,最大主压应力面均值为 -240.9MPa,能满足要求。应力集中位于接头顶层预应力上方,钢塔柱双向弯矩受压侧的外壁板上,主要是巨大塔柱轴力和双向预应力共同作用引起。由于该位置位于接头预应力锚固点和节段拼接板之间,在条件允许的情况下可加设内部加劲板等措施,使应力平顺过渡。

中间叠合塔接头钢塔柱底板与下塔柱之间界面的抗剪主要靠界面摩擦力,在巨大主塔轴力的作用下摩擦力的抗剪能力较强。本次计算中为使计算结果偏于安全,未考虑接头钢筋笼的抗剪作用,钢—混界面间仅靠静摩擦力。

钢—混界面间的正压力主要由钢塔的轴力和接头预应力提供,加劲梁通过塔梁固结处对界面正压力贡献暂不考虑。以中间叠合塔界面最大剪力工况(工况 2)为例,界面正压力为:

$$F = F_t + F_y = 183\,311 + 4\,500 \times 110 = 678\,311(\text{kN}) \tag{3.2.2}$$

式中:F_t——钢塔柱上轴力;

F_y——设计接头预应力永存值。

根据《欧洲钢混凝土结构设计规范》(EC4 Design of Composite Steel and Concrete Structures)中无涂料钢板与混凝土之间摩擦系数建议取 0.5,现将界面间最大静摩擦系数保守取为 0.4,整个钢—混界面的最大静摩擦力可达:

$$f = F\mu = 678\,311 \times 0.4 = 271\,324(\text{kN}) \tag{3.2.3}$$

而根据整体模型计算结果,以钢—混界面最大剪力工况,总横向剪力为:

$$F_{横} = F_{塔} + F_{横梁} + F_{钢箱梁} = F_{th} + F_{hz} + F_{hj1} + F_{hj2} = 11\,468(\text{kN}) \tag{3.2.4}$$

式中:F_{th}——钢主塔的横向剪力;
F_{hz}——横梁的轴力;
F_{hj1}——面外端钢箱梁横向剪力;
F_{hj2}——面内端钢箱梁横向剪力。

界面上的竖向剪力为:

$$F_{竖} = F_{塔} + F_{横梁} + F_{钢箱梁} = F_{ts} + F_{hh} + F_{hz1} + F_{hz2} = 27\,484(\text{kN}) \tag{3.2.5}$$

式中:F_{ts}——钢主塔的竖向剪力;
F_{hh}——横梁的横向剪力;
F_{hz1}——面外端钢箱梁轴力;
F_{hz2}——面内端钢箱梁轴力。

因此接头钢—混凝土界面上的总剪力为:

$$F_{剪} = \sqrt{F_{横}^2 + F_{竖}^2} = 29\,781(\text{kN}) \tag{3.2.6}$$

将总剪力与最大静摩擦力值相比,可得静摩擦力远远大于界面剪力,抗剪有较大安全储备,因此叠合塔界面不会出现整体滑动。

将前述界面最大内力组合各工况下的界面内力值汇总于表 3.2.15。一般来说,钢—混界面如果发生局部摩擦,应首先在最大静摩擦力处开始。根据表 3.2.15,界面上摩擦力与正压力的比例较小,远小于最大静摩擦系数。因此钢—混凝土界面局部不会因剪力超过最大静摩擦力而产生局部滑动。

界面最大内力组合各工况界面内力情况 表 3.2.15

项目	工况	工况 1 最大轴力	工况 2 最大剪力、竖向弯矩和扭矩	工况 3 最大横向弯矩
底座板正压节点力(kN)	极值	1.94×10^6	3.38×10^6	2.68×10^6
底座板摩擦节点力(kN)	极值	3.15×10^5	3.19×10^5	3.15×10^5
混凝土正压节点力(kN)	极值	4.53×10^6	8.36×10^6	6.30×10^6
混凝土摩擦节点力(kN)	极值	2.96×10^5	7.04×10^5	6.83×10^5
混凝土界面剪应力(MPa)	点极值	2.86	4.27	3.05
	面均值	2.01	2.99	2.45

注:1. 点极值是指模型应力极值点的应力值,该点应力值仅代表该点(小范围)的应力值。
2. 面均值是指模型应力极值位置附近一定范围(大小约 0.5m × 0.5m)内的应力值。

总体而言,钢塔柱底板和混凝土顶面的正压力和摩擦力分布规律基本一致。叠合部位整体总剪力远小于截面最大允许静摩擦力,局部最大节点摩擦力与最大节点正压力的比值远未达到钢—混摩擦系数,钢—混界面两者变形基本协调,界面之间未产生工程精度范围内的滑移,钢—混界面摩擦抗剪有足够的富余量。

3.3 主梁固结区段设计关键技术

3.3.1 加劲梁渐变段构造

1)固结处加劲梁梁高选择

固结处的梁高选择需要慎重。为此,对加劲梁梁高比选了3.5m、4.5m、5.0m、6.0m、6.5m等几种方案,对中塔下横梁高度比选了6.5m、6m两种方案。计算结果如表3.3.1所示。

塔梁固结处加劲梁高度及中塔横梁高度比选表　　　　表3.3.1

中塔处加劲梁高度(m)	中塔下横梁高度(m)	塔梁固结加劲梁				下横梁端部	
		最大正弯矩(kN·m)	最大负弯矩(kN·m)	最大压应力(MPa)	最大拉应力(MPa)	最大扭矩(kN·m)	扭转剪应力(MPa)
3.5	6.5	238 596	-359 053	227.7	-73.2	227 265	97.7
4.5	6.5	244 148	-365 328	199.7	-62.6	230 707	99.1
5	6.5	251 198	-375 900	178.2	-59.8	239 470	102.9
6	6.5	269 496	-403 995	172.1	-56.9	268 120	115.2
6.5	6.5	282 457	-424 090	169.7	-54.3	281 872	121.1
6	6	269 387	-403 891	171.5	-56.6	267 854	132.2

计算表明,梁高取得低可以减小塔梁固结处的固端弯矩,从而减小中塔下横梁所承受的扭矩,但是结构应力也大;反之,梁高取得高塔梁固结处的固端弯矩大,中塔下横梁所承受的扭矩也大,但是结构应力小。最后经综合比选论证,加劲梁梁高采用5.0m比较合适。

2)加劲梁变高段处理

为使加劲梁结构应力匀顺过渡,在加劲梁标准节段与塔梁固结段之间增加一个变高段,梁高在中塔两侧各16.0m的区段内由3.5m线性变化到5.0m,变化坡度为1:10.67。

变高段区域的风嘴底板与平底板交界处增加两道纵向腹板,通过这两道纵向腹板的高度变化,带动水平底板位置下移,进而改变截面的高度。这样可显著增加钢箱梁截面的刚度和强度,并使结构内力在标准节段与塔梁固结段之间匀顺传递;又使斜底板区段受力较小,整体结构受力有充分保证。此外,风嘴及斜底板的制造较为方便,结构外形也简洁美观,见图3.3.1。

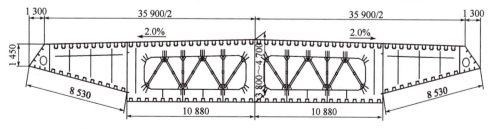

图3.3.1　加劲梁变高段横断面图(尺寸单位:mm)

变高段箱梁顶板厚 14mm,底板厚度由 10mm 变化至 14mm,顶、底板采用 U 形加劲肋加劲,U 形加劲布置与加劲梁标准段相同。

3.3.2 塔梁固结区材料选择与构造

1)固结区材料选择

中塔塔梁固结区域的材料有钢和混凝土两种材料可供选择。

(1)塔梁固结区域材料为钢

塔梁固结区域的材料选择钢材,加劲梁可全部采用钢梁,不存在钢—混接头,固结区域加劲梁弯矩较大,采用钢材受力也较好;中塔根据受力要求采用钢—混叠合塔,有一个钢—混接头,在大多数情况下主塔以受压为主,对钢—混接头受力较有利。

(2)塔梁固结区域材料为混凝土

塔梁固结区域的材料如果选择混凝土,则加劲梁只能采用钢—混混合梁,加劲梁除中塔处的固结区域有一段采用预应力混凝土结构外,其余部分为钢结构,中塔根据受力要求采用钢—混叠合塔,加劲梁与中塔均为钢—混混合结构。

固结区域是加劲梁弯矩最大的位置,此处采用混凝土结构,从受力特性上来说不是一个好的结构;加劲梁固结区域弯矩大,为了控制混凝土梁段的拉应力,在钢—混叠合段及混凝土梁段需布置多束预应力钢绞线,构造复杂,经计算,预应力钢绞线的有效预压力需要450 000kN才能满足要求。由于塔梁固结处加劲梁以受弯为主,对加劲梁的钢—混凝土接头受力是非常不利的,混凝土容易开裂,此处钢结构容易积水锈蚀。

钢箱梁与混凝土结合段是较为复杂的结构,为了保证钢箱梁与混凝土之间的可靠联结,平衡结合段处的弯矩、剪力,在钢—混结合处需设置一块 60mm 厚的抗层状撕裂钢板,钢板内侧设置剪力钉来传递剪力及增加钢结构和混凝土的结合能力;同时在混凝土段顶底板及腹板均布置有预应力钢筋,张拉锚固端布置在厚钢板上;钢梁底板与顶板一并伸入混凝土截面中,如图3.3.2所示。为了传力顺畅,结合段外钢箱梁底板、顶板及内腹板也需进行适当的加固。

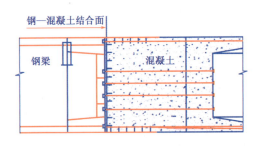 

图 3.3.2 加劲梁钢—混叠合段连接示意图

由于中塔同样采用的是钢—混叠合塔,中塔的钢—混接头也是少不了的。

(3)塔梁固结区域材料选择结论

塔梁固结区域材料采用混凝土与采用钢相比,加劲梁多了两个钢—混接头,中塔的钢—混接头数二者一样。固结区域是加劲梁弯矩最大的位置,采用混凝土材料受力极为不利,需要布置大量的预应力钢绞线束,构造较为复杂,且此处混凝土容易开裂,钢容易积水锈蚀。加劲梁采用两种材料,刚度突变大,对行车舒适性也不利。因此经比选,塔梁固结区域的材料采用钢,加劲梁为全钢梁,中塔为钢—混叠合塔。

2)塔柱结合段处理

中塔采用钢—混叠合塔,受力刚柔兼顾。由于主塔以受压为主,采用塔柱钢—混接头,与受弯剪为主的主梁钢—混叠合段相比,处理起来相对容易。T_1 节段定位和 2m 现浇叠合段施工是塔柱结合段的关键技术。

加劲梁变高段横断面图如图 3.3.3 所示。

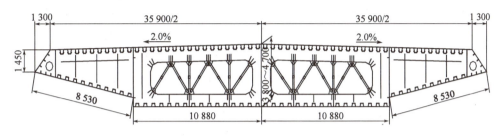

图 3.3.3　加劲梁变高段横断面图(尺寸单位:mm)

3)塔梁固结段下横梁关键构造

中塔下横梁在塔梁固结体系中至关重要,因为加劲梁与塔柱的连接是通过下横梁来实现的,加劲梁纵向承受的固端弯矩、轴力及剪力需通过下横梁传给塔柱。扭转剪应力极值区在横梁与塔柱连接部,是控制下横梁设计的主要因素。为便于传力,下横梁腹板与中塔塔柱竖向腹板对应设置。由于中主塔钢塔柱顺桥向为变截面,上窄下宽,塔柱壁板、竖向腹板均倾斜布置,因此下横梁截面为一上窄下宽的梯形形式,顶板位置外腹板中心宽 7.88m,底板位置外腹板中心宽 8.073m。下横梁横断面图如图 3.3.4 所示。

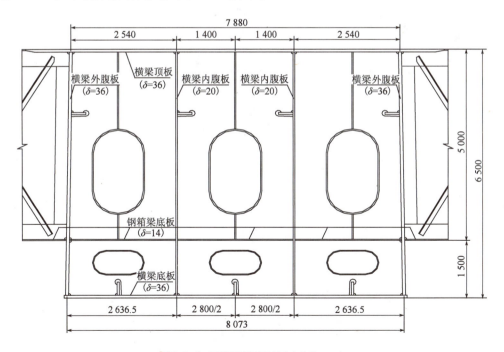

图 3.3.4　下横梁断面图(尺寸单位:mm)

4)固结段钢箱梁与下横梁连接构造

钢箱梁与下横梁的顶板连接。由于塔梁固结处加劲梁以承受负弯矩为主,即顶板以受拉为主,底板以受压为主,因而为保持桥面的连续与平顺,加劲梁顶板与下横梁顶板为共用板。厚度14mm的钢梁顶板与厚度36mm的下横梁顶板对接焊接。下横梁腹板在顶板U形加劲肋通过区域开孔,使得U形加劲肋连续通过。

钢箱梁平底板连接。钢箱梁底板厚14mm,与下横梁腹板相交处断开,而在下横梁内部分成3块。钢箱梁底板与下横梁外腹板采取坡口熔透焊进行连接,由于该处焊缝也受拉力,因此沿焊缝方向垂直布置200mm×16mm的加劲肋对加劲梁底板和下横梁腹板间的焊缝进行保护,加劲肋间距为310mm、370mm。

钢箱梁斜底板连接。由于斜底板相对受力较小,且已将所受内力传至下横梁,因此为便于内部的检修及维护,只需要将斜底板伸至下横梁外腹板与内腹板之间,斜底板与下横梁外腹板接触处用坡口熔透焊进行连接。

5)固结段下横梁与钢塔柱连接构造

塔梁固结段下横梁与中塔塔柱相应部位的短伸臂采用高强度螺栓拼接方式连接(图3.3.5)。拼接板由内、外两块组成,其中四周围板即顶板、底板和两外腹板采用2块24mm厚的拼接板,内腹板采用2块14mm厚的拼接板。另外,为便于接缝处扭转剪应力的传递,并增大其抗扭刚度,在拼接缝顶、底、腹板连接的各角点位置处,分别增设一对∠220mm×220mm×24mm的等边角钢,以对角点连接部位进行加强,且角钢长度应与拼接板宽度相同。下横梁与钢塔柱的连接构造,要确保拼接缝处构造符合结构受力特点,满足扭转受力要求。

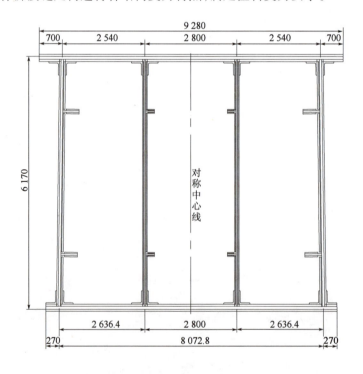

图3.3.5 下横梁与钢塔柱短伸臂连接断面图(尺寸单位:mm)

3.3.3 塔梁固结区结构受力分析

1)塔梁固结处构造

加劲梁在靠近中塔梁高 3.5~5.0m 变化段箱梁顶板厚 14mm,底板厚度由 10mm 变化至 14mm,顶、底板采用 U 形加劲肋加劲,布置与标准段相同。在钢箱梁底板厚度变化处,U 形加劲肋保持高度不变,随着底板厚度的变化而相应变化;在顶板厚度变化处,U 形加劲肋采取保持底缘平齐、变化其高度的处理方式,以适应相邻板厚差别。

为保持桥面连续,塔梁固结处箱梁顶板即下横梁顶板板厚 36mm,底板厚 14mm,顶、底板 U 形加劲肋布置与标准段相同。为保证主塔下横梁腹板的整体性,钢箱梁底板与主塔下横梁相交处采取底板断开、焊在横梁腹板上的连接方式。底板 U 形加劲肋也先断开,再与横梁腹板焊接,顶板 U 形肋则采取在横梁腹板上开 U 形槽口连续通过的方式。

塔梁固结处中塔下横梁高 6.5m,顶、底板厚 36mm,腹板共 4 道,其中外侧腹板受力较大,板厚采用 36mm,内侧腹板受力相对较小,板厚采用 20mm。

加劲梁标准节段及变高段纵腹板、中间纵联采用高强度螺栓连接;塔梁固结段与钢塔柱的连接同样采用高强度螺栓连接。

中塔处塔梁固结段 1/2 构造图如图 3.3.6 所示。

2)计算模型

考虑到前述模型中只建立了半幅主塔模型,由于活载的偏载、横向分力等引起的加劲梁扭矩、横向弯矩很难在半幅模型中进行准确模拟。又由于全桥总体计算模型和局部分析模型,在边界条件上存在一定差异,对下横梁界面内力的空间加载还存在一定的不确定性,因此进行了主塔和加劲梁全幅模型分析。

模型的建模参数与前述一致。前述分析结果显示钢—混界面连接良好,不存在滑移和脱开,故本模型在钢塔柱底部进行固结约束。模型总共 159 852 个壳单元,9 360 个体单元。计算模型如图 3.3.7 所示。加劲梁两端和两塔柱顶部断面上的内力(轴力和剪力)都通过截面均布施加到模型上,弯矩和扭矩则通过延伸一段钢臂施加力偶实现。

3)计算工况

有限元计算分析的工况主要为塔梁固结处的控制工况,即下横梁塔梁固结处截面横向弯矩、竖向弯矩和扭转所对应的工况组合。具体如下:

(1)工况 4 塔梁固结处最大横向弯矩工况:恒载 + 活载(左跨满载) + 升温 + 横风。

(2)工况 5 塔梁固结处最大轴力和竖向弯矩工况:恒载 + 活载(中塔两侧各 1/3 跨加载) + 升温 + 横风。

(3)工况 6 塔梁固结处最大扭转工况:恒载 + 活载(中塔左侧近半跨/右侧远半跨加载) + 降温。

具体内力值如表 3.3.2 ~ 表 3.3.4 所示。

4)计算分析结果

以工况 4 为塔梁固结处最大横向弯矩工况,其中活载为左跨满载,且以升温和横向风载不利作用为例,计算模型各关键部位应力分布,如下所述:

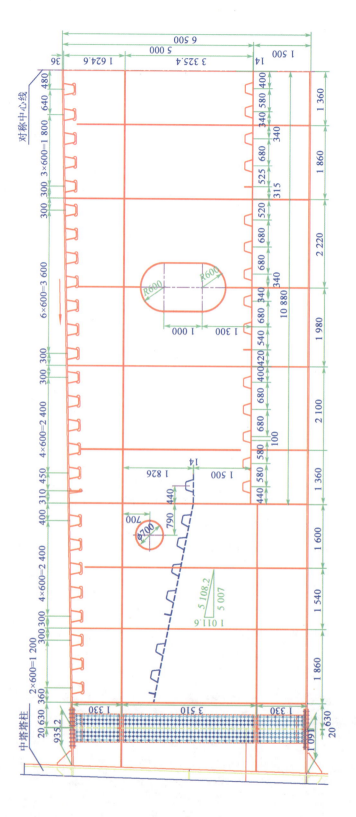

图3.3.6 中塔处塔梁固结段1/2构造图（尺寸单位：mm）

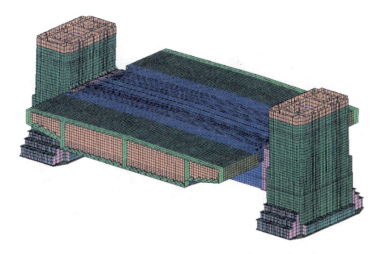

图 3.3.7 塔梁固结处分析模型

工况 4 中塔柱下横梁短伸臂最大横向弯矩　　　　　　　　　　表 3.3.2

工况信息 内力位置	恒载 + 活载(左跨满载) + 升温 + 横风					
	力(kN)			力矩(kN·m)		
	轴力	横剪	竖剪	横弯	竖弯	扭矩
塔 T_2 节段上截面	182 366.3	1 303.3	-11 395.7	54 186.1	1 473 526.7	14 305.0
中塔左侧 14m 加劲梁	-2 950.0	772.6	-2 954.9	155 118.5	134 837.0	2 576.7
中塔右侧 14m 加劲梁	5 074.5	-766.7	-442.8	152 608.1	-1 142.9	3 312.8
下横梁截面	16 546.3	8 064.2	-11 833.5	49 456.1	150 239.3	181 765.2

工况 5 中塔柱下横梁短伸臂最大轴力和竖向弯矩　　　　　　　表 3.3.3

工况信息 内力位置	恒载 + 活载(中塔两侧各 1/3 跨加载) + 升温 + 横风					
	力(kN)			力矩(kN·m)		
	轴力	横剪	竖剪	横弯	竖弯	扭矩
塔 T_2 节段上截面	178 614.8	1 395.7	0.0	61 125.1	-0.1	0.0
中塔左侧 14m 加劲梁	3 454.8	768.9	-3 562.7	153 947.3	155 558.6	1 575.5
中塔右侧 14m 加劲梁	3 454.8	-768.9	3 562.7	153 947.3	155 558.6	-1 575.5
下横梁截面	17 966.6	0.1	-17 701.5	0.5	195 141.1	-0.1

工况 6 中塔柱下横梁短伸臂最大扭转　　　　　　　　　　　　表 3.3.4

工况信息 内力位置	恒载 + 活载(中塔左侧近半跨/右侧远半跨加载) + 降温					
	力(kN)			力矩(kN·m)		
	轴力	横剪	竖剪	横弯	竖弯	扭矩
塔 T_2 节段上截面	180 488.1	172.3	-3 709.2	28 951.9	479 709.3	2 571.4
中塔左侧 14m 加劲梁	210.7	0.0	-2 829.0	133.0	125 325.4	4 685.1
中塔右侧 14m 加劲梁	-3 408.0	0.5	-1 488.5	-410.1	-47 285.9	1 094.0
下横梁截面	-13 244.1	-3 573.8	-7 809.2	-18 957.8	17 846.7	234 486.3

在工况4内力组合作用下，下横梁和加劲梁的应力分布如图3.3.8所示。加劲梁的Von Mises应力点极值为212.3MPa，面均值为170.0MPa，主压应力点极值为-191.7MPa，面均值为-153.4MPa，都位于左加劲梁与下横梁连接处的底部角点处。主拉应力点极值为162.4MPa，面均值为130.0MPa，位于远离下横梁的左加劲梁底侧腹板。

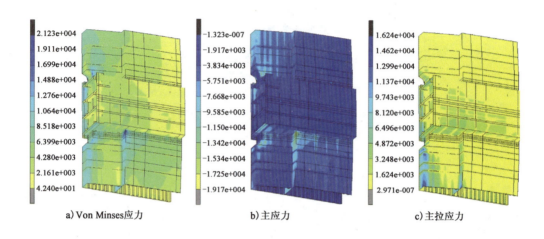

a) Von Minses应力   b) 主应力   c) 主拉应力

图3.3.8　工况4加劲梁及下横梁应力分布（应力单位：10^{-2}MPa）

工况4内力组合作用下，塔梁固结处的应力分布如图3.3.9～图3.3.12所示。下横梁塔梁固结处的Von Mises应力点极值为224.7MPa，面均值为202.3MPa，主压应力点极值为-230.4MPa，面均值为-207.4MPa，剪应力点极值为103.1MPa，面均值为92.8MPa，都位于靠近左加劲梁处塔梁固结侧面底部位置。主拉应力点极值为147.9MPa，面均值为133.1MPa，都位于靠近加劲梁处塔梁固结底部角点位置。

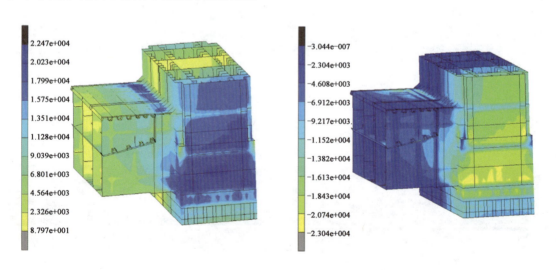

图3.3.9　工况4塔梁固结处Von Mises应力分布（应力单位：10^{-2}MPa）　　图3.3.10　工况4塔梁固结处主压应力分布（应力单位：10^{-2}MPa）

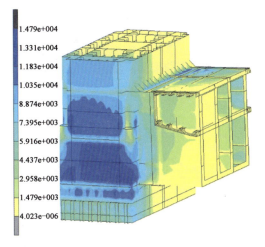
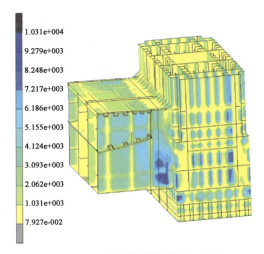

图 3.3.11 工况 4 塔梁固结处主拉应力分布
（应力单位：10^{-2}MPa）

图 3.3.12 工况 4 塔梁固结处剪应力分布
（应力单位：10^{-2}MPa）

5）结论

根据理论计算结果，将前述塔梁固结处最大内力组合各工况下的加劲梁和塔梁固结处应力值汇总于表 3.3.5。由表可知，加劲梁 Von Mises 应力点极值为 246.2MPa，面均值为 196.8MPa，主压应力点极值为 -251.3MPa，面均值为 -201.1MPa，为工况 4，位于加劲梁与下横梁连接处的底部角点处。各工况最大主拉应力点极值为 193.6MPa，面均值为 155.0MPa，为工况 4，位于远离下横梁的左加劲梁底侧腹板。加劲梁与下横梁连接处的底部角点处的局部应力稍大，但考虑其只是应力点状应力集中，面均值不大。

塔梁固结处最大内力组合各工况结构应力值(MPa)　　　　　表 3.3.5

应力		工况	工况 4	工况 5	工况 6
加劲梁	Von Mises 应力	点极值	212.3	246.2	193.6
		面均值	170.0	196.8	155.0
	主压应力	点极值	-191.7	-251.3	-172.2
		面均值	-153.4	-201.1	-137.7
	主拉应力	点极值	162.4	115.5	144.4
		面均值	130.0	92.4	115.5
塔梁固结处	Von Mises 应力	点极值	224.7	167.6	152.0
		面均值	202.3	134.3	121.6
	主压应力	点极值	-230.4	-166.0	-132.0
		面均值	-207.4	-132.8	-105.6
	主拉应力	点极值	147.9	78.0	96.8
		面均值	133.1	70.2	87.2
	剪应力	点极值	103.1	78.1	75.2
		面均值	92.8	70.3	67.7

注：1. 点极值是指模型应力极值点的应力值，该点应力值仅代表该点（小范围）的应力值。
　　2. 面均值是指模型应力极值位置附近一定范围（大小约 0.2m×0.2m）内的应力值。

塔梁固结处最大 Von Mises 应力点极值为 224.7MPa，面均值为 202.3MPa，为工况 4，位于靠近加劲梁处塔梁固结顶面位置。塔梁固结处最大主压应力点极值为 -230.4MPa，面均值为 -207.4MPa，为工况 4，位于靠近加劲梁处塔梁固结侧面底部位置。塔梁固结处最大主拉应力点极值为 147.9MPa，面均值为 133.1MPa，为工况 4，位于靠近左加劲梁处塔梁固结底部角点位置。塔梁固结处最大剪应力点极值为 103.1MPa，面均值为 92.8MPa，为工况 4，位于靠近加劲梁处塔梁固结侧面底部位置。

总体而言，加劲梁和塔梁固结处最大内力组合各工况的应力在材料许可范围内，满足设计规范要求。

3.4 塔梁固结及钢—混叠合区模型试验研究

1）模型试验目的和内容

本模型试验以获取结构应力和变形分布，研究结构受力机理，验证结构承载能力为目的。根据钢—混塔墩接头及塔梁固结处的受力特点和试验研究目的，进行了模型试验，试验内容主要包括：

钢—混塔墩接头及塔梁固结处整体模型试验：用以确定其受力状态和传力机理，采取整体缩尺模型进行试验研究，模型选择 1:4 缩尺比，模型范围包括钢—混凝土塔墩接头、部分横梁、钢塔柱、混凝土塔柱的一部分，模型的加载长度和约束条件均满足圣维南原理。通过该试验，可确定钢—混凝土塔墩接头及塔梁固结处应力场、应力集中状况、最不利受力部位，对设计计算进行验证和优化。

其中，模型和加载系统设计内容为：

（1）钢—混塔墩接头及塔梁固结处模型试验研究。从总体结构中取出部分进行模拟试验，通过对局部受力、传力、变形和破坏的模拟试验，研究设计的合理性和可靠性。

（2）模型设计是在有限元计算和钢—混叠合处塔墩接头及塔梁固结处受力和传力分析的基础上，根据圣维南原理确定加载方式和边界条件，使试验结果反映实际结构的受力特性。

（3）加载系统的设计使模型边界条件能反映局部在总体中所受到的作用，包括力边界和约束边界条件。由于钢—混塔墩接头及塔梁固结处同时承受着轴力、弯矩及剪力的共同作用，采用多种荷载组合和分步加载方式。

2）模型试验准备工作

（1）试验模型的设计

根据本模型试验的研究目的和内容，研究对象主要集中在叠合塔接头部位和塔梁固结处，因此试验模型范围为含接头部位的塔柱和含塔梁固结处的加劲梁。

塔柱的设计主要以满足塔柱局部加载和研究接头部位受力性能为目的，试验模型选取区域包括叠合接头结构及附近特殊构造，即钢塔柱包括 T_1、T_2 节段，混凝土塔柱则取 19.5m 高度。经分析 T_2 节段顶部布置加载构造后能满足对塔柱的加载，混凝土塔柱则包含主要变截面段和密集预应力布置段，能满足研究叠合界面的受力，同时也能满足对混凝土塔柱受力进行研究。

塔梁固结处的设计主要包含下横梁和加劲梁构造。考虑到试验模型的规模限制和结构的对称性,因此模型沿横桥向取一半。顺桥向加劲梁两端的长度取为高度的2倍多,主要是考虑到试验模型荷载的施加和消除局部加载效应,实际分别向两边各取14.0m。

试验模型按照1:4缩尺比例设计,主要结构构造均按实桥缩尺后保留。试验模型(不含台座和加载架)高10.74m,宽6.65m,长6.79m。

试验模型混凝土塔柱的设计从实桥中塔叠合截面往下取19.5m高度,按1:4缩尺后高度为4.875m,混凝土塔柱缩尺后顺桥向长度为5.29m,横桥向宽度为2.664m。模型中保留接头预应力、塔柱预应力等构造,钢筋进行缩尺布置,采用与实桥一致的C50混凝土。

混凝土塔柱普通钢筋的材质和布置形式均依照实桥结构设计,并遵循配筋率相等原则。考虑到部分钢筋直径,严格按照实桥缩尺后在材料购置上有一定困难,而采用直径比缩尺直径稍大,但结构配筋率仍满足缩尺比例的要求,具体如表3.4.1所示。为进行试验模型弯矩加载,塔柱底部采用固结约束,即塔柱主筋插入底座内,并与底座相应位置的钢筋连接。

试验模型钢筋设计　　　　　　　　　　　表3.4.1

类　型	实　桥	模　型	类　型	实　桥	模　型
主筋	$\underline{\Phi}32$	$\underline{\Phi}16$	拉筋	$\underline{\Phi}16$	$\phi 8$
箍筋	$\underline{\Phi}20$	$\underline{\Phi}10$	保护层(cm)	9	3

钢塔柱与混凝土塔柱接头处,布置了110束37-ϕ15.24的钢绞线,保证叠合界面的正压力。钢绞线上端锚固于T_1节段四周不同高度台阶顶部的盖板上,下部锚固于混凝土塔柱内壁齿块上。每束钢绞线张拉力为5 000kN,设计永存预应力为4 500kN。试验模型接头预应力的设计、束数、布置形式与实桥一致,每束为2-ϕ15.24,每束张拉力312.50kN,有效预应力281.25kN。在试验模型接头预应力张拉过程中,将进行预应力损失测试,保证实际有效预应力与设计一致。

实桥混凝土塔柱在塔壁上也布置了预应力,横桥向每侧2排,顺桥向每侧1排,由靠近叠合接头处向下逐步发散。每束预应力采用19-ϕ15.24的钢绞线,共106束,每束张拉力为3 711kN。试验模型预应力布置形式与实桥等效,每束为2-ϕ15.24,根据试验模型所选取范围布置了46束,每束张拉力为403kN。

实桥接头预应力下端锚固在内部空腔侧壁的齿块上,但缩尺后混凝土壁厚较薄且内部空间缩小,齿块的制作和钢绞线的锚固有一定困难。因此试验模型中忽略了齿块台阶,将钢绞线直接锚固在塔壁内和混凝土台座上。

混凝土塔柱浇筑并固结于底座上,底座混凝土高度1.5m。混凝土部分的施工顺序为:绑扎底座钢筋、钢绞线PE管和锚具预埋、塔柱预埋钢筋→浇筑底座混凝土→绑扎塔柱钢筋、预应力PE管埋设→浇筑塔柱混凝土至现浇段底部→张拉塔柱内部预应力→安放T_1节段定位架、定位T_1节段→浇筑接头现浇段混凝土。各阶段中混凝土的养护均按相关规范进行养护。

试验模型钢塔柱钢材采用与实桥一致的Q420qE,板件结构布局和构造与实桥一致,板件的大小和厚度均按1:4缩尺比例进行设计。主要板件缩尺后实桥厚度与模型厚度对比见表3.4.2。考虑塔柱高强螺栓施拧空间需要,对少量加劲肋布置位置进行适当挪动,但数量和布局与实桥一致。

钢塔柱主要板件实桥与模型厚度对比 表3.4.2

位置	编号	厚度(mm)	
		实桥	模型
竖桥向侧板	N2、N2a	60	16
顺桥向内隔板	N5、N6、N7、N9	40	10
横桥向侧板	N1	60	16
横桥向内隔板	N3、N6	40	10
加劲板	N9、N10	36	10

试验模型下横梁钢材材质采用与实桥一致的 Q345qE,板件结构布局和构造与实桥一致,板件的大小和厚度均按1∶4缩尺比例进行设计。缩尺后各板件实桥厚度与模型厚度对比见表3.4.3。

下横梁主要板件实桥与模型对比 表3.4.3

位置	编号	厚度(mm)	
		实桥	模型
顶板	N2(U肋8)	48	12
底板	N116	36	10
外腹板	N64	36	10
内腹板	N68	20	6
纵隔板	N78a~N78d、N79a~N79d	16	4

(2)加载系统的设计

根据桥梁整体结构分析结果,实桥和缩尺模型塔柱钢—混叠合界面上最大轴力、竖向弯矩和横向弯矩的控制工况内力如表3.4.4所示。表中为中塔柱H形塔的一边塔柱的内力,不包含叠合接头预应力产生的内力。叠合界面的最大轴力工况为全桥满载工况,同时叠加横风和升温作用。叠合界面的最大竖向弯矩工况为:左一跨满载工况,同时叠加横风和升温作用,叠合界面上剪力和截面扭矩同时达到最大。最大横向弯矩工况为:中塔两侧各1/3跨加载,同时叠加降温荷载作用。

各工况主塔钢—混叠合界面内力 表3.4.4

工况 内力	实桥内力组合			试验模型内力组合		
	最大轴力	最大剪力、竖向弯矩和扭矩	最大横向弯矩	最大轴力	最大剪力、竖向弯矩和扭矩	最大横向弯矩
轴力(kN)	193 061.4	183 311.1	176 082.4	12 066.3	11 456.9	11 005.2
横向剪力(kN)	1 308.2	1 864.8	233.3	81.8	116.6	14.6
竖向剪力(kN)	0.0	-11 395.7	5 144.2	0.0	-712.2	321.5
横向弯矩(kN·m)	75 123.8	125 180.7	36 909.7	1 173.8	1 955.9	576.7
竖向弯矩(kN·m)	0.0	1 648 450.0	742 108.5	0.0	25 757.0	11 595.4
扭矩(kN·m)	0.0	14 305.0	-5 408.3	0.0	223.5	-84.5

注:表中塔柱内力值均未计入下横梁和钢箱梁叠加作用。

根据塔柱的受力特点,主要进行塔柱竖向弯矩和轴力的加载,横桥向弯矩不大,但同时也进行加载。在塔柱顺桥向两侧布置对称的 2 号、3 号斜向螺杆,可控制加载轴力、顺桥向弯矩、顺桥向剪力;在顺桥向的一侧布置 1 号竖向螺杆,可控制加载顺桥向弯矩和轴力;在横桥向布置 4 号斜向螺杆,以控制加载横桥向弯矩和剪力,以控制横桥向弯矩为主。通过四对螺杆可实现塔柱轴力、顺桥向剪力、横桥向弯矩、顺桥向弯矩的精确加载。塔柱内力加载螺杆布置如图 3.4.1、图 3.4.2 所示。

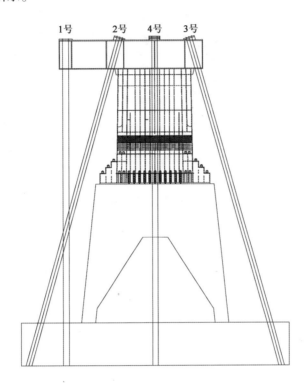

图 3.4.1　塔柱内力加载布置图(一)

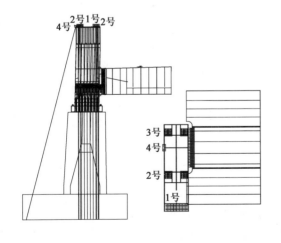

图 3.4.2　塔柱内力加载布置图(二)

根据桥梁整体结构分析结果，实桥和缩尺模型塔柱塔梁固结处截面上最大扭矩、竖向弯矩和横向弯矩的控制工况内力如表3.4.5所示。塔梁固结处最大横向弯矩工况为恒载+活载（左跨满载）+升温+横风组合，最大横向弯矩为49 456kN·m；塔梁固结处最大轴力和竖向弯矩工况为恒载+活载（中塔两侧各1/3跨加载）+升温+横风组合，最大竖向弯矩为195 141.1kN·m；塔梁固结处最大扭转工况为恒载+活载（中塔左侧近半跨/右侧远半跨加载）+降温组合，最大扭矩为234 486.3kN·m。

下横梁塔梁固结处断面内力组合　　　　表3.4.5

工况 内力	实桥内力组合			试验模型内力组合		
	最大横向弯矩	最大竖向弯矩	最大扭矩	最大横向弯矩	最大竖向弯矩	最大扭矩
轴力(kN)	16 546.3	17 966.6	−13 244.1	1 034.1	1 122.9	−827.8
横向剪力(kN)	8 064.2	0.1	−3 573.8	504.0	0.0	−223.4
竖向剪力(kN)	−11 833.5	−17 701.5	−7 809.2	−739.6	−1106.3	−488.1
横向弯矩(kN·m)	49 456.1	0.5	−18 957.8	772.8	0.0	−296.2
竖向弯矩(kN·m)	150 239.3	195 141.1	17 846.7	2 347.5	3 049.1	278.9
扭矩(kN·m)	181 765.2	−0.1	234 486.3	2 840.1	0.0	3 663.8

两跨活载不对称时下横梁的扭矩、加劲梁水平位移引起的横向弯矩和加劲梁竖向变形引起的竖向弯矩，是塔梁固结处设计的重要控制状态。这三个内力通过在模型外设置门形框架实现，其中两边加劲梁的轴力通过门形框架之间千斤顶的顶推实现塔梁固结处横向弯矩加载；两侧加劲梁截面上的竖向力则通过千斤顶的顶推（或精轧螺纹钢筋张拉实现），进行竖向力加载，实现对塔梁固结处的扭矩加载；通过在模型下横梁与门形框架进行千斤顶顶推以实现塔梁固结处竖向弯矩的加载。下横梁的轴力则通过三角形反力架实现，利用三角架反力点实现对下横梁的顶推作用。塔梁固结处所有加载点的加载功能如表3.4.6所示，加载系统如图3.4.3所示。

塔梁固结处加载系统　　　　表3.4.6

序号	加载点	加载内力	备注
1	千斤顶5号	横向弯矩	—
2	千斤顶6号	横向弯矩	—
3	千斤顶7号	扭矩和竖向弯矩	主加载扭矩
4	螺纹钢筋8号	扭矩和竖向弯矩	主加载扭矩
5	千斤顶9号	竖向弯矩	—
6	千斤顶10号	轴力	—

（3）试验模型制作

严格按照试验模型设计图纸及相关规范要求进行1:4缩尺比例模型的制作，试验模型（不含台座和加载架）高10.74m、宽6.65m、长6.79m。制作完成后的实体模型及台座和加载架照片见图3.4.4。

模型中钢结构的加工工艺基本按照实桥设计原则和相关国家规范进行，保留主要焊缝上的焊接工艺，对于部分焊缝施焊空间无法满足要求的，对焊缝顺序和工艺做适当调整。钢结构部分的加工制造每道工序都经过严格的检验合格后，才开始下一道工序的工作。出厂前经检验完全符合设计及规范要求后,才运至模型试验现场进行安装。

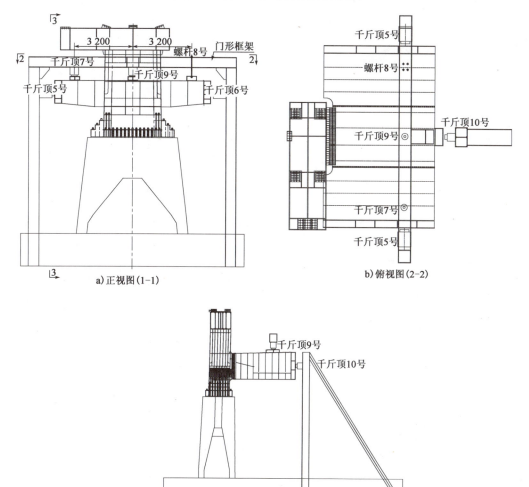

图 3.4.3　塔梁固结处加载系统(尺寸单位:mm)

图 3.4.4　制作完成后的试验模型及台座、加载架

混凝土部分的施工顺序为：绑扎底座钢筋、钢绞线 PE 管和锚具预埋、塔柱预埋钢筋→浇筑底座混凝土→绑扎塔柱钢筋、预应力 PE 管理设→浇筑塔柱混凝土至现浇段底部→张拉塔柱内部预应力→安放 T_1 节段定位架、定位 T_1 节段→浇筑接头现浇段混凝土。各阶段中，混凝土的养护均按相关规范进行。

模型塔柱混凝土为 C50 等级的商品混凝土，其主体混凝土于 2009 年 7 月 18 日浇筑，钢—混叠合部的混凝土于 2009 年 9 月 8 日浇筑完成。浇筑模型混凝土时，按照规范要求制作混凝土立方体抗压强度标准试件，放置在模型处，与模型同等条件养护，以使试件强度及弹模真实反映模型的实际情况。模型混凝土 28d 强度试件试验结果为 65.9MPa。

(4) 模型测点布置

本次模型试验以叠合塔墩接头和塔梁固结处为主要研究对象，因此测点布置主要分布在混凝土塔柱、钢塔柱、钢—混叠合界面附近、塔梁固结处、下横梁与加劲梁连接处。总共布置了 12 个测试断面，其中混凝土塔柱测试断面 3 个、叠合界面测试断面 1 个、钢塔柱测试断面 3 个、塔梁固结处测试断面 3 个、加劲梁测试断面 2 个，测点总数近 500 个。

另外，在钢—混叠合界面布置位移测点，对钢与混凝土之间界面的滑移和界面是否张开情况采用电子百分表进行测量，分别布置竖向和水平向位移测点。考虑到塔梁固结处变形较大，虽在该部位布置了较多的应力测点，但还是布置了相应的位移测点，对塔梁固结处变形情况进行分析，以便于从总体上分析塔梁固结处的变形和受力。位移测点布置情况如图 3.4.5 所示。

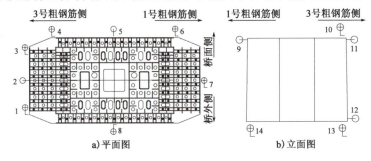

图 3.4.5　界面、塔梁固结处位移测点布置示意图

注：表示竖向位移测点；表示水平位移测点。

3) 数据分析

(1) 预应力工况测试结果分析

模型塔柱中所有预应力钢束张拉锚固后，实际测得的混凝土塔柱各主要断面预压应力结果见表 3.4.7。实测应变换算为应力时，塔柱混凝土的弹性模量取为 $E_c = 34.5$ GPa。

预应力测试结果(MPa)　　　　　　　表 3.4.7

断　面	测点号	应力	测点号	应力	测点号	应力	测点号	应力
1-1	1	-3.62	6	-3.48	11	-3.59	16	-3.55
	2	-4.14	7	-3.83	12	-4.21	17	-3.80
	3	-4.59	8	-3.69	13	-4.52	18	-3.59
	4	-4.24	9	-3.59	14	-4.17	19	-4.04
	5	-3.83	10	-3.52	15	-3.62	20	-3.45

续上表

断面	测点号	应力	测点号	应力	测点号	应力	测点号	应力
2-2	21	-5.18	26	-5.14	31	-5.18	36	-4.97
	22	-5.35	27	-5.21	32	-5.35	37	-5.31
	23	-4.49	28	-5.49	33	-4.49	38	-5.28
	24	-5.45	29	-5.11	34	-5.45	39	-5.66
	25	-4.93	30	-5.04	35	-4.93	40	-5.07
3-3	41	-2.93	49	-3.04	57	-2.86	65	-3.28
	42	0.07	50	0.21	58	0.17	66	0.21
	43	-2.90	51	-2.93	59	-3.07	67	-3.00
	44	-3.11	52	-3.38	60	-2.93	68	-3.17
	45	0.14	53	0.28	61	0.24	69	0.31
	46	-3.00	54	-3.07	62	-2.97	70	-3.35
	47	-2.90	55	-2.97	63	-3.04	71	-3.93
	48	0.21	56	0.10	64	0.14	72	0.17

由表 3.4.7 可知，预应力束张拉锚固后，混凝土塔柱 1-1 断面实测预压应力为 -4.59 ~ -3.45MPa；2-2 断面实测预压应力为 -5.66 ~ -4.49MPa；3-3 断面实测预压应力为 -3.93 ~ -2.86MPa。可见，模型塔柱中预应力钢束张拉锚固后，在塔墩叠合接头部产生了较大的预压应力，达到了使钢塔柱与其下混凝土塔柱紧密叠合的目的。

(2)控制内力工况试验结果分析

为了全面验证塔墩叠合与塔梁固结局部结构在控制工况下的安全性和可靠性，分别根据塔墩叠合接头处和塔梁固结处的控制内力工况进行加载并验证。试验工况分别为塔柱叠合界面最大轴力工况、最大竖向弯矩工况和横向弯矩工况，以及塔梁固结处最大扭转工况、竖向弯矩工况和横向弯矩工况，试验加载荷载取为 1.0P。

塔柱控制工况有 3 个，根据前述加载精轧螺纹钢筋布置情况，计算得到各螺杆在各试验工况 1.0P 荷载下的加载内力值，如表 3.4.8 所示。

塔柱控制工况加载荷载(kN)　　　　表 3.4.8

工况	加载索力				
	1号	2号	3号	4号	5号
最大轴力工况	0	5 180	5 180	400	—
最大竖向弯矩工况	6 160	3 300	1 550	660	—
最大横向弯矩工况	2 400	4 700	3 910	180	1 100

注：表中未列梁上荷载。

各试验工况均采用分级加载的形式，具体加载步骤为 0→0.5P→1.0P→0.0P。

实测应变换算为应力时，塔柱混凝土的弹性模量取为 $E_c = 34.5$GPa，钢材的弹性模量取为 $E_s = 210$GPa。

①叠合塔墩接头最大轴力工况

叠合塔墩接头最大轴力工况加载至 1.0P 荷载时,塔柱混凝土及钢结构各主要断面的应力测试结果见表 3.4.9 ~ 表 3.4.12,主要断面单向应变片的实测应力与计算应力对照情况见表 3.4.9。表中应力为未考虑预压应力时的数值。

最大轴力工况主要断面应力结果对照表(MPa)　　　　表 3.4.9

截　面	计算值	实测值
1-1	-0.99 ~ -0.89	-1.04 ~ -0.66
2-2	-1.01 ~ -0.89	-1.17 ~ -0.69
3-3	-1.11 ~ -0.97	-1.31 ~ -0.72
6-6	-36.01 ~ -30.85	-31.31 ~ -26.57
7-7	-44.07 ~ -37.74	-46.56 ~ -34.81

注:表中应力为未考虑预压应力时的数值,本节下文表同。

最大轴力工况混凝土应力测试结果(MPa)　　　　表 3.4.10

断　面	测点号	应力	测点号	应力	测点号	应力	测点号	应力
1-1	1	-0.86	6	-0.79	11	-0.83	16	-0.86
	2	-0.72	7	-0.90	12	-0.69	17	-0.93
	3	-0.79	8	-0.69	13	-0.76	18	-0.93
	4	-0.66	9	-0.86	14	-0.79	19	-1.04
	5	-0.76	10	-0.97	15	-0.90	20	-0.83
2-2	21	-0.79	26	-0.93	31	-0.86	36	-1.17
	22	-0.69	27	-1.04	32	-0.76	37	-1.00
	23	-0.72	28	-0.83	33	-0.90	38	-0.97
	24	-0.83	29	-0.90	34	-0.79	39	-1.10
	25	-0.86	30	-1.00	35	-0.93	40	-0.97
3-3	41	-1.10	49	-1.04	57	-1.17	65	-1.28
	42	0.07	50	-0.21	58	0.14	66	0.10
	43	-0.83	51	-0.79	59	-1.21	67	-1.21
	44	-0.93	52	-0.86	60	-1.14	68	-1.04
	45	0.17	53	0.10	61	0.03	69	0.17
	46	-0.72	54	-0.97	62	-1.24	70	-1.17
	47	-0.83	55	-1.10	63	-1.28	71	-1.31
	48	0.07	56	0.21	64	0.07	72	0.07

由表 3.4.10 可知,在 1.0P 荷载作用下,塔柱混凝土 1-1 断面测点处实测应力值为 -1.04 ~ -0.66MPa,相应的计算应力值为 -0.99 ~ -0.89MPa;2-2 断面测点处实测应力值为 -1.17 ~ -0.69MPa,相应的计算应力值为 -1.01 ~ -0.89MPa;3-3 断面测点处实测应力值为 -1.31 ~ -0.72MPa,相应的计算应力值为 -1.11 ~ -0.97MPa。塔柱混凝土应力实测值与计算值基本接近,表明测试结果可靠。

最大轴力工况 1.0P 钢塔柱单向应力测试结果（MPa） 表 3.4.11

5-5		6-6		7-7	
测点号	应力	测点号	应力	测点号	应力
110	9.27	130	−26.99	150	−36.26
111	6.80	131	−28.02	151	−35.43
112	5.36	132	−26.57	152	−34.81
113	7.00	133	−26.99	153	−36.67
114	5.36	134	−27.40	154	−38.11
116	1.65	136	−27.19	156	−40.58
117	1.24	137	−31.31	157	−44.29
118	2.68	138	−29.05	158	−46.56
120	5.77	141	−31.31	160	−40.17
121	9.06	142	−30.90	161	−38.93
122	8.03	143	−30.08	162	−41.20
123	6.80	146	−28.22	163	−44.08
124	9.89	147	−27.40	164	−42.23
126	10.30	148	−28.43	166	−43.47
127	7.00			167	−41.82
128	9.06			168	−38.73

塔柱混凝土应力实测值与计算值均为压应力，这与该试验工况加载荷载为塔柱轴向荷载相一致。

在 1.0P 荷载作用下，塔柱混凝土结构未出现拉应力，与预应力叠加后压应力值小于 C50 混凝土的允许值，混凝土结构应力满足规范要求。

由表 3.4.11 可知，在 1.0P 荷载作用下，塔柱钢结构段 6-6 断面测点处实测应力值为 −31.31 ~ −26.57MPa，相应的计算应力值为 −36.01 ~ −30.85MPa；7-7 断面测点处实测应力值为 −46.56 ~ −34.81MPa，相应的计算应力值为 −44.07 ~ −37.74MPa。塔柱钢结构应力实测值与计算值比较接近。

塔柱钢结构段 6-6 断面、7-7 断面应力实测值与计算值均为压应力，这与该试验工况加载荷载为塔柱轴向荷载相一致。

钢塔柱底座钢板(4-4 断面)测点处实测 σ_1 值为 −0.86 ~ 7.95MPa，相应的计算应力值为 −2.0 ~ 10.2MPa；实测 σ_3 值为 −6.48 ~ −1.21MPa，相应的计算应力值为 −10.3 ~ 0MPa；实测 σ_s 值为 1.55 ~ 12.51MPa，相应的计算应力值为 0.5 ~ 16.5MPa。钢塔柱底座钢板应力实测值在计算应力值范围内，且与计算值基本接近。

实测及计算结果均表明，本工况 1.0P 荷载作用下，钢塔柱底座钢板应力水平很低。

本工况加载至 1.0P 荷载时，钢塔柱测点处最大实测换算 Von Mises 应力值为 62.22MPa，钢塔柱测点附近计算 Von Mises 应力点极值为 68.0MPa，远小于 Q420qE 钢材允许值，满足规范要求。

最大轴力工况钢塔柱应变花应力测试结果（MPa）　　表3.4.12

断面	测点号	σ_1	σ_3	σ_s	断面	测点号	σ_1	σ_3	σ_s
4-4	73	1.91	-1.32	2.8	4a-4a	90	5.00	-16.18	19.2
	74	6.94	-3.41	9.1		91	8.48	-14.66	20.3
	75	6.47	-3.82	9.0		92	8.57	-15.93	21.5
	76	4.74	-1.21	5.4		93	8.12	-11.36	17.0
	77	-0.86	-1.79	1.5		94	13.50	-8.21	19.0
	78	6.18	-4.12	9.0	4b-4b	95	6.94	-4.59	10.1
	79	7.95	-6.48	12.5		96	12.42	-5.65	16.0
	80	2.75	-2.16	4.3		97	9.14	-7.08	14.1
5-5	115	1.23	-18.59	19.2		98	11.22	-5.63	14.9
	119	3.13	-16.37	18.1		99	8.20	-5.26	11.7
	125	3.19	-20.55	22.3		100	8.93	-9.81	16.2
	129	1.75	-19.40	20.3		101	7.50	-8.68	14.0
6-6	135	-12.83	-53.66	48.5	4c-4c	102	5.87	-13.22	16.9
	139	-10.14	-47.52	43.3		103	4.51	-20.69	23.3
	140	-14.83	-59.31	53.5		104	5.57	-10.87	14.5
	144	-12.94	-57.66	52.4		105	6.24	-11.24	15.3
	145	-5.95	-32.88	30.3		106	6.72	-11.13	15.6
	149	-4.15	-35.57	33.7	4d-4d	107	5.00	-13.53	16.6
7-7	155	-9.85	-50.16	46.0		108	5.81	-16.40	19.9
	159	-5.81	-51.85	49.2		109	15.68	4.91	13.9
	165	-3.69	-58.97	57.2					
	169	-6.34	-65.15	62.2					

②叠合塔墩接头最大竖向弯矩工况

叠合塔墩接头最大竖向弯矩工况，在1.0P荷载作用下：

塔柱混凝土1-1断面测点处实测应力值为-2.24~1.35MPa，相应的计算应力值为-2.03~1.46MPa；2-2断面测点处实测应力值为-2.59~2.14MPa，相应的计算应力值为-2.53~1.95MPa；3-3断面测点处实测应力值为-3.35~2.59MPa，相应的计算应力值为-3.01~2.38MPa。可见塔柱混凝土应力实测值与计算值基本接近。

塔柱混凝土测点处实测最大拉应力值为2.59MPa，叠加相应的预压应力后该处实际应力为-0.48MPa，其他各处拉应力叠加相应的预压应力后，实际应力也都为压应力。在1.0P荷载作用下，塔柱混凝土结构实际应力均为压应力，且数值小于C50混凝土的允许值，混凝土结构应力满足规范要求。

塔柱钢结构段6-6断面测点处实测应力值为-140.08~100.32MPa，相应的计算应力值为-125.68~105.50MPa；7-7断面测点处实测应力值为-162.53~102.79MPa，相应的计算应力值为-152.77~128.08MPa。塔柱钢结构应力实测值与计算值基本接近。

如表 3.4.13 所示，钢塔柱底座钢板（4-4 断面）测点处实测 σ_1 值为 2.02～18.78MPa，相应的计算应力值为 1.1～18.3MPa；实测 σ_3 值为 -17.58～4.10MPa，相应的计算应力值为 -18.8～3.14MPa；实测 σ_s 值为 3.26～25.04MPa，相应的计算应力值为 0.9～30.3MPa。由此可见，钢塔柱底座钢板实测应力值与计算应力值基本接近。

最大竖向弯矩工况主要断面应力结果对照表（MPa）　　　表 3.4.13

截 面	计 算 值	实 测 值	截 面	计 算 值	实 测 值
1-1	-2.03～1.46	-2.24～1.35	6-6	-125.68～105.50	-140.08～100.32
2-2	-2.53～1.95	-2.59～2.14	7-7	-152.77～128.08	-162.53～102.79
3-3	-3.01～2.38	-3.35～2.59			

注：表中应力为未考虑预压应力时的数值，本节下文表同。

实测及计算应力结果均表明，本工况 1.0P 荷载作用下，钢塔柱底座钢板应力水平不高。

由钢塔柱实测应力结果可知，叠合塔墩接头最大竖向弯矩工况加载至 1.0P 荷载时，测点处最大实测换算 Von Mises 应力值为 187.6MPa，测点处计算 Von Mises 应力点极值为 215.9MPa，实测值小于计算值，且均小于钢塔柱 Q420qE 钢材允许值，满足规范要求。

③叠合塔墩接头最大横向弯矩工况

如表 3.4.14 所示，叠合塔墩接头最大横向弯矩工况加载至 1.0P 荷载时，在 1.0P 荷载作用下：

塔柱混凝土 1-1 断面测点处实测应力值为 -2.42～1.52MPa，相应的计算应力值为 -2.18～1.47MPa；2-2 断面测点处实测应力值为 -2.38～1.45MPa，相应的计算应力值为 -2.07～1.35MPa；3-3 断面测点处实测应力值为 -1.79～1.41MPa，相应的计算应力值为 -2.18～1.39MPa。可见塔柱混凝土应力实测值与计算值基本接近。

最大横向弯矩工况 1.0P 主要断面应力结果对照表（MPa）　　　表 3.4.14

截 面	计 算 值	实 测 值	截 面	计 算 值	实 测 值
1-1	-2.18～1.47	-2.42～1.52	6-6	-73.58～48.28	-71.69～43.26
2-2	-2.07～1.35	-2.38～1.45	7-7	-77.73～46.78	-82.81～42.44
3-3	-2.18～1.39	-1.79～1.41			

塔柱混凝土测点处实测最大拉应力值为 1.52MPa，叠加相应的预压应力后该处实际应力为 -1.93MPa，其他各处拉应力叠加相应的预压应力后，实际应力也都为压应力。在 1.0P 荷载作用下，塔柱混凝土结构实际应力均为压应力，且数值远小于 C50 混凝土的允许值，混凝土结构应力满足规范要求。

塔柱钢结构段 6-6 断面测点处实测应力值为 -71.69～43.26MPa，相应的计算应力值为 -73.58～48.28MPa；7-7 断面测点处实测应力值为 -82.81～42.44MPa，相应的计算应力值为 -77.73～46.78MPa。塔柱钢结构应力实测值与理论计算值基本接近。

钢塔柱底座钢板（4-4 断面）测点处实测 σ_1 值为 0.29～9.54MPa，相应的计算应力值为 -2.5～10.4MPa；实测 σ_3 值为 -17.03～0.46MPa，相应的计算应力值为 -19.6～1.1MPa；实测 σ_s 值为 4.51～21.01MPa，相应的计算应力值为 0.6～25.1MPa。钢塔柱底座钢板实测应力值与计算应力值基本接近。

实测及计算应力结果均表明,本工况 1.0P 荷载作用下,钢塔柱底座钢板应力水平很低。

由钢塔柱实测应力结果可知,叠合塔墩接头最大竖向弯矩工况加载至 1.0P 荷载时,测点处最大实测换算 Von Mises 应力值为 151.55MPa,测点附近计算 Von Mises 应力点极值为 158.1MPa,实测值小于计算值,且均小于钢塔柱 Q420qE 钢材允许值,满足规范要求。

④塔梁固结处最大横向弯矩工况

如表 3.4.15 所示,塔梁固结处最大横向弯矩工况加载至 1.0P 荷载时,在 1.0P 荷载作用下:

最大横向弯矩工况应力测试结果(MPa)　　　　表 3.4.15

断面	测点号	σ_1	σ_3	σ_s	断面	测点号	σ_1	σ_3	σ_s
8-8	170	0.35	-29.77	29.95	9-9	194	33.24	-39.13	62.74
	171	0.20	-30.50	30.60		195	42.91	-21.73	56.98
	172	10.39	-70.40	76.13		196	14.47	-36.53	45.53
	173	32.68	-104.46	124.07		197	-0.06	-67.02	66.99
	174	0.39	-16.28	16.48		198	7.42	-119.81	123.69
	175	19.03	-22.26	35.79		199	66.92	-18.96	78.14
	176	28.00	-38.59	57.91	10-10	200	51.60	3.42	49.98
	177	24.85	-43.09	59.54		201	70.23	-18.45	81.05
	178	-1.47	-20.01	19.31		202	1.58	-68.07	68.87
	179	26.48	-34.72	53.16		203	6.78	-2.67	8.44
	180	28.86	-34.15	54.64		204	44.96	-4.65	47.45
	181	20.91	-27.08	41.68		205	-14.56	-84.59	78.33
	182	24.28	-21.93	40.04		206	-0.82	-38.60	38.20
	183	8.07	-45.73	50.25		207	0.94	-18.30	18.78
	184	21.77	-45.01	58.99		208	4.97	-4.97	8.61
	185	8.79	-54.39	59.28		209	45.56	-15.84	55.21
9-9	186	23.93	-25.70	42.99	11-11	210	11.75	-8.51	17.62
	187	24.41	-33.53	50.39		211	16.54	2.88	15.30
	188	10.46	-45.76	51.79		212	40.60	-0.88	41.05
	189	15.84	-43.79	53.50		213	19.92	0.08	19.88
	190	35.75	-3.98	37.89		214	30.13	-16.00	40.57
	191	7.52	-0.46	7.76	12-12	215	31.42	-54.07	74.90
	192	21.09	-20.80	36.28		216	9.71	-196.52	201.55
	193	17.69	-33.87	45.38		217	-3.29	-77.91	76.31

塔梁固结处横梁 8-8 断面测点处实测 σ_1 值为 -1.47~32.68MPa,相应的计算应力值为 0~42.2MPa;实测 σ_3 值为 -104.46~-16.28MPa,相应的计算应力值为 -137.1~0MPa;实测 σ_s 值为 16.48~124.07MPa,相应的计算应力值为 0~156.3MPa。横梁 9-9 断面测点处实测 σ_1 值为 7.52~42.91MPa,相应的计算应力值为 0~56.3MPa;实测 σ_3 值为 -54.39~-0.46MPa,相应的计算应力值为 -68.5~0MPa;实测 σ_s 值为 7.76~62.74MPa,相应的计算

应力值为 0~66.5MPa,塔柱横梁实测应力值与计算结果相近。

塔梁固结处塔壁 10-10 断面测点处实测 σ_1 值为 -14.56~70.23MPa,相应的计算应力值为 0~102.8MPa;实测 σ_3 值为 -119.81~3.42MPa,相应的计算应力值为 -137.1~0MPa;实测 σ_s 值为 8.44~123.69MPa,相应的计算应力值为 0~156.5MPa,塔梁固结处塔壁实测应力值与计算应力结果基本接近。

塔梁固结处加劲梁 11-11 断面、12-12 断面测点处实测 σ_1 值为 -3.29~40.60MPa,相应的计算应力值为 0~43.1MPa;实测 σ_3 值为 -196.52~2.88MPa,相应的计算应力值为 -212.9~0MPa;实测 σ_s 值为 15.30~201.55MPa,相应的计算应力值为 0~234.0MPa,塔梁固结处加劲梁断面实测应力值与计算应力结果基本接近。

由塔梁固结处主要断面实测应力结果可知,固结处最大横向弯矩工况加载至 1.0P 荷载时,测点处最大实测换算 Von Mises 应力 σ_s 值为 201.55MPa,小于横梁 Q345qE 钢材允许值,满足规范要求。

⑤塔梁固结处最大竖向弯矩工况

如表 3.4.16 所示,塔梁固结处最大竖向弯矩工况加载至 1.0P 荷载时,在 1.0P 荷载作用下:

最大竖向弯矩工况应力测试结果(MPa)　　　　　表 3.4.16

断面	测点号	σ_1	σ_3	σ_s	断面	测点号	σ_1	σ_3	σ_s
8-8	170	0.50	-3.15	3.42	9-9	194	0.20	-10.50	10.60
	171	0.93	-6.52	7.03		195	0.16	-18.40	18.48
	172	-0.30	-16.18	16.03		196	0.49	-17.26	17.50
	173	0.37	-37.74	37.93		197	0.37	-19.49	19.68
	174	0.79	-2.85	3.32		198	0.24	-35.84	35.96
	175	0.02	-5.90	5.91		199	2.25	-4.60	6.05
	176	-0.29	-10.01	9.87	10-10	200	-0.24	-12.12	12.00
	177	0.17	-29.29	29.37		201	-0.64	-35.26	34.94
	178	0.73	-26.91	27.29		202	0.43	-17.79	18.01
	179	0.41	-25.12	25.33		203	-0.19	-18.93	18.84
	180	-0.59	-21.47	21.19		204	-0.52	-25.66	25.41
	181	0.75	-19.58	19.97		205	-0.27	-25.32	25.19
	182	0.66	-28.31	28.65		206	0.60	-30.31	30.62
9-9	183	-0.31	-16.16	16.01		207	0.21	-31.39	31.50
	184	-0.63	-15.55	15.25		208	0.36	-27.73	27.91
	185	0.60	-25.90	26.20		209	-0.82	-24.48	24.08
	186	1.00	-18.07	18.59		210	1.22	-6.81	7.49
	187	0.79	-16.38	16.79	11-11	211	0.05	-8.87	8.90
	188	-0.06	-29.95	29.92		212	1.05	-9.58	10.14
	189	0.56	-38.22	38.51		213	1.48	-12.95	13.75
	190	18.78	-0.84	19.21		214	-4.46	-7.60	6.62
	191	20.93	-1.51	21.72	12-12	215	1.03	-7.50	8.06
	192	18.55	-0.31	18.71		216	1.41	-15.24	15.99
	193	0.25	-11.73	11.86		217	1.71	-17.01	17.92

塔梁固结处横梁 8-8 断面测点处实测 σ_1 值为 $-0.59 \sim 0.93$MPa，相应的计算应力值为 $0 \sim 14.0$MPa；实测 σ_3 值为 $-37.74 \sim -2.85$MPa，相应的计算应力值为 $-42.7 \sim 0$MPa；实测 σ_s 值为 $3.32 \sim 37.93$MPa，相应的计算应力值为 $-2.7 \sim 47.6$MPa。横梁 9-9 断面测点处实测 σ_1 值为 $-0.63 \sim 20.93$MPa，相应的计算应力值为 $0 \sim 32.6$MPa；实测 σ_3 值为 $-38.22 \sim -0.31$MPa，相应的计算应力值为 $-42.8 \sim 0$MPa；实测 σ_s 值为 $10.60 \sim 38.51$MPa，相应的计算应力值为 $0 \sim 47.6$MPa，塔柱横梁实测应力值在计算应力结果范围内。

塔梁固结处塔壁 10-10 断面测点处实测 σ_1 值为 $-0.82 \sim 2.25$MPa，相应的计算应力值为 $0 \sim 2.9$MPa；实测 σ_3 值为 $-35.84 \sim -4.60$MPa，相应的计算应力值为 $-45.5 \sim 0$MPa；实测 σ_s 值为 $6.05 \sim 35.96$MPa，相应的计算应力值为 $0.6 \sim 44.6$MPa，塔梁固结处塔壁实测应力值与计算应力结果基本接近。

塔梁固结处加劲梁 11-11 断面、12-12 断面测点处实测 σ_1 值为 $-4.46 \sim 1.71$MPa，相应的计算应力值为 $0 \sim 2.2$MPa；实测 σ_3 值为 $-17.01 \sim -6.81$MPa，相应的计算应力值为 $-29.1 \sim 0$MPa；实测 σ_s 值为 $6.62 \sim 17.92$MPa，相应的计算应力值为 $0 \sim 29.9$MPa，塔梁固结处加劲梁断面实测应力值与计算应力结果基本接近。

由塔梁固结处主要断面实测应力结果可知，固结处最大竖向弯矩工况加载至 $1.0P$ 荷载时，测点处最大实测换算 Von Mises 应力 σ_s 值为 38.51MPa，远小于横梁 Q345qE 钢材允许值，满足规范要求。

⑥塔梁固结处最大扭矩工况

如表 3.4.17 所示，塔梁固结处最大竖向弯矩工况加载至 $1.0P$ 荷载时，在 $1.0P$ 荷载作用下：

塔梁固结处横梁 8-8 断面测点处实测 σ_1 值为 $11.33 \sim 71.52$MPa，相应的计算应力值为 $0 \sim 75.6$MPa；实测 σ_3 值为 $-83.33 \sim -5.03$MPa，相应的计算应力值为 $-104.9 \sim 0$MPa；实测 σ_s 值为 $31.71 \sim 97.31$MPa，相应的计算应力值为 $0 \sim 111.7$MPa。横梁 9-9 断面测点处实测 σ_1 值为 $4.05 \sim 68.06$MPa，相应的计算应力值为 $0 \sim 75.6$MPa；实测 σ_3 值为 $-102.42 \sim -1.40$MPa，相应的计算应力值为 $-89.7 \sim 0$MPa；实测 σ_s 值为 $4.91 \sim 113.6$MPa，相应的计算应力值为 $0 \sim 111.8$MPa，塔柱横梁实测应力与计算结果基本相符。

塔梁固结处塔壁 10-10 断面测点处实测 σ_1 值为 $-0.81 \sim 45.16$MPa，相应的计算应力值为 $0 \sim 41.3$MPa；实测 σ_3 值为 $-66.23 \sim -2.86$MPa，相应的计算应力值为 $-100.9 \sim 0$MPa；实测 σ_s 值为 $10.83 \sim 74.52$MPa，相应的计算应力值为 $13.9 \sim 113.8$MPa，塔梁固结处塔壁实测应力值与计算应力结果基本接近。

塔梁固结处加劲梁 11-11 断面、12-12 断面测点处实测 σ_1 值为 $-1.64 \sim 62.66$MPa，相应的计算应力值为 $0 \sim 72.9$MPa；实测 σ_3 值为 $-181.35 \sim 11.27$MPa，相应的计算应力值为 $-202.4 \sim 0$MPa；实测 σ_s 值为 $18.84 \sim 180.54$MPa，相应的计算应力值为 $0 \sim 222.9$MPa，塔梁固结处加劲梁断面实测应力值与计算应力结果基本相符。

由塔梁固结处主要断面实测应力结果可知，固结处最大扭矩工况加载至 $1.0P$ 荷载时，测点处最大实测换算 Von Mises 应力 σ_s 值为 180.54MPa，小于横梁 Q345qE 钢材允许值，满足规范要求。

(3) 位移测试结果及分析

最大扭矩工况应力测试结果(MPa)　　　　表 3.4.17

断面	测点号	σ_1	σ_3	σ_s	断面	测点号	σ_1	σ_3	σ_s
8-8	170	11.33	-24.86	32.06	9-9	194	20.91	-35.04	48.96
	171	16.63	-27.81	38.89		195	35.85	-30.56	57.58
	172	12.13	-60.67	67.56		196	18.24	-32.37	44.40
	173	23.61	-83.33	97.31		197	26.77	-47.96	65.58
	174	71.52	-5.03	74.16		198	14.45	-66.23	74.52
	175	24.39	-11.45	31.71		199	45.16	-19.86	57.71
	176	59.31	-21.36	72.40	10-10	200	36.11	-2.86	37.62
	177	60.16	-23.39	74.66		201	45.05	-20.63	58.17
	178	27.03	-15.85	37.56		202	9.41	-39.72	45.17
	179	19.82	-36.00	49.01		203	3.85	-22.38	24.53
	180	30.85	-34.97	57.04		204	4.98	-14.69	17.71
	181	43.14	-35.20	67.96		205	-0.81	-47.73	47.33
	182	55.34	-44.45	86.59		206	7.24	-20.78	25.19
9-9	183	19.75	-102.42	113.60		207	7.05	-18.23	22.60
	184	27.18	-72.48	89.23		208	2.38	-9.44	10.83
	185	28.91	-38.33	58.42		209	34.09	-26.73	52.80
	186	64.89	-14.87	73.46	11-11	210	13.03	-8.03	18.41
	187	39.93	-31.40	61.93		211	59.63	11.27	54.87
	188	68.06	-25.41	83.71		212	62.66	-2.94	64.19
	189	19.81	-35.11	48.17		213	42.86	-1.97	43.88
	190	9.48	-23.90	29.79	12-12	214	15.48	-29.01	39.12
	191	4.05	-1.40	4.91		215	23.38	-64.57	78.90
	192	34.57	-3.39	36.38		216	-1.64	-181.35	180.54
	193	27.17	-49.24	67.09		217	-0.81	-138.06	137.66

叠合塔墩接头三个控制工况、塔梁固结处三个控制工况及模型极限状态工况 1.0P 荷载作用下，叠合界面及塔梁固结处各位移测点的实测位移结果及相应的理论计算结果分别见表 3.4.18 和表 3.4.19。

各工况叠合界面各测点位移结果(mm)　　　　表 3.4.18

工况		表号	表1	表2	表3	表4	表5	表6	表7	表8
叠合塔墩接头	最大轴力	实测值	0.005	0	0	0	0	0.005	0.01	0
		计算值	0	0	0	0	0	0	0	0
		方向	钢—混凝土相对靠近					钢—混凝土相对靠近	钢—混凝土相对靠近	

续上表

表号 工况			表1	表2	表3	表4	表5	表6	表7	表8
叠合塔墩接头	最大竖向弯矩	实测值	0.005	0	0.01	0	0	0.015	0.025	0
		计算值	0	0	0	0	0	0	0	0
		方向	钢—混相对远离		钢—混相对远离			钢—混相对靠近	钢—混相对靠近	
	最大横向弯矩	实测值	0.005	0	0	0.01	0	0.005	0	0.01
		计算值	0	0	0	0	0	0	0	0
		方向	钢—混相对靠近			钢—混相对远离		钢—混相对远离		钢—混相对靠近
极限状态		实测值	0	0	0.02	0.015	0	0.01	0.03	0.005
		计算值	0	0	0	0	0	0	0	0
		方向			钢—混相对远离	钢—混相对远离		钢—混相对靠近	钢—混相对靠近	钢—混相对靠近

各工况塔梁固结处各测点位移结果(mm)　　　　表3.4.19

表号 工况			表9	表10	表11	表12	表13	表14
塔梁固结处	最大横向弯矩	实测值	0.02	0.07	0.16	0.15	0.295	0.255
		计算值	0.013	0.06	0.173	0.148	0.598	0.378
		方向	向3号粗钢筋侧	向上	向3号粗钢筋侧	向1号粗钢筋侧	向下	向上
	最大竖向弯矩	实测值	0.02	0.03	0.02	0	0.145	0.13
		计算值	0.02	0.025	0.013	0	0.178	0.18
		方向	向3号粗钢筋侧	向下	向1号粗钢筋侧	向1号粗钢筋侧	向下	向下
	最大扭矩	实测值	0.12	0.23	0.12	0.185	0.32	0.15
		计算值	0.125	0.218	0.103	0.25	0.45	0.21
		方向	向3号粗钢筋侧	向上	向3号粗钢筋侧	向1号粗钢筋侧	向下	向上
	极限状态	实测值	0.02	0.13	0.26	0.23	0.58	0.455
		计算值	0.021	0.102	0.293	0.251	1.016	0.642
		方向	向3号粗钢筋侧	向上	向3号粗钢筋侧	向1号粗钢筋侧	向下	向上

由表3.4.18可以看到,在叠合塔墩接头最大轴力、最大竖向弯矩、最大横向弯矩三个控制工况及极限状态工况的1.0P荷载作用下,钢—混叠合界面之间竖向相对位移实测最大值为

钢—混相对靠近 0.03mm,钢—混相对远离 0.01mm,相应的位移计算结果极其微小,几乎为零。钢—混叠合界面之间水平向(包括顺桥向和横桥向)相对位移基本为零。

实测及计算位移结果表明,在各工况荷载作用下,钢—混叠合界面之间竖向及水平向(包括顺桥向和横桥向)相对位移都非常微小,近乎为零,表明在叠合部强大的预压应力作用下,钢—混叠合界面贴合紧密,具有足够的抗弯和抗剪刚度。

由表 3.4.19 可以看到,在塔梁固结处最大扭矩、最大竖向弯矩、最大横向弯矩三个控制工况及极限状态工况的 1.0P 荷载作用下,塔梁固结处横梁与塔壁之间竖向相对位移实测最大值为横梁相对塔壁向下 0.58mm(极限状态工况表 13),相应的计算结果为 1.016mm;横梁相对塔壁向上实测最大值为 0.455mm(极限状态工况表 14),相应的计算结果为 0.642mm;横梁相对塔壁偏向 3 号粗钢筋侧位移实测最大值为 0.26mm(极限状态工况表 11),相应的计算结果为 0.293mm;横梁相对塔壁偏向 1 号粗钢筋侧实测最大值为 0.23mm(极限状态工况表 12),相应的计算结果为 0.251mm。实测相对位移值大多数小于相应的计算值。

由位移实测及计算结果可知,在极限状态工况试验荷载作用下,塔梁固结处横梁与塔壁间的相对位移最大。实测相对位移值均小于相应的计算值,塔梁固结处刚度满足要求。

4) 小结

(1) 叠合塔墩接头最大轴力、最大竖向弯矩、最大横向弯矩控制工况试验结果表明,在三个控制工况 1.0P 试验荷载作用下,叠合塔墩接头混凝土塔柱及钢塔柱主要断面实测应力满足规范要求,结构是安全的。

(2) 塔梁固结处最大扭矩、最大竖向弯矩、最大横向弯矩控制工况试验结果表明,在三个控制工况 1.0P 试验荷载作用下,塔梁固结处塔壁及钢横梁、加劲梁主要断面实测应力满足规范要求,结构是安全的。

(3) 极限状态工况加载至 1.0P 荷载时,塔柱混凝土叠加相应的预压应力后实测最大拉应力为 0.66MPa,最大压应力为 -6.66MPa,小于 C50 混凝土的允许值,混凝土结构应力满足规范要求;钢塔柱主要断面测点处最大实测换算 Von Mises 应力值为 190.46MPa,测点附近计算 Von Mises 应力点极值为 246.8MPa,小于钢塔柱 Q420qE 钢材允许值,满足规范要求;塔梁固结处主要断面测点处最大实测换算 Von Mises 应力 σ_s 值为 184.65MPa,小于横梁 Q345qE 钢材允许值,满足规范要求。由此可见,结构在极限状态工况 1.0P 荷载作用下是安全可靠的。

(4) 极限状态工况加载至 1.7P 荷载时,塔柱混凝土主要断面测点处叠加预压应力后最大实测拉应力值为 2.25MPa,塔柱混凝土实际未见开裂,压应力值为 -11.70MPa,小于塔柱 C50 混凝土容许强度;钢塔柱主要断面测点处最大实测换算 Von Mises 应力 σ_s 值为 330.50MPa,小于钢塔柱 Q420qE 钢材屈服强度;塔梁固结处横梁、加劲梁主要断面测点处最大实测换算 Von Mises 应力 σ_s 值为 300.23MPa,小于横梁 Q345qE 钢材屈服强度。由此可见,模型结构在极限状态工况 1.7P 荷载作用下仍然没有破坏的迹象,且钢结构板件未出现局部屈曲现象,证明结构具有足够的安全储备。

(5) 实测及计算位移结果表明,在各工况荷载作用下,钢—混凝土叠合界面之间竖向及水平向(包括顺桥向和横桥向)相对位移都非常微小,近乎为零,表明在叠合部强大的预压应力作用下,钢—混叠合界面贴合紧密,结构具有足够的抗弯和抗剪刚度。

第4章　三塔非飘浮体系悬索桥的施工技术

4.1　概　　述

马鞍山长江大桥左汊三塔两跨悬索桥主跨1 080m,采用了非飘浮体系,并配合刚度适宜的钢—混叠合塔结构形式解决了结构刚度与主缆抗滑问题。结构体系、塔柱形式的变化,使其在施工工序、施工工艺上都面临新的挑战:第一,中塔塔梁固结区加劲梁安装的位置与吊索区如何连接和过渡?第二,中塔采用钢—混叠合塔,钢塔首节段体积大(15 900mm×7 800mm×5 800mm),预应力钢绞线的钢锚箱将节段又划分成很多狭小的空间,怎样保证节段制作精度并实现精准定位安装?第三,中塔叠合段高2m,混凝土塔柱顶面有110束预应力钢绞线穿出,构造复杂,同时混凝土塔柱顶面与钢塔首节段底面尺寸相当,叠合段混凝土浇筑基本是在一个大的密闭空间内完成,其密实性及其与底座板的密贴性又如何保证?第四,中塔吊装精度要求塔柱垂直误差不超过1/4 000,为了降低累积误差,要尽量减少拼接段,采用大节段吊装,但这对塔吊的起重能力是一个挑战,怎样实现大节段吊装,完美控制塔柱线形?第五,主缆单根索股长3 045.53m,重46.2t,且需要连续跨越三个塔顶,防止鼓丝、扭转、散丝等主缆架设常见问题,如何提高架设质量、缩短工期?第六,锚碇沉井基础体积大、下沉深度大,沉井位置处的地质以砂层为主,存在丰富的潜水,且在长江大堤影响范围内,采用什么样的下沉技术,可保证下沉到位并最小限度地影响长江大堤和周围的建筑?

为了回答上述问题,对马鞍山长江大桥左汊主桥采用了不同于以往国内外大跨悬索桥的施工方法,提出了很多原创性的技术和手段,并得到成功应用。实践证明,这些创新施工方法的应用,无论是在工期、质量上,还是在经济效益上,都取得了良好的效果。本章将一一介绍三塔连跨非飘浮体系悬索桥复杂构造超大节段的制作工艺、塔梁固结段安装与空间多向精确控制技术、大体积密闭空间混凝土施工工艺、上部结构架设方法、大型沉井下沉施工、混凝土品质提升等关键技术,为这些科技成果在大桥建设中的推广应用、促进施工技术的进一步提升提供有力支撑。

4.2　钢—混叠合中塔施工关键技术

马鞍山长江大桥的中塔结构设计为门式结构(图4.2.1),采用了钢和混凝土组合的桥塔形式。下塔柱为预应力混凝土结构,上塔柱、塔顶装饰及上、下横梁为钢结构。塔高(从塔座顶面算起)为175.8m。上塔柱高127.8m,(从钢—混叠合界面算至鞍座底),横桥向宽度6.0m,顺桥向宽度7.0~11.0m,钢与混凝土之间采用预应力连接。

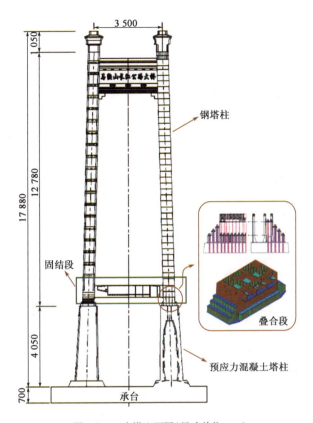

图 4.2.1　中塔立面图(尺寸单位:mm)

根据设计要求,下塔柱施工完成并张拉结束后,安装钢定位架,架设 T_1、T_2 节段和下横梁,完成连接后进行叠合段施工,但在实施方案研究阶段发现:先将塔柱与下横梁固结,再浇筑叠合段,施工过程中因温度变形引起的下横梁内力将达到 3 000t,定位架与 T_1 间连接相对较弱,加上下横梁支架也存在温度变形的问题,实际上在叠合段施工前,钢塔结构处于不稳定状态。为此,最终施工顺序如下:先利用落地支架架设下横梁,再架设 T_1 节段,调整完成后进行叠合段施工,再架设 T_2 节段,张拉部分无黏结预应力束后进行塔梁固结。

4.2.1　塔梁固结段下横梁安装工艺

固结段下横梁是塔、梁固结的一部分,与塔柱采用螺栓连接,与加劲梁采用焊接,塔柱、加劲梁及下横梁三者共同受力。加劲梁与塔柱下横梁采用工厂分别制造,再将两者拼焊成整体的工艺,其轮廓尺寸为 6.5m×18.2m×39.5m。下横梁质量 730t,施工时,首先采用新制 1 000t 浮吊将其吊装至预先搭好的支架位置,支架上设有 6 个竖向千斤顶及 1 个横向千斤顶,可以在下横梁就位后进行位置调整。

下横梁设 4 个吊点,制造时即设置好,采用专用吊具(图 4.2.2)保证起吊时吊带按设计方向就位,吊点处销轴仅受剪切作用。吊具由 2 个扁担梁、4 根环形吊带、4 个卸扣组成,扁担梁与塔梁固结段采用销轴连接,与环形吊带采用卸扣连接,为保证吊装安全,吊带及卸扣设计标准荷载为 300t,要求有 6 倍的安全系数,吊带任一方向的夹角均大于 65°。吊具中间设可拆卸节,当塔梁固结段吊装完成后,拆除中间节,用于 T_1、T_2 节段吊装。塔梁固结段在下塔柱第七节塔柱混凝土浇筑安装后进行吊装,吊装总体布置如图 4.2.3 所示。

图 4.2.2　专用吊具

图 4.2.3　塔梁固结段吊装布置图

塔梁固结段通过运输船运至现场,塔梁固结段装船时注意摆放方向,要求与浮吊站位相适应,具体装船方向为:面对船头方向或从下游至上游方向,左侧对应横梁就位时马鞍山方向,右侧对应和县方向。吊船在靠和县侧就位,就位时先留出塔梁固结段运输船空当,待塔梁固结段起吊后再退出运输船,将吊船绞到设计位置,正式起吊塔梁固结段。吊具在工厂安装,现场将吊带用卸扣与吊具相连,如图 4.2.4 所示。

起吊前测量人员在塔梁固结段侧面、底面做好对位标记,与支架顶千斤顶位置相对应,以保证横梁下落时大致调整安装位置,纵横向偏差要求不大于 2cm,以减少调整工程量,避免支架偏心受力。

起吊塔梁固结段后先不起高,将运输船退出,再将吊船绞到起吊位置,开始正式起吊安装,测量人员在下塔柱顶沿中心线方向设经纬仪,通过使塔梁固结段横桥向中心线与塔柱横桥向中心线重合来控制横梁的平面位置。

在马鞍山侧设经纬仪控制塔梁固结段顺桥向中心线。

调整塔梁固结段平面位置的措施是在横梁 4 个角设缆风绳,交叉拉于下塔柱顶钢筋上,通过改变缆风绳长度来调整塔梁固结段平面位置,如图 4.2.5 所示。

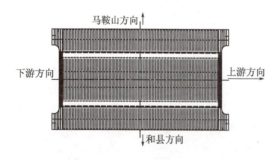

图 4.2.4　塔梁固结段装船方向

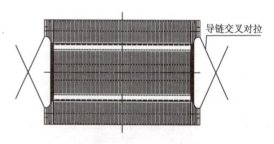

图 4.2.5　塔梁固结段牵引就位

通过调千斤顶来控制高程,要求下落前,顶面高程大于设计值 1cm,测量组对 6 个顶的高程进行检查,相对高差要求小于 2mm。

横梁下落后检查 4 斤顶高程,要求四角点偏差不大于 3cm,若不能达到要求,调整支点处千斤顶高程。

塔梁固结段安装完成后,纵、横桥向轴线调整到设计位置,以保证钢塔节段的安装及减少钢管桩的偏心受力。

竖向千斤顶调整时,纵桥向两个顶采用并联形式,由同一油泵供油,保证两台顶的顶力基本一致,横桥向三组顶在起落顶时缓慢供油,三台油泵油压基本保持一致。

4.2.2 T_1 节段制作、安装及控制方法

1) T_1 节段制作

钢—混叠合段高度为 5 800mm(塔高方向),宽度为 7 800mm,长度为 15 900mm,质量为 580.5t,如图 4.2.6 所示。由于马鞍山长江大桥 I 形钢塔钢—混叠合的结构特点,导致钢塔柱根部弯矩很大,使得钢—混叠合段设置了 112 个钢绞线锚箱,底座板采用 150mm 厚钢板,通过多条锚固索与混凝土基础锚固传递巨大内力,从而在设计上形成了格构式空间,空间狭小,结构复杂,组成零件多,焊缝密集,绝大多数焊缝为坡口角焊缝和熔透焊缝,焊接施工难度大、风险高。同时,由于其结构尺寸及重量大,结构制造难度大,安全风险高。

 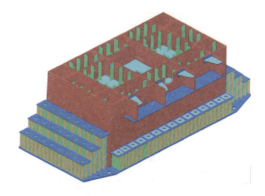

图 4.2.6 钢塔首节段

(1)150mm 厚底座板制作。T_1 节段底座板平面尺寸为 15.9m × 7.8m,厚 150mm,综合考虑钢厂供料能力及下料机床的加工能力因素,将底座板划分为 6 块。对接时,焊接坡口采用预留 8mm 钝边的双面对称 U 形坡口,坡口角度为 9°,根部圆弧为 R10。焊接方法采用埋弧自动多层多道焊接,坡口形式及焊接顺序如图 4.2.7 所示。焊接过程中通过预留焊接收缩量、压重、配重、多次翻身,焊后采用"电热毯"保温延缓降温等措施来控制焊接变形。板块对接翻身时,必须等到对接焊缝的强度达到翻身要求后方可进行,否则易损伤焊缝,加大板块整体变形,不利于焊接变形控制。

(2)狭小空间复杂密集结构制造。T_1 节段壁板外侧的锚箱,多为熔透焊缝且焊接空间狭小,焊接、探伤、返修都非常困难。针对这些问题,制定分步组焊工艺,即零件制作→板单元组拼→块体组装→箱体组装→节段组装的制作工艺,分步制作、分步检测。将原本密集的焊缝分散到各个组装过程中,减少了整体组装过程中的焊接热输入量,可保证节段的制作精度,降低了制作难度并便于质量检测。其中,采用先制作中间箱体并对端面整体机加工,再与底座板整体焊接,最后分层组焊锚箱的组装工艺。该工艺具有以下优点:箱体在组装时不需达到磨光顶

紧焊接,易于保证组装精度,施工速度快;箱体上下端面都采用机加工工艺,端面平面度好,且运输和加工安全风险小;既保证了各构件与承压板磨光顶紧焊接的设计要求和变截面不规则构件空间角度的组装精度,又减少了每一步参与组装过程中的焊缝长度,能够有效控制组装过程中的焊接变形。

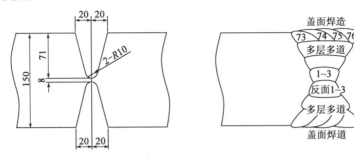

图 4.2.7　承压板对接坡口及焊接过程(尺寸单位:mm)

2)T_1 节段安装及控制方法

T_1 节段通过运输船运至桥位处,由 1 000t 浮吊吊装,如图 4.2.8 所示。吊装时浮吊站位于塔柱顺桥向中心线和县侧,前进缆设在围堰侧壁,T_1 节段进场前在上下游及和县侧抛锚就位,留出运输船泊位,将运输船停靠在围堰与吊船中间,起吊 T_1 节段满足运输船退出需要后,将运输船退出泊位,利用浮吊锚碇系统将浮吊绞至起吊位置。吊装 T_1 节段时利用专用吊具(图 4.2.2),与吊梁连接的吊耳在 T_1 节段吊装前安装完成,用螺栓与节段上口连接,用销轴与吊梁连接。起吊前在 T_1 节段下口标出纵横向中心线,以方便墩顶对位。测量组在塔梁固结段支架上设观测点,以检查 T_1 节段对位情况。

起吊 T_1 节段至安装高度后,通过绞船调节 T_1 节段位置,将 T_1 节段由上下游方向送入下塔柱顶。起吊前在 T_1 节段下口交叉挂上导链,通过下塔柱预留钢筋对其位置进行调整,调整完成后下落至调整好高程的千斤顶上。导链设置时必须避开塔顶调节装置。

下落到千斤顶上后拆除吊梁、吊耳,利用竖向千斤顶调整高程,要求各点高程与设计误差控制在1mm,再根据测量要求开动相应水平千斤顶,调整下塔柱平面位置,要求误差小于2mm,调整完成后对 T_1 节段整体情况进行测量,保证高程、平面位置满足设计要求,如图 4.2.9 所示。

图 4.2.8　T_1 节段吊装现场

图 4.2.9　调整 T_1 节段位置

为了能够最大限度保证后浇混凝土叠合段的施工空间,中塔 T_1 节段采用定位柱、调整装置替代了定位架,如图 4.2.10 所示。在下塔柱顶面,共布置 6 个定位柱,作为 T_1 节段的支撑,另布置有 4 个三向调节装置。立柱位置避开预应力钢筋,定位柱平面尺寸为 80cm×80cm,高为 2m,顶上设 2cm 厚钢板,钢板上开有锚杆孔、混凝土浇筑孔等,采用强度等级为 C50 的钢筋混凝土结构。当 T_1 节段调整到位后,将定位柱与 T_1 节段底面空隙用支座灌浆料填充并锁定(图 4.2.11),达到强度要求后松顶,再次复核 T_1 节段空间位置。节段定位完成后撤除水平、竖向千斤顶,接长预应力管,为进行叠合段混凝土施工做好准备。

图 4.2.10　钢筋混凝土定位柱

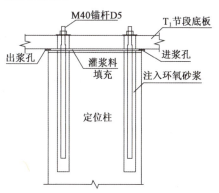

图 4.2.11　定位柱与 T_1 节段锁定布置图

T_1 节段的安装质量是决定钢塔的线形控制成败的关键因素之一,测量定位时必须将上下游两个 T_1 节段及塔梁固结段的定位进行综合考虑,对 T_1 节段的高程、倾斜度、相对位置进行逐一测量,满足设计要求后才能进行下一工序,实际施工时,T_1 节段定位误差小于 1mm,倾斜度达到 1/9 000。

4.2.3　钢—混叠合塔叠合段施工工艺

马鞍山长江大桥中塔为钢—混叠合结构,钢结构和混凝土结构交界处混凝土的密实性和密贴性关系到钢结构和混凝土结构的连接和传力,密实性越好,钢结构与混凝土结构的传力越充分,越能发挥结构受力特性,从而更好地达到设计预期。因此在施工过程中,需要确定专门的混凝土配合比及特殊的施工工艺来保证钢—混叠合段的混凝土密实性。

根据上述分析,在混凝土下塔柱第七节施工完毕后,最后一个 2m 混凝土节段是在上塔柱 T_1、T_2 节段和下横梁安装定位后运用特殊的混凝土配合比和施工工艺来浇筑的。这最后一个 2m 的混凝土节段也称为"钢—混叠合段",如图 4.2.12 所示。

在 T_1 节段和下横梁位置确定后接长预应力管,安装叠合段钢筋、模板,准备好灌注孔和压浆孔,进行自密实混凝土填充和压注砂浆工作,即底下 195cm 采用自密实混凝土浇筑,其余 5cm 采用灌浆料进行填充。初凝后洒水养护,终凝后利用周边模板进行蓄水养护。

与普通混凝土施工时顶面呈开放性,或可以采用顶升法施工不同,叠合段混凝土顶面大部分被 T_1 节段底座板覆盖,易产生大量气泡,影响密实性。因此,为保证混凝土浇筑后顶面与钢座板密贴,需要重新考虑配合比设计和浇筑工艺。通过 1/4 模型试验,施工团队最终决定采用自密实混凝土浇筑叠合段下部的 195cm 部分,上部的 5cm 部分采用砂浆压注。结果证明运用此方法,叠合段内部混凝土密实,侧面光滑,气泡少;同时顶面气泡小、数量少,与钢板接合良好。其 CAD 模拟气泡图如图 4.2.13 所示。

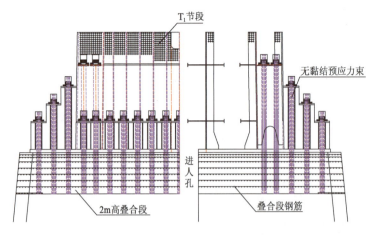

图 4.2.12 叠合段构造图

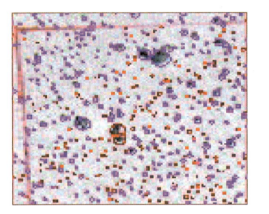 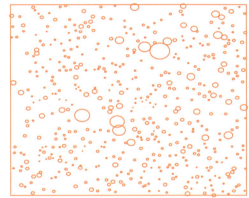

图 4.2.13 CAD 模拟气泡图

4.2.4 钢塔柱标准节段安装工艺

马鞍山长江大桥中塔钢塔标准节段最大重量超过 200t,承台以上吊高近 200m,属目前国内最大的钢塔吊装项目。前期制订了三个吊装方案:

(1)自顶升四立柱门式吊机。立柱与钢塔节段设附墙件,可以实现自顶升,立柱顶设轨道梁,梁上设起重装置,通过轨道梁的移动和起重装置的起升实现移动钢塔节段和安装的目的。此方案拼装、拆除工作量大,受立柱影响,需配浮吊将钢塔节段由水上转吊至墩位,另外四个立柱与钢塔附墙件受力复杂,因温度引起的扭转变形定量计算困难,安全风险大。

(2)自爬升吊机。利用已架设钢塔节段安装轨道,吊机在钢塔节段上实现自爬升,此类型吊机国外曾使用,研究技术较成熟,但因吊机附着于钢塔上,对钢塔的安装线形影响较大,施工过程中线形控制难度大大增加,钢塔安装线形难以保证。

(3)上回转塔吊。以前国内施工钢塔节段重量均不超过 160t,完全受制于塔吊的起重能力,如能研发出起重能力更大的塔机,则钢塔节段可以设计得更大,从而减少节段数量,加快施工进度,改善大桥受力状况,提高大桥使用寿命。

通过比选,最终确定研制大型塔吊进行钢塔标准节段架设,其理由如下:

①塔吊技术成熟,使用方便,与钢塔的连接简单,可以通过平衡重消除其对钢塔线形的影响。

②不需要配浮吊进行节段的转运工作,可以直接从船上吊装。

③安装、拆除简单,施工风险较少。

④国内研发技术、材料、制造水平、检测技术能够满足研制要求。

⑤国内市场中超重、超大、超高的塔式起重机全部被进口品牌垄断,研制能够实现"双两百"的上回转塔机是桥梁装备研制的一次新突破。

为此,研制了特大吨位的吊装设备——D5200塔吊,如图4.2.14所示。塔吊最大起重力矩为52 000kN·m,最大吊重为240t,最大吊重时吊幅22m,最大起升高度为200m。马鞍山长江大桥左汊主桥中塔标准节段最重为T_{21}节段,重213.3t,考虑吊具和100m以上钢丝绳的重量,最大起吊重量为235t,D5200塔吊可以满足安装需要。

图4.2.14　D5200塔吊布置图

钢塔线形控制成果作为评价施工质量的重要指标,直接体现钢塔制造及安装的施工技术水平。分析已建成桥梁的情况,钢塔现场安装的关键是采取有效措施恢复工厂匹配制造时相连节段的相对几何位置和相连节段端面的金属接触率,是再现工厂制造精度的过程。从这一角度分析,可以看出钢塔制造精度是保证钢塔安装线形的前提和基础,决定最终的安装精度,是线形控制体系最重要的组成部分,必须严格加以控制。

在南京三桥、泰州长江大桥钢塔制造积累的经验基础上,针对马鞍山长江大桥钢塔结构的特点,从零部件制作、节段组焊、端面加工、水平预拼装等方面入手,制订完整的控制流程、控制目标及措施,以保证钢塔制造精度。钢塔制造时其控制重点为塔柱节段修整后箱口尺寸、扭曲变形、曲线度等关键点控制,修整时箱口要以相邻节段检测尺寸为依据,保证连接处相邻节段外形尺寸偏差满足标准要求。而端面机加工则是钢塔节段制作中决定钢塔制造、安装精度最关键的环节,以往工序控制精度在毫米级,而机加工时要求端面平整度在0.08mm/m以内,对机加工设备、测量仪器的精度要求相应提高,马鞍山长江大桥采用与节段相适应的专用镗铣床配合 API 第三代激光跟踪测量系统保证端面机加工质量。

现场安装时通过严密控制首节段安装质量，进行跟踪监测、设置主动横撑等措施，严格控制安装精度。除调整接头外，其余接头均有端面金属接触率要求，过程中不能进行调整，每一节段安装后通过限位板、侧面调整装置调整钢塔节段至安装位置后，对安装质量进行检测，并与厂内预拼数据进行比较，当误差超过 2mm 以上时，要分析原因，并预估在调整接头前的钢塔安装线形是否能满足验收要求，检查的重点是钢塔轴线偏位，塔相对间距、四角高差作为参考值与厂内预拼结果进行对比。

现场设三道横撑保证钢塔安装线形（图 4.2.15），横撑设计位置与设计院沟通后设置在调整接头附近，以抵消钢塔向内水平分力引起的变形，施工时横撑顶开量以线形控制为主，保证两塔相对间距合格。

图 4.2.15　设置主动横撑

横撑安装前后均要对钢塔安装质量进行检查，所有测量作业均在凌晨 2~6 时进行，并避免风力影响，与钢塔相连的塔吊等均需通过起吊配重块消除对钢塔的水平力，使测量结果不受温度变化及外力影响。

调整接头可以消除部分安装误差，但决定调整量时必须参考钢塔节段厂内预拼结果，对下一阶段的钢塔安装线形做出准确预判，结合现场安装实际情况做出分析，使钢塔轴线偏差控制在最小范围内。

安装过程中严格落实以上措施，取得良好效果，中塔架设完成后测量：钢塔中心点最大偏差值 8.9mm，塔相对间距小于 4mm，倾斜度小于 1/10 000，满足设计及规范要求。

4.3　边塔混凝土施工品质提升技术

4.3.1　施工准备

塔座施工完成、塔柱模板加工完成、塔柱混凝土配合比试验完成便可以进行塔柱施工。塔柱施工工艺流程如图 4.3.1 所示。

4.3.2　保护层垫块安装

在塔柱施工过程中高度重视混凝土保护层质量控制。根据钢筋直径定制并选择双扎丝构造保护层垫块（图 4.3.2），不仅尺寸符合标准，而且要易于绑扎牢固。采用专业桥梁专用的预制高强度垫块，培训工人现场规范绑扎垫块，垫块的凹槽部分与钢筋骨架的外层钢筋贴合紧密，使用扎丝将垫块与钢筋绑扎牢靠。所有垫块绑扎牢靠后方向统一，现场技术人员及时验收，发现垫块绑扎不牢靠、手晃松动现象时，及时安排人员重新绑扎。

拆模后 24h 内对混凝土保护层进行检测（图 4.3.3），并形成台账，保护层合格率达到 90% 以上，远大于规范要求。

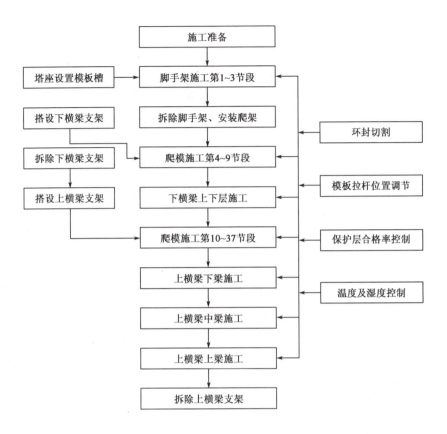

图 4.3.1 塔柱施工流程图

图 4.3.2 双扎丝构造保护层垫块

图 4.3.3 保护层厚度检测

4.3.3 混凝土养护

影响混凝土养护的因素包括湿度和温度两个方面。结构表层混凝土的抗裂性和耐久性在很大程度上取决于施工养护过程中的温度和湿度,因为水泥只有水化到一定程度才能形成有利于混凝土强度和耐久性的微结构。特别针对高空恶劣环境下,空气湿度较低,为保证养护质量,对混凝土表面进行潮湿养护。施工过程采用的混凝土养护工艺如图 4.3.4～图 4.3.7 所示。

图 4.3.4 顶面蓄水养护

图 4.3.5 喷淋养护系统

图 4.3.6 季风防风布

图 4.3.7 电热毯保温养护

4.3.4 混凝土接缝质量控制

1)首节模板开槽口

首节混凝土与塔座混凝土接头位置易出现开裂、错缝等问题以及底部漏浆等现象。首层混凝土浇筑时,为保证与井盖板之间接缝线顺畅、避免开裂,在塔座上开出15cm宽、5cm深的槽口,使混凝土平面与竖向交接位置线条流畅、外观平整,如图4.3.8所示。

图 4.3.8 塔柱首节接缝

2)中间节段混凝土环缝切割

对于中间节段混凝土,为了保证接头的平顺,现场对混凝土进行接缝处理,环缝切割后相邻两节混凝土笔直顺畅,整体流畅性好。环缝切割及切割后的效果如图4.3.9、图4.3.10所示。

图4.3.9　环缝切割

图4.3.10　环缝切割后效果

4.4　大型陆上沉井施工关键技术

马鞍山长江大桥的南、北锚碇采用特大沉井基础,其平面尺寸为60.2m×55.4m(第一、二节沉井长和宽分别为60.6m和55.8m),南锚碇沉井高48 m,北锚碇沉井高41m,沉井结构示意如图4.4.1所示。该项目地质条件具有长江中下游地区的典型特征,所处的环境较为复杂,主要的施工难点体现在以下几个方面:

(1)沉井区域地下水水量丰富,其影响半径已达长江河道内,不宜采用排水施工。
(2)沉井场区表部发育有规模较大的软土,沉井突然下沉或失控下沉风险大。
(3)沉井规模大,下层部分地层的承载力大,需采取助沉措施进行下沉。
(4)沉井下沉施工过程不可见,必须采用先进的监测技术,以指导施工。
(5)地理位置靠近长江大堤,且周边多有建筑物,需在施工过程中加强对周边建筑物的沉降观测。

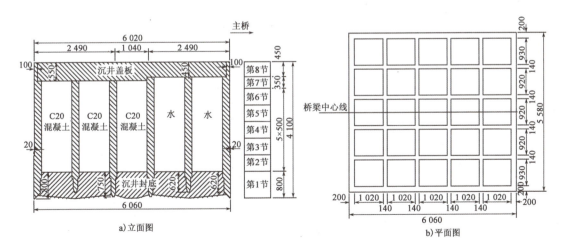

图4.4.1　沉井结构示意图(尺寸单位:cm)

4.4.1 沉井施工工艺流程

沉井施工工艺流程如图 4.4.2 所示。

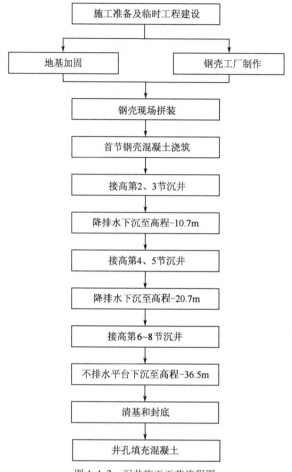

图 4.4.2　沉井施工工艺流程图

4.4.2 沉井施工操作要点

1）地基加固

（1）砂桩施工

①试桩施工：首先进行砂桩机的试桩施工（图 4.4.3），确定砂桩间距、桩长等工作参数。

②工程桩施工：根据试桩确定的工程参数，做好桩距、桩长、桩径、竖直度、灌砂量等项目的控制工作，如图 4.4.4、图 4.4.5 所示。

（2）换填层施工

①换填层试验。根据换填层设计材料，选择一小块场地进行换填处理，并进行平板荷载试验，确定换填材料及分层层厚等参数（图 4.4.6、图 4.4.7）。

②换填施工。分层厚度不超过 30cm，使用 16t 振动压路机压实至中密状态，如图 4.4.8～图 4.4.10 所示。

图4.4.3 砂桩机施工

图4.4.4 砂桩承载力检测

图4.4.5 砂桩机工程桩施工

图4.4.6 换填层试验检测(一)

图4.4.7 换填层试验检测(二)

2) 沉井接高

(1) 钢壳拼装

①钢壳编号后存放。在钢壳表面清晰标记钢壳编号,使用枕木垫放,堆放高度不超过两层,如图4.4.11所示。

图 4.4.8　换填层工程施工

图 4.4.9　换填层施工完成

②钢壳临时固定。首先吊装第 1 节段,进行纵、横、高度方向定位调整,并临时固定,如图 4.4.12 所示。以此节段作为定位基准段拼接其他钢壳,待拼装一定数量节段后统一焊接。

图 4.4.10　换填层形状作用

图 4.4.11　钢壳编号后存放

③砂袋加固。在钢壳拼装成封闭宫格后及时使用砂袋堆填钢壳刃脚部位,底部宽度 1.2m,高度 1.5m,扩大受力面积,减少钢壳沉降,如图 4.4.13 所示。

图 4.4.12　钢壳临时固定

图 4.4.13　钢壳底部设置砂袋加固

(2)混凝土浇筑及养护

使用 4 台托泵、4 台布料机同步对称浇筑混凝土,以减少沉井不均匀沉降,如图 4.4.14 所示。

3)沉井下沉

(1)首次下沉——降排水下沉工艺

第1~4节采用降排水下沉,施工时采用高压水枪直接冲洗开挖基底形成锅底,锅底形状直观,可有效调节锅底大小、刃脚下支撑多少,总体下沉速度快,并可快速调节沉井倾斜度。下沉历时29d,沉井下沉16.66m,平均每天下沉57.4cm。沉井下沉过程中的降排水、吸泥及吹填砂施工如图4.4.15~图4.4.17所示。

图4.4.14 沉井均匀对称浇筑

图4.4.15 降排水

图4.4.16 吸泥施工

图4.4.17 吹填砂

(2)第二次下沉——半排水下沉工艺

第5、6节采用半排水下沉,施工时采用高压水枪冲刷泥面,水力吸泥机将泥水混合物抽出沉井外而形成锅底的作业方式,从降排水下沉至半排水下沉施工工序转换时间短,下沉用时22d,下沉量为11.37m,平均每天约51.7cm。半排水下沉及其工艺立面布置如图4.4.18、图4.4.19所示。

(3)终沉——采用空气幕助沉

第7~9节采用不排水下沉,施工时利用空气吸泥机水下取土下沉。终沉阶段,开启空气幕助沉(图4.4.20、图4.4.21),每开启一次空气幕,均能下沉40cm左右,最多一次达到80cm,平均每天下沉约60cm。

4)沉井封底

清基施工:在沉井终沉阶段配合清基施工。基底高程控制标准为(0,−20cm),当基底中心高程达到设计要求时,向四周井壁隔墙方向吸泥。

图 4.4.18 半排水下沉

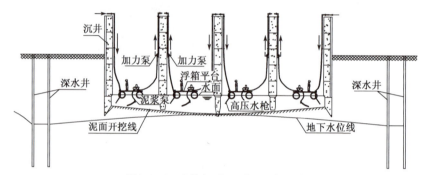

图 4.4.19 半排水下沉工艺立面布置图

图 4.4.20 空气幕助沉施工

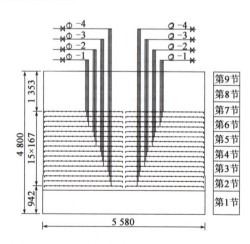

图 4.4.21 单侧井壁空气幕管道布置(尺寸单位:mm)

封底施工顺序如图 4.4.22 所示。沉井封底分 6 次进行,首次对 9 个隔仓靠近分区隔墙处浇筑至 $-33.4.8$m,使分区隔墙被混凝土包裹 0.2m,形成以分区隔墙为可靠挡墙的 5 个独立分区;第二次对①区域进行封底,隔仓中心处封底厚度不小于 8m;第三次对②区域进行封底至 -28.5m;第四次对③区域进行封底至 -28.5m;第五次对④区域进行封底至 -28.5m;第六次对⑤区域进行封底至 -28.5m。

第4章 三塔非飘浮体系悬索桥的施工技术

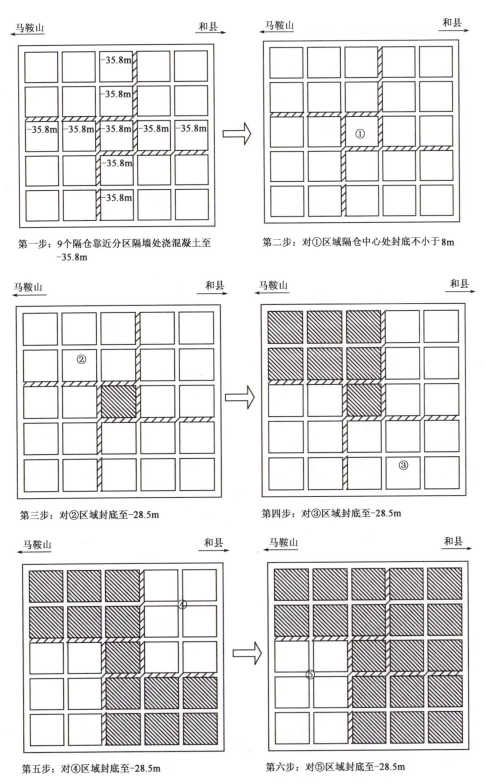

图 4.4.22 沉井封底施工流程

封底混凝土浇筑:施工中经常检查导管埋深和混凝土流动性。在首封小料斗的两侧开透气孔防止气堵;在浇筑过程中勤拔管,防止埋管。优化混凝土配合比,加大混凝土流动性,使溜槽坡度由传统的1∶3降低至1∶6,降低了施工难度。

5) 沉井填仓

混凝土填仓施工:填仓施工采用分层分区域法进行。单个隔仓分3次浇筑,以方便绑扎抗剪钢筋。15个隔仓分区域施工,以加快施工进度。沉井填芯分层、分组施工如图4.4.23、图4.4.24所示,沉井填芯施工完成后如图4.4.25所示。

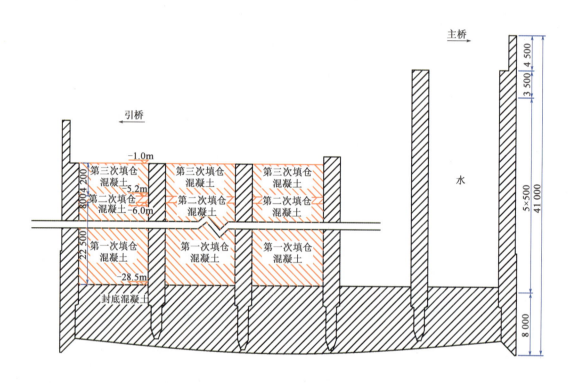

图4.4.23　沉井填芯分层施工(尺寸单位:cm)

图4.4.24　沉井填芯分组施工

图4.4.25　沉井填芯施工完成

4.5 上部结构施工关键技术

4.5.1 主缆先导索架设

马鞍山长江大桥主缆由六跨组成,由北向南依次为:北锚跨、北边跨、北主跨、南主跨、南边跨、南锚跨。两根主缆中心距35m。空缆状态下,主缆矢高111.424m,成桥状态主跨主缆矢高120m,矢跨比为1/9。每根主缆共154根索股,按长度分为84种规格,主缆索股平均长度3 045.5m,单根索股最大重量46.2t。索股由定型捆扎带绑扎而成,两端设热铸锚头。热铸锚头由锚杯、盖板及分丝板组成,锚杯内浇铸锌铜合金。主缆索股经成型调整,按一定的排列置入散索鞍、主索鞍鞍槽内固定。索股经过紧缆而形成主缆结构。主缆中心线线形如图4.5.1所示,主缆挤圆后断面、索股断面及钢丝断面如图4.5.2所示。

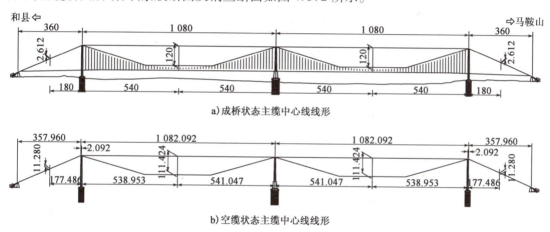

图4.5.1 主缆中心线线形(尺寸单位:m)

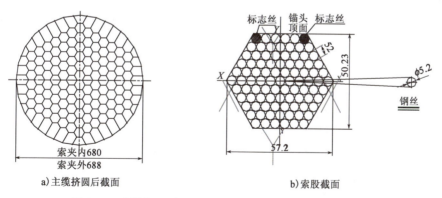

图4.5.2 主缆挤圆后断面、索股断面及钢丝断面(尺寸单位:mm)

主缆的架设顺序大体分为先导索架设、猫道架设、一般索股架设三个步骤。先导索架设一般有陆地牵引架设、水上牵引架设和空中牵引架设方法。通过对马鞍山长江大桥左汊主桥桥位气候、水文、地形、通航要求的调查,结合各种先导索架设施工所需人员、机械设备、时间以及对通航的影响、技术难度要求和安全风险大小等,将先导索架设方案圈定在了三种施工方案上,分别为快艇水上牵引、飞艇空中牵引、直升机空中牵引,对此三种方案经详细比较,最终采用飞艇空中牵引先导索架设的方案。主缆架设采用遥控飞艇牵引先导索过江的工艺,不受水文和地形影响,不需要封航,不影响船只通行。全程只需0.5h,仅需在塔顶配备少量人员,同时,不受水文、地形、航运的限制,气象良好是唯一的要求,准备时间短,对建设工期有利,风险较小。以下对这种施工工艺的技术要点进行介绍。

1) 先导索受力计算与选定

先导索架设顺序为先北主跨、后南主跨,即飞艇牵引先导索分别从北塔顶飞至中塔顶,再从中塔顶飞至南塔顶,分两次完成先导索架设施工。

(1) 先导索因自重产生的张力

先导索因自重产生的张力为:

$$H = \frac{ql^2}{8f\cos\beta} \tag{4.5.1}$$

$$\beta = \arctan\frac{C}{l} \tag{4.5.2}$$

式中:H——索的水平力(kN);

q——索沿弧长方向的集度[包括自重及其他均布荷载(kN/m)],按 $q = 0.003\text{kg/m}$ 考虑;

f——矢高(m),按 $f = 132.14\text{m}$ 考虑;

l——跨径(m),取 $l = 1\,080\text{m}$;

C——两支点高差(m),取 $C = 100\text{m}$。

计算得:

$$H = 0.033\text{kN}$$

(2) 先导索因风产生的张力

飞艇需逆风飞行,风速按允许飞艇飞行速度8m/s考虑,则风压力为:

$$F_{wh} = k_0 k_1 k_3 W_d A_{wh} \tag{4.5.3}$$

式中:W_d——设计基准风压值(N/m²),$v_d = 8\text{m/s}$,$W_d = v_d^2/1.636 = 39.12\text{N/m}^2$;

k_0——设计风速重现期换算系数,取1.0;

k_1——风载阻力系数,取1.2;

k_3——地形地理条件系数,取1.4;

A_{wh}——横向迎风面积(m²/m),$A_{wh} = 1 \times 0.002 = 0.002\text{m}^2/\text{m}$。

计算得:

$$F'_{wh} = 0.000\,13\text{kN/m}$$

风顺桥向吹,绳长按矢高的2倍考虑,由风荷载引起的张力为 $F_{wh} = 0.000\,13\text{kN/m} \times 132.14 \times 2\text{m} = 0.034\text{kN}$。

风横桥向吹，绳长按 1 300m 考虑，由风荷载引起的张力为 $F''_{wh} = 0.000\ 13\text{kN/m} \times 1\ 300\text{m} = 0.169\text{kN}$。

（3）先导索架设过程中的最大张力

飞艇顺桥向可能所承受的最大拉力为：

$$F = H + F_{wh} = 0.033 + 0.034 = 0.067(\text{kN})$$

飞艇横桥向可能所承受的最大拉力为：

$$F''_{wh} = 0.169\text{kN}$$

2）飞艇选用

根据受力计算采用 TC08X-2.4G 型遥控氦气飞艇（图4.5.3），其性能参数见表4.5.1。

图4.5.3　TC08X-2.4G 型遥控氦气飞艇

TC08X–2.4G 型遥控氦气飞艇性能参数　　　表4.5.1

序号	项　目	技术参数	备　注
1	艇长	8m	—
2	全高	2.2m	艇身+吊舱
3	气囊总容积	16m³	氦气
4	最大航速	80km/h（22.22m/s）	三塔之间飞行时间为97s
5	一般续航时间	90min	
6	发动机容积	35mL×2	
7	最大静拉力（水平方向）	180N	
8	最大有效荷载（垂直方向）	82N	
9	最大抗风能力	7级（13.9~17.1m/s）	
10	安全作业风速	<12m/s	6级风，10.8~13.8m/s
11	遥控距离	1 200m	
12	一次最大施放线长度	3 000m	
13	使用燃料	汽油	属外加重量

3）辅助工具

需要的辅助工具见表4.5.2及图4.5.4~图4.5.7。

辅助工具列表　　　表4.5.2

序号	项目	性能参数或规格	数量	备　注
1	迪尼玛绳	φ2mm	3 000m	每段1 500m，盘好轴
2	标志旗	红色	20面	—
		蓝色	20面	—
3	抛绳锤	2kg	2个	
4	放索架	—	2个	张力为180kg；放线速度为90~180m/min；容绳量为2 500m
5	导向轮	—	3个	上下及侧面三向限位
6	对讲机	sfe	4部	
7	测风仪		1台	
8	风向标		1只	
9	风向袋	鲤鱼旗式	1只	

图 4.5.4　直径 2mm 的迪尼玛绳

图 4.5.5　轻质先导索放索架

图 4.5.6　先导索放线滑车

图 4.5.7　抛绳锤

4) 牵引绳

各级牵引绳参数见表 4.5.3。

各级牵引绳参数　　　　　　　　表 4.5.3

序号	项目	规格	破断拉力(kN)	单位质量(kg/m)	备注
1 级绳	先导索	φ2 迪尼玛绳	4	0.003	2×1 500m
2 级绳	过渡索1	φ3 迪尼玛绳	11.4	0.009 5	1 300m
3 级绳	过渡索2	φ13 迪尼玛绳	118.7	0.072	1 300m
4 级绳	过渡索3	φ22 镀锌钢丝绳	322	2.02	—
5 级绳	牵引索	φ36 镀锌钢丝绳	863	5.43	—

4.5.2 主缆架设新技术

1)双缠包带

由于索股架设时,在水平放索装置牵引出索盘、通过散索鞍处整形、索股锚固区间索力调整等工序中会出现索股严重扭转与鼓丝现象,影响范围在150m以内,而以往常规做法是单缠包带,不能够控制此现象的发生。

为减少索股两端产生扭转,防止单根索股架设过程中出现鼓丝现象,索股制作时在两端缠包带进行双缠(图4.5.8)。提升架设质量的同时,大大地加快了施工进度,很好地避免了以往同类型项目索股架设过程中需要人工不间断地进行鼓丝处理现象,经济效益显著。

2)新型全回转锚头连接器

新型全回转锚头连接器(图4.5.9、图4.5.10)是通过将索股锚头与拽拉器之间的连接件设计成360°自由旋转形式,使索股端头在牵引过程中能够自由转动,释放索股牵引造成的初始扭转应力,减小索股在架设时的扭转。其构造包括:连接器箱体、转动轴承、顶面反压板、锁定销轴及固定件等,在连接处槽口安装有轴承,便于自由旋转,同时可以防止主缆表面与连接件箱体磨损。具体参数根据索股锚头大小进行确定。

图4.5.8 双缠包带应用

图4.5.9 全回转锚头连接器设计三维图

图4.5.10 索股全回转锚头连接器应用

3)长索牵引自动平衡压力支撑架

在曲线半径较小位置将索股支撑结构改为弹性支撑架设计。弹性支撑架使托滚可以适应索股牵引时的线形高度变化,有效防止索股因塔顶曲率变化过大而发生断带现象,利于索股平顺地通过塔顶。同时可以调节托滚支点压力,减小托滚因不平衡力而增大磨损。中塔顶、另一边塔顶两侧同样设置弹性支撑架(图4.5.11)。

图4.5.11 长索牵引自动平衡压力支撑架应用

4)增加索股入鞍前整形工序

整根索股提离猫道托滚,此时主、散索鞍前后两握索器之间的索股呈无应力状态,在此状态下进行整形。待整形作业结束后方可入鞍。索股整形示意图如图4.5.12、图4.5.13所示。

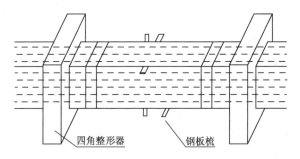

图4.5.12 索股整形示意图(一)

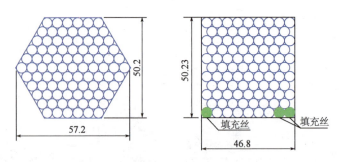

图4.5.13 索股整形示意图(二)(尺寸单位:mm)

整形形状:入鞍前必须将该部分索股断面整理为 $46.8\,\text{mm} \times 50.23\,\text{mm}$ 的矩形,再放入鞍座内设定位置。

整形方向:在主索鞍处从边跨向主跨方向、在散索鞍处由锚跨向边跨方向进行整形。

整形顺序:首先确定标准丝和标志丝的位置,如有扭转应及时矫正。整形时,在距离索鞍前后约 3m 的地方，分别安装上六边形夹具，解除两夹具间索股缠包带，用钢片梳进行索股断面整理，断面由六边形变成四边形，再用专用四边形夹具夹紧。整形过程中，人工用木锤敲打索股，确保整形后每根钢丝都处于自然状态，并每隔 1m 左右缠上双缠包带防止变形。

施工实践表明，此整形工序对于后序的索股调整与锚跨张力调整非常有利，能够大大提高工效，更能够保证全桥荷载在索鞍处应力的均匀分布。索股整形如图 4.5.14 所示。

图 4.5.14　索股整形施工图

采用上述创新型施工工艺，大桥架设主缆 154 根，一般索股架设使用 60 个有效工作日，除去基准索为 15d 外，一般索股平均每天架设 3 根，比原计划的 80d 完成一般索股架设节约 20d。主缆架设新工艺避免了国内外同类工程索股架设存在的弊端，节省人工、材料和机械设备租赁费近 100 万元，提高安全系数约 2.2%。

4.5.3　钢箱梁架设技术

马鞍山长江大桥加劲梁采用扁平流线型钢箱梁，全宽 38.5m（含风嘴，见图 4.5.15）。线路中心线处标准段梁高为 3.5m，中塔塔梁固结处主梁受力较大，梁高采用 5.0m，梁高在中塔两侧通过 $L=16.0m$ 的区段进行线性变化，变化坡度为 1∶10.67。

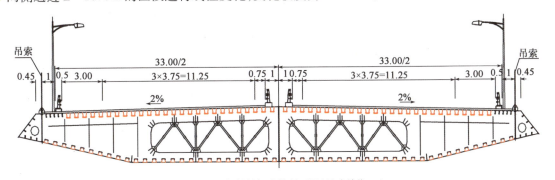

图 4.5.15　钢箱梁标准横断面图（尺寸单位：m）

主梁采取分段制造安装，全桥梁段划分成对称布置，共划分 135 个节段，分 A、B、C、D、E、F、G、H 共 8 种类型。梁段 A 为主梁端部梁段，节段长 10.5m；B、C、D、E、F 为中间梁段，节段长 16m；G 为中塔附近变高度梁段，分成两段，节段长为 12.4m 和 6.9m；H 为塔梁固结梁段，节段长 18.2m；梁段 A′～G′沿中塔中心线与 A～G 节段对称。每个主跨钢箱梁吊装 68 片，具体数量见表 4.5.4。

单主跨钢箱梁安装工程数量表 表4.5.4

梁段类型	A(A′)	B(B′)	C(C′)	D(D′)	E(E′)	F(F′)	G(G′)	
梁段长度(m)	10.5			16			6.9	12.4
单个梁段质量(t)	279.9	273.4	267.2	262.7	266.7	274.2	100	250.1
梁段数量(个)	1	1	1	60	1	2	1	1
备注	无吊索		有吊索				无吊索	

钢箱梁梁段划分和分类如图4.5.16所示。根据计算分析,三塔悬索桥非飘浮体系钢箱梁吊装的总体安装顺序为从跨中梁段开始,然后向边塔和中塔方向进行交替吊装,合龙段安装顺序是先中塔后边塔。中塔处合龙段受塔梁固结影响,可采用"温差+预偏"的合龙方式。

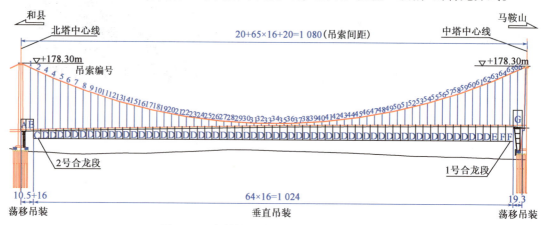

图4.5.16 钢箱梁梁段划分和分类(尺寸单位:m)

1)考虑平衡吊装的钢箱梁吊装技术

由于梁段的吊装从跨中开始,最初吊装的梁段对主缆的受力影响大,施工中两跨不可能完全做到对称吊装。对于三塔悬索桥,当两跨作用的荷载不对称时,中塔塔顶处的主缆力和水平分力都不相等,这将引起中塔塔顶发生偏移,使中塔弯矩增大。边塔可通过鞍座的顶推释放作用于塔顶的水平力,由于中塔是对称结构,鞍座施工时就与塔顶固定在一起,两跨梁段吊装的作用就相当于两跨对称悬臂施工的结构,如果有不对称情况发生,就需要控制不对称的悬臂长度。对于两跨加劲梁的吊装,必须控制两跨加劲梁的吊装梁段差,使桥塔的应力不超过设计允许值,同时也不允许主缆在鞍槽内滑动。

控制两跨允许不对称梁段数的因素有两个:一个是桥塔的应力,另一个是主缆在鞍槽内的抗滑安全系数。根据设计所采用的桥塔材料,塔柱下半段采用Q420,允许应力为247MPa,施工时允许提高20%,则允许应力可以达到296.4MPa;对于主鞍槽中主缆的抗滑,按规范取值为0.15,如果采取一定的措施,可提高到0.2,一般抗滑安全系数应控制在不小于2为宜。

为研究两跨加劲梁安装时允许的梁段数最大差,建立空间计算模型,讨论控制状态的最初架梁阶段。当安装完成索夹后,将拼装好的每跨两台缆载吊机移动到第一段梁的吊装位置。相对于后续工况,此时塔的压力小,主缆力也小,主缆重力刚度小,吊装梁段容易引起结构变形。表4.5.5列出了这一阶段两跨分别差1台缆载吊机,2台缆载吊机,1、2和3段标准梁段时,桥塔柱最大应力截面的应力和中塔顶两侧的缆力差和抗滑安全系数。结果表明,两台缆载吊机相当于一段梁,当两跨不对称吊装时,两跨之间差 2 段标准梁段是允许的,差 3 段标准深段已进入危险状态,不论是塔柱的应力还是主缆的抗滑安全系数,都超出允许范围,因此在初始架设阶段,一般不允许两跨梁段差超过 2 段标准梁段,特殊情况不允许超过 3 段标准梁段。

两跨吊装梁段数差对桥塔应力和主缆抗滑安全系数的影响 表 4.5.5

吊装工况	桥塔最大拉应力(MPa)	桥塔最大压应力(MPa)	主鞍座两侧主缆力差(kN)	主缆抗滑安全系数(摩擦系数取 0.2)	主缆抗滑安全系数(摩擦系数取 0.15)
一跨一台缆载吊机到位,另一跨没拼装好(差 1 台缆载吊机)	31.18	65.90	583.68	12.59	9.44
一跨两台缆载吊机到位,另一跨一台也没拼装好(差 2 台缆载吊机)	79.42	114.30	1 285.4	5.81	4.36
两跨缆载吊机都到位,一跨已吊装了一梁段,另一跨没吊装(差 1 段标准梁段)	81.04	116.53	1 305.1	5.92	4.44
两跨缆载吊机都到位,一跨已吊装了一梁段,另一跨没吊装(差 2 段标准梁段)	178.83	214.64	2 720.7	2.89	2.17
两跨缆载吊机都到位,一跨已吊装了一梁段,另一跨没吊装(差 3 段标准梁段)	274.64	310.65	4 098.2	1.94	1.46

随着梁段吊装数量的增加,两跨允许不对称吊装梁段数量会逐渐增多,这需要在后期施工中根据实际状态进行监控计算和测量、测试确定。经详细计算,两个主跨梁段吊装容许数量差应按如下控制,同时,箱梁吊装时要按照南北主跨的顺序,依次对称吊装。

(1)每个主跨吊装数量少于或者等于 20 片时,容许数量差为 2 片。
(2)每个主跨吊装数量多于 20 片而少于或者等于 40 片时,容许数量差为 3 片。
(3)每个主跨吊装数量多于 40 片时,容许数量差为 4 片。

分析施工监控获得的数据可知,采用上述钢箱梁架设技术后,线形能够满足设计及规范要求。
(1)加劲梁吊装完成后最大相对高差为 20mm,小于关于上下游吊点处高差小于 30mm 的要求。
(2)桥面纵坡变化平顺,实测纵坡与计算纵坡的标准差为 0.04%,最大差值在 -0.117% ~ 0.140% 范围内,小于纵坡容许误差 ±0.25% 的要求。
(3)桥面中轴线最大偏位约 6.8mm,满足容许 2cm 的要求。

2)考虑通航条件下的钢箱梁吊装方案

钢梁架设施工的开展必将对该水域的通航环境造成一定的影响,改变该水域的通航环境。如何合理地安排施工流程,最大限度地降低施工对通航的影响,需要建设团队创新思维,科学攻关。在查阅了桥址处的自然环境、通航环境、水域交通环境及安全保障现状、相关管理规定,同时根据钢箱梁运输船锚泊定位方案后,将钢箱梁吊装方案分为七个阶段进行。其中在钢箱梁吊装的第一、二、四、五阶段施工期间,主航道被施工水域分隔为上行航路和下行航路,过往船舶与锚泊定位船之间至少保证73m的安全间距;建议大型船队不要在钢箱梁吊装施工期间通过桥区水域,可选择夜间通过桥区水域;在第三、六、七阶段施工期间,施工水域位于主航道一侧,通航水域实行双向通航。建议大型船队、船舶不要在桥区水域会船,过往大型船队、船舶应服从海事主管机关的调度和海巡艇的现场维护,选择桥区水域的上、下游适当位置等让。

(1)第一阶段

主要施工内容:利用跨缆吊机架设南岸中跨钢箱梁4个梁段(编号为31′~34′钢箱梁)。

施工水域布置:距离南边塔中心414m位置171m范围为施工水域,距离南边塔中心170m位置244m范围和距离中塔中心320m位置175m范围为通航水域。具体布置如图4.5.17所示。

(2)第二阶段

主要施工内容:利用跨缆吊机架设南岸中跨钢箱梁4个梁段(编号为35′~38′钢箱梁)。

施工水域布置:距离南边塔中心478m位置156m范围为施工水域,距离南边塔中心170m位置308m范围和距离中塔中心321m位置126m范围为通航水域。具体布置如图4.5.18所示。

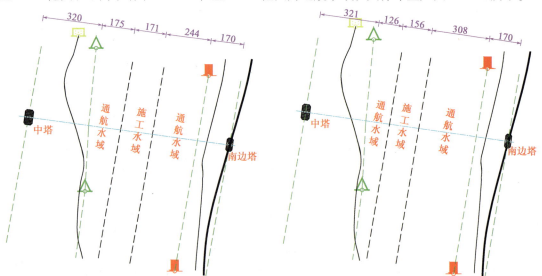

图4.5.17　钢箱梁架设第一阶段水域布置(尺寸单位:m)　　图4.5.18　钢箱梁架设第二阶段水域布置(尺寸单位:m)

(3)第三阶段

主要施工内容:利用跨缆吊机架设南岸中跨钢箱梁4个梁段(编号为39′~42′钢箱梁)。

施工水域布置:距离中塔中心359m位置156m范围为施工水域,距离南边塔中心170m位置396m范围为通航水域。具体布置如图4.5.19所示。

(4)第四阶段

主要施工内容:利用跨缆吊机架设南岸中跨钢箱梁4个梁段(编号为27′~30′钢箱梁)。

施工水域布置:距离南边塔中心342m位置156m范围为施工水域,距离南边塔中心170m位置172m范围和距离中塔中心321m位置262m范围为通航水域。具体布置如图4.5.20所示。

(5)第五阶段

主要施工内容:利用跨缆吊机架设南岸中跨钢箱梁4个梁段(编号为43′、44′、25′、26′钢箱梁)。

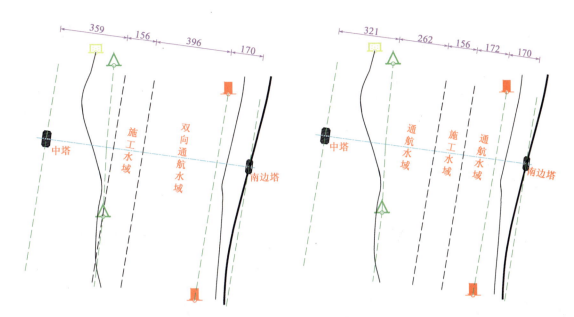

图 4.5.19　钢箱梁架设第三阶段水域布置(尺寸单位:m)　　图 4.5.20　钢箱梁架设第四阶段水域布置(尺寸单位:m)

施工水域布置:距离南边塔中心 359m 位置 73m 范围和距离中塔 376m 位置 73m 范围为施工水域,距离南边塔中心 170m 位置 189m 范围和距离中塔 449m 位置 199m 范围为通航水域。具体布置如图 4.5.21 所示。

(6)第六阶段

主要施工内容:利用跨缆吊机架设南岸中跨钢箱梁 10 个梁段(编号为 45′~54′钢箱梁)。

施工水域布置:距离中塔中心 200m 位置 201m 范围为施工水域,距离南边塔中心 170m 位置 509m 范围为通航水域。具体布置如图 4.5.22 所示。

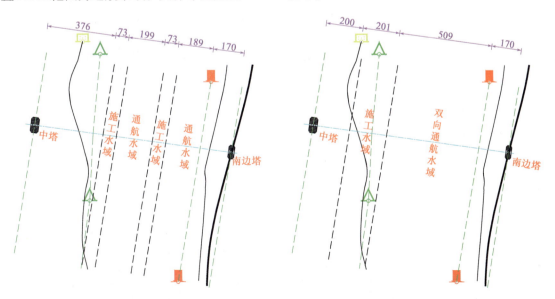

图 4.5.21　钢箱梁架设第五阶段水域布置(尺寸单位:m)　　图 4.5.22　钢箱梁架设第六阶段水域布置(尺寸单位:m)

(7)第七阶段

主要施工内容:利用跨缆吊机架设南岸中跨钢箱梁10个梁段(编号为15′~24′钢箱梁)。

施工水域布置:距离南边塔中心197m位置204m范围为施工水域,距离中塔中心321m位置359m范围为通航水域。具体布置如图4.5.23所示。

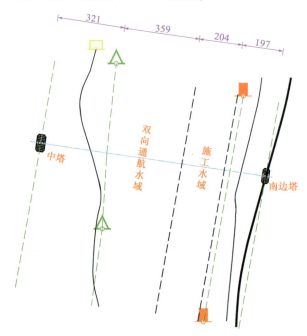

图4.5.23　钢箱梁架设第七阶段水域布置(尺寸单位:m)

施工实践证明,通过上述优化的吊装施工方案,达到了减少占用航道水域、缩短锚泊时间的目的,最大限度地保障了船舶通航空间和时间。

第5章 三塔拱形索塔斜拉桥设计与施工技术

5.1 概　　述

马鞍山长江大桥右汊主桥作为本桥的重要组成部分,在统筹满足各项建设条件的基础上,运用推论的技术路线、融合的立体布局、传承的文化内涵、契合的周边环境等设计手法,创造性地提出了拱形塔斜拉桥,最合理地满足了使用功能;采用了全混凝土结构的主塔、主梁,最充分满足了经济节约要求,减少了维养成本,最大限度地保护了周边环境;以塔、索、梁形成的时空隧道般立体空间,打造了一座造型新颖时尚的现代化桥梁;以A形、H形不等高桥塔的象形设计,充分展示了"安徽马鞍山"的地域和地标特色,如图5.1.1所示。

图5.1.1　马鞍山长江大桥右汊拱形三塔双索面预应力混凝土斜拉桥

本桥的设计与施工,突破了混凝土桥梁设计传统范畴,充分发挥了拱形结构受压力强的特点,创造性地将拱的横向变为竖向受力,结合竖向塔柱拉索力的方向合理调整塔的拱度,适应了结构的受力特点。施工中创造性地提出了可调式模板工法,解决了曲线混凝土结构施工中线形控制和模板费用高的难题。可调曲率模板在本桥的成功实践,大大提高了混凝土桥梁与钢结构的竞争力,同时大大节约了工程造价,必将对混凝土结构的造型设计带来深远影响。

本章首先以地域人文、自然环境协调为切入点介绍马鞍山长江大桥右汊主桥的总体设计;随后,通过大比例全模型试验和有限元分析全面地揭示这种空间索塔的受力特征;最后,重点阐述拱形索塔的施工工艺与线形控制技术。

5.2 拱形索塔斜拉桥的发展与应用

斜拉桥是一种古老而又年轻的桥型,长江上目前已经建有上百座桥梁,绝大部分都采用了这种跨越能力强、造型美观、气势与气质并存的斜拉桥桥型。斜拉桥是由塔、梁、索共同受力的结构体系,而桥塔作为其最主要的受力结构和景观表现点,一直受到设计者的重点关注和青睐。为适应现代社会经济的发展需要,满足人们对桥梁景观审美要求的提高,伴随着斜拉桥设计和施工技术的发展,人们创造了多种多样的桥塔形式,并且塔形还在不断地发生着变化。

多年来,桥塔从单柱式I字形、双柱式H形逐渐演变为A字形、倒Y形等多个线条形式,这些均是以大直线方式组成桥塔外形;随后桥塔造型在I字形、H形、A字形、倒Y形的基础上,又演变出了花瓶形、钻石形等以多段折线组成的桥塔外形;近些年来我国又出现了将折线拟合后的曲线形桥塔,如人字形、花瓣形、拱形等,塔柱线形呈现"直立→倾斜→曲线"和"大直线→多折线→拟合曲线"的变化,如图5.2.1所示。

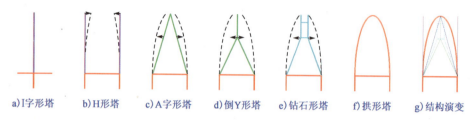

a) I字形塔　　b) H形塔　　c) A字形塔　　d) 倒Y形塔　　e) 钻石形塔　　f) 拱形塔　　g) 结构演变

图5.2.1　主塔结构造型演变

采用拱形索塔的斜拉桥造型美观、线条优美、立体感突出、视觉冲击力强烈,因此广泛地受到人们的青睐。拱塔由于塔柱线形采用曲线,结构受力较常规的直线或者折线桥塔要复杂得多。国内已建的大部分为钢拱塔,其跨径一般也不超过 300m,如沈阳市浑河三好桥(图5.2.2)、南京青奥步行桥(图5.2.3)、江苏通州世纪大桥、福建三明市台江大桥、光武大桥主桥、仲景路跨白河大桥、珠海市金海大桥、杭州之江大桥等。预应力拱形索塔斜拉桥并不多,包括东苕溪大桥、台江大桥、江西飞龙岛大桥、江苏泗阳大桥、广州猎德大桥(图5.2.4)及广东湛江海湾大桥。

图5.2.2　沈阳市浑河三好桥实景图

图5.2.3　南京青奥步行桥实景图

马鞍山长江大桥右汊主桥主跨 $2 \times 260m$,桥塔最大高度 106m,为目前跨径和高度最大的拱形三塔斜拉桥,也是首座采用全混凝土结构的拱塔斜拉桥。从桥梁规模、复杂程度上看,无论是整体还是局部细节,其受力均趋于复杂,增加了大桥的设计难度。施工方面,对于变曲率混凝土拱形索塔,其重点在于线形与施工成本的控制,该桥索塔内外轮廓由多种曲线线形构成,其建造难度已经超出已建三塔斜拉桥、拱形索塔斜拉桥。

图 5.2.4　广州猎德大桥实景图

5.3　拱形塔斜拉桥设计与性能

5.3.1　与人文、自然的协调设计

长江流经马鞍山境内,在江心洲、小黄洲附近分流为左右两汊,右汊主桥位于桥位处的东侧,靠近马鞍山市区,与采石矶相距约 2km。本桥与左汊 2×1 080m 三塔两跨悬索桥、江心洲引桥和东西两岸的引桥一起组成马鞍山长江大桥主体工程。

1) 人文历史传承

宋代词人李清照有首名作:"生当做人杰,死亦为鬼雄。至今思项羽,不肯过江东。"这个江东就是泛指现在的马鞍山地区。传说当年楚汉相争,项羽兵败垓下,八千子弟全军覆没,项羽逃到了和州的乌江,觉得输给刘邦是因为自己的刚愎自用和目光短浅,因此"无颜见江东父老",他毅然"渡马不渡人",自己拔剑自刎于乌江,了结了"恨天无把,恨地无环"的一生。乌骓马过江后直跃山头,不吃不喝,朝江对岸嘶鸣,翻滚倒地而亡。马鞍滚地即化为了马鞍山。1956 年,安徽省政府在此建市,以山为名,命名马鞍山市。因此马鞍山是这个城市的象征。

又有史载宋太祖当年与南唐以长江分治,宋太祖灭南唐之心早已存之,但惜于"大江天险浪高流急"。有人提出"架设浮桥而行大军"的妙计,于是他令工匠打造黄黑龙船千艘为桥墩,在采石矶固定,铺上竹筏建成浮桥。浮桥建成后,"大兵过之,如履平地",公元 974 年,宋太祖五千精兵巧渡长江采石矶,南唐灭亡。采石矶的"浮桥"也就被流传成为有史以来的第一座"长江大桥"。

2) 自然环境优美

马鞍山城市环境优美,素有"九山环一湖,翠螺出大江"之誉。自古以来,南京燕子矶、马鞍山采石矶、岳阳城陵矶被称为长江三大名矶。采石矶尤以山势险峻,风光旖旎而为三矶之首,是一座自然景观和人文景观相结合的天然公园。绝壁临江,水湍石奇,历来又以其山水之险、风物之秀独领风骚,被誉为"天下第一矶"。

本桥所处位置与采石矶夹江相望,桥下是流动的长江,桥边是奇险的采石矶,桥南是开放的城市,桥北是宁静的乡村,一座自然融入长江、采石矶、江心洲组成的自然环境风貌中的现代化桥梁,必然与之形成一幅优美和谐的画卷。

3）桥城发展需要

右汊主桥为长江支汊桥，靠近马鞍山市区附近，与开发区连成一片，与著名的采石矶风景区相邻为伴，该桥的建设对于安徽省融入长三角经济区，实现马鞍山长江两岸协调发展，开发长江岸线资源，具有重大意义。因此，从传承历史、开创未来的意义上，建设一座安全可靠、景观突出的桥梁，来展现"活力安徽、开放马鞍山"的现代化形象，是十分必要的。

5.3.2 斜拉桥总体设计

1）统筹建设条件，定制设计思路

右汊位于江心洲南岸，为长江的支汊。桥位处滩槽位置相对稳定，桥址处断面呈 U 形，多年平面及深泓变化较小，深槽位于中偏右的位置，4.5m 水深航宽达 300m。桥址处两堤间宽约 930m，枯季河槽宽约 550m，5m 等深线宽近 350m，7.5m 深线宽约 210m，其中常水位时江面宽约 560m。地质条件较好，基岩较浅，承载力较高，建桥条件较好。如图 5.3.1、图 5.3.2 所示。

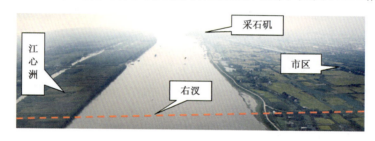

图 5.3.1　右汊主桥地理位置及地貌

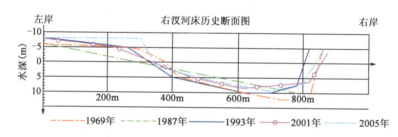

图 5.3.2　右汊主桥河床历史断面演变图

根据通航论证、防洪等专题研究，单孔单向通航净宽不小于 190m，单孔双向通航净宽不小于 330m，通航净高不低于 18m。

右汊主桥规模较小，不同于左汊主桥在规模和跨径上超强的震撼力，因此在桥型结构和造型上将本桥定位于注重安全、经济、美观的"工点设计"上，这就要求结合全桥工程的总体顶层设计，结合本桥的实际，统筹考虑各建设条件的综合要求，取舍适当、因地制宜地确定右汊主桥的建设方案。一是充分研究通航尺度、防洪等专题研究成果，制定桥梁主要跨径和规模；二是在该主要方案的前提下，结合地质、冲刷等专题，研究各大跨径桥梁形式的特点与造价，制定确定符合适度超前又经济节约、安全可靠的桥型方案；三是结合桥梁自身结构特点和桥面布置，分析桥梁结构受力，并结合抗风、抗震、景观等相关专题，制定力线合理而又造型美观、符合城市桥梁特点的桥梁结构尺度和造型的桥梁构造。在此基础上，形成了如图 5.3.3 所示的总体设计思路。

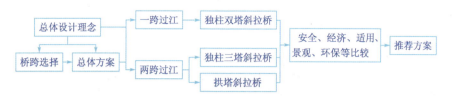

图 5.3.3 右汊主桥总体设计思路图

2）逐步推论设计，求是确定方案

（1）桥跨布置

根据建设条件和技术标准，以及相关专题研究成果，遵照交通运输部的相关批复，总体跨径按照通航孔要求并兼顾长江大堤综合布置：针对 330m 单孔通航采用一跨过江方式，主跨径采用 380m；针对 190m 双孔通航采用两跨过江方式，主跨径采用 $2×260m$。基本布置如图 5.3.4 所示。

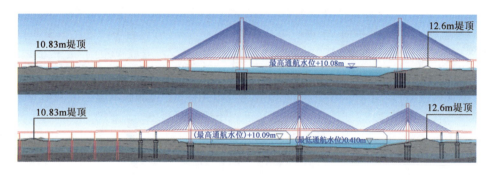

图 5.3.4 右汊主桥跨径布置方式图

从桥跨布置看，采用单主跨方案尽管可以满足双向通航，但左侧的边跨的水域基本不可用，而采用双主跨方案可以覆盖整个通航水域，并且通航尺度要比 190m 大出较多，满足通航要求，从结构上，双主跨 260m 要比单主跨 330m 小很多，主梁高度和桥塔高度均低于单主跨，结构安全度要高于单主跨，因此其技术经济性优越。从水中施工条件上，双主跨方案也只有一个深水基础，且其规模要比单主跨小，而两边塔位于岸边，处在常水位以下，施工上也是有利的。因此采用 $2×260m$ 的双主跨是较为优越的方案。

（2）桥型选择

桥型的选择要考虑环境的协调性、方案的可实施性、结构的简洁性、受力的合理性等几个方面。对于本桥 380m 和 260m 左右的跨径，可供考虑的有梁、拱、斜拉、悬索等方案。

对于拱桥方案，根据本桥的地质、地形条件，无论采用单跨拱桥还是双跨连拱结构，只能用水平系杆来平衡水平推力，施工方法采用缆索吊装或转体施工，拱肋主材也只能采用钢结构，造价相对较高，经济性差，因此不宜采用拱桥方案；对于悬索桥方案，悬索桥分为自锚式和地锚式，本桥正桥全部位于水中，洪水期水位较高，自锚悬索桥需要在水中支架施工，工程费用较高。两塔地锚悬索桥的锚锭要修建在大堤之外，主跨至少在 500m，造价较高，经济性差，因此不宜采用悬索桥方案；对于连续刚构桥方案，对于大跨径的连续刚构桥，每平方米的造价并不低，同类似小跨径的斜拉桥相比优势不太明显，而国内一些连续刚构桥的现状也表明，该种桥梁耐久性较差，尤其是跨中下挠，腹板易开裂。同时考虑右汊主桥靠近马鞍山市一侧，景观效果不明显,因此连续刚构方案不做比较。

对于斜拉桥方案,斜拉桥由刚劲的主塔、纤细柔美的主梁及富有韵律的拉索组成,具有跨越能力大、适应范围广、结构力线简洁、结构耐久性较好等特点。同时,斜拉桥结构形式多样,是跨江跨海工程常用的桥式方案,斜拉桥的主塔造型丰富,在开阔的水面上景观效果较好。另外,施工方案也是决定桥型方案的一个重要因素,斜拉桥施工设备简单,施工经验丰富,施工手段多样,施工风险较小。右汊主桥的跨径处在斜拉桥最经济合理的跨径之内,适合采用全混凝土结构,安全经济。因此,斜拉桥方案应是本桥比较合适的选择。

(3)方案推论

根据以上分析,本次设计右汊主桥只研究斜拉桥方案,结合交通运输部关于右汊通航净空尺度和技术要求的批复意见,方案按照满足单孔单向和单孔双向两种通航要求进行布孔,主要做单主跨和双主跨的方案比选。

根据项目双向六车道高速公路的建设标准,桥面标准宽度为33.0m,加上斜拉索锚固区,桥面宽度达到35m以上,如采用常规的双塔肢的桥塔,则塔肢间的距离约达到45m,对于260m和380m的主跨,由于跨径不大,导致桥塔高度为90~130m,塔宽与塔高之比为1/3~1/2,桥面以上塔高为60~100m,塔宽与塔高之间的比例为3/4左右,形成严重的"宽桥低塔"现象。采用H形塔,则两塔肢倍显粗笨,宽大的上横梁也难以取舍,桥面上塔肢与横梁间呈正方形的构造,景观效果极差;采用A字形塔,则两塔肢的收拢角度过大,塔肢在索力和自重作用下,承受较大的弯矩,下缘受拉较大,受力不合理,桥面以上塔肢呈极不协调的三角形构造,景观效果也不佳;采用倒Y形塔,则基本无法实现,中塔柱的倾斜角度更大,受力更加不合理,桥面上形成了几乎等边的三角形构造,景观效果极差。因此只能采用单塔肢的桥塔形式,如图5.3.5所示。

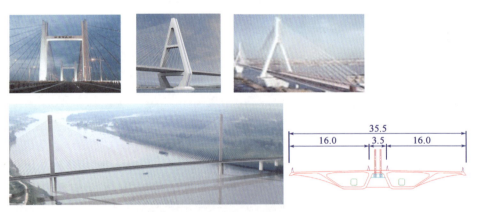

图5.3.5 方案推论图(一)(尺寸单位:m)

在单塔肢的情况下,有效地解决了"宽桥低塔"的问题,但是由于斜拉索锚固在主梁的中分带,虽然斜拉索可以采用双索面,但两斜拉索间距较近,在体系上仍然属于单索面。由于桥面宽度大,斜拉索两外侧形成两个边箱受力,同时桥面还在两侧车道作用下形成偏载,这就又造成了"宽桥单索面"的问题。桥梁主跨跨径越大,主梁抗扭能力越差,即使采取塔墩梁固结方式,主梁的抗扭能力也是从桥塔固结处向跨中自由处逐渐衰减,对于较大跨径的单索面斜拉桥,主梁抗扭就成了设计的关键所在。因而可采取连续梁+斜拉桥体系组合而成的部分斜拉桥来解决主梁抗扭问题,见图 5.3.6。

图 5.3.6　方案推论图(二)

　　采用部分斜拉桥形式,利用主梁的刚度有效地解决了"宽桥单索面"问题,但只要采用单柱式桥塔形式,桥塔和索面位于中央分隔带,将扩大路线设计的中分带宽度,造成两侧行车道平面线形需要外移,这将既影响到一定长度范围内的两岸引桥,使其左右幅桥梁之间的间距拉大,同时也直接导致占地面积的增加,这对于土地稀少的江心洲和惜地如金的采石矶城区是非常不利的,对于这样的一座城市桥梁,"中央分隔带"问题也成了本桥的一个制约因素。

　　通过以上分析,本桥在跨径不大、桥宽较大的情况下,具有"宽桥低塔""宽桥单索面""中分带占地"等制约因素,如何解决以上问题,成为桥塔造型设计的关键。通过对 I 字形、H 形、A 字形、倒 Y 形、钻石形等桥塔塔柱线形的分析,创造性地提出拱形桥塔结构,如图 5.3.7 所示。

图 5.3.7　方案推论图(三)

　　从以上推论,并由图 5.2.1 主塔结构造型演变与比较图上可以看出,拱形桥塔在外形上是把 H 形桥塔顶端向内进行收拢,把倒 Y 形桥塔或 A 字形桥塔从中部向外拉伸而形成的。在结构上,拱形桥塔的倾斜度介于 H 形桥塔和倒 Y 形桥塔之间,拉索的空间性并不突出,因此是安全可靠的。很明显,拱塔的施工要比一般的直线塔要困难,但国内已有多座曲线塔的施工经验,如已经建成的南京三桥的下塔柱、广东湛江海湾大桥的火炬形塔、广州猎德大桥的贝壳形桥塔。另外,在"桥梁与环境相协调"的设计理念指导下,又有多座曲线拱形桥塔的桥梁已建成或在建中,如天津河北大街立交桥、沈阳三好桥、西安的灞河 2 号大桥、设计中的珠海金海大桥(公铁两用),这些均表明国内已经具备了设计和施工曲线桥塔的能力和经验。而本桥在实际施工中,成功地研制出可调曲率的模板,有效地解决了曲线桥塔的模板问题,而其他施工方法如模板空中安装定位、塔柱混凝土浇筑等与其他类型的桥塔基本没有区别,施工技术成熟可靠。

采用拱形塔方案,塔柱线形美观流畅,除去了H形塔的生硬,A字形塔和倒Y形塔的尺度别扭感,塔形新颖美观,塔高和塔宽在尺寸比例上做到了完美协调,同时拉索位于主梁两侧,也不占用中央分隔带,不需要改变车道线形,完全克服了宽桥低塔景观差、宽桥单索面抗扭差和单柱塔占用中分带的问题。另外,在景观上,拱形桥塔有如三扇大门迎接四海宾朋,两侧斜拉索沿桥塔曲线形成了一个一个的曲面,拱塔和拉索曲面在灯光的点缀下宛如一道绚丽的时空隧道,桥外有景,桥内亦有景,突出了立体景观效果。融入"桥下流动的长江,桥边奇险的采石矶,桥南开放的城市,桥北宁静的乡村"这样的桥梁周边环境中,形成一个全新的景点。

(4)方案比较

对三种桥型方案进行经济性、景观效果、施工工期、人文景观等因素考虑(表5.3.1),初步选择采用拱塔三塔斜拉桥方案。

右汊主桥方案比较表　　　　　表5.3.1

方案	方案一:38m+82m+260m+260m+82m+38m 拱塔斜拉桥	方案二:135m+260m+260m+135m 部分斜拉桥方案	方案三:51.5m+123.5m+380m+123.5m+51.5m 双塔斜拉桥
方案形式			
结构形式	三塔双索面半飘浮体系。采用混凝土双边箱梁断面、半椭圆拱形桥塔,塔梁分离	四跨连续结构。主梁采用变高度预应力混凝土连续箱梁,独柱桥塔,中塔塔梁墩固结,两边塔塔梁固结	五跨连续体系,单柱塔、双索面,主梁为流线型双箱单室截面。主塔与主梁采用塔梁墩固结模式
技术经济指标(元/m²)	10 371	9 312	10 569
技术特点	解决了宽桥低塔、宽桥单索面、中分带占地等问题。主跨跨径较小,主梁梁高较低,中塔深水基础工程量较小,技术经济指标较好	采用刚度较大主梁解决了宽桥单索面问题,部分斜拉桥施工经验成熟,但中塔实际跨径达到295m,为世界最大跨径部分斜拉桥,存在一定结构风险,同时存在占用中分带问题	解决了宽桥低塔问题,相对双主跨桥梁跨径增大,桥梁边通航水域不可用,施工技术风险较小,但存在宽桥单索面和占用中分带问题,双薄壁下塔柱抗船撞能力差
施工工期	38	38	40
景观效果	拱塔结构和形象创意新颖生动,美术式拱门迎宾,烘托出"和谐"的时代特征和生动的安徽形象;全桥与开发区、江心洲及采石矶风景区各景点相互辉映、桥型与环境协调美观。桥梁正面和侧面景观均较高,立体景观突出	中央索面,桥上视野开阔。变高度主梁、矮塔、稀索,刚柔相济,相得益彰。侧面景观效果较为突出,正面塔柱直立,景观辐射较小,立体景观不突出	桥型新颖,桥塔高耸挺拔、主梁轻盈美观,塔柱细节构造形成抚琴韵律;侧面景观效果较为突出,正面塔柱直立,景观辐射面较小,立体景观不突出

3)左右主桥协调,灵感造型创意

马鞍山长江大桥主体工程包括左汊主桥、右汊主桥及其他引桥,作为一个整体工程,左、右汉主桥的联合设计、协调设计是一项非常关键而重要的顶层设计。左汉主桥为 $2\times1\,080\text{m}$ 的世界第一的三塔两跨钢箱梁悬索桥,其工程规模宏大,桥梁体现的是其无与伦比的气势,而右汉主桥为 $2\times260\text{m}$ 的三塔六跨预应力混凝土双边箱梁斜拉桥,其规模相对较小,又处在长江、采石矶、市区、江心洲等景观密集区,桥梁设计应以气质为主,达到左气势、右气质,左磅礴、右玲珑的设计效果。同时在桥梁形式、立面景观、平面线形等方面相互配合、相互映衬,体现整体上相互呼应统一,局部上相互对比差异的总体设计。左右汉主桥对比见表5.3.2。

左、右汉主桥对比表 表5.3.2

项 目	呼 应 统 一	对比差异	
		右 汉	左 汉
桥塔	三塔	A形	H形
塔肢	双塔肢	曲线形	直线形
塔高	—	中塔高、边塔低	等高
桥塔横梁	—	隐式顶横梁	徽派上横梁
索面	双索面	曲面	平面
索形状	—	扇形发散形	波浪平行形
桥面	体内式	隧道型	门洞型
视觉状态	索体动感	左右曲面摆动	上下跳动

自古以来,建筑与绘画、雕塑被并称为三大造型艺术,因其具有鲜明的形象、强烈的感染力和反映时代特征的特点,取材于生活又抽象于生活,给人们在空间或视觉上留下极深的印象与遐想。桥梁亦是建筑的一种,是实用主义的艺术,其结构上的稳定连续性、强劲的力感和极大的跨越能力,均体现出了技术与艺术的结合,功能与审美的统一,显示出不朽的生命力。

拱形桥塔的形象造型来源于生活中的城市广场喷泉。想象喷泉的水柱倾斜一定角度后向上喷出,水柱至顶后自由落下,其形状就如同椭圆,喷泉之间的地面射灯发出的彩色光柱照射到喷泉柱上,喷泉和光柱中间嬉戏着天真烂漫的儿童,呈现出一派和谐美好的氛围,在此场景下,喷泉水柱渐渐变成了拱形桥塔,地面射灯光柱渐渐变成了斜拉索,而嬉戏的儿童则渐渐变成了奔驰的车辆。如此演变成的拱形塔斜拉桥就体现出这个时代的和谐特征。拱形桥塔外形似美术字"A"和"H",体现了活泼生动的形象氛围,"A-H"又和"安徽"的汉语拼音首字相同。同时,桥梁纵面的三塔采用不等高设计,中塔高、边塔低,与索、梁组成群山景象,如同象形字"山",不等高三塔又恰似马鞍。寓意安徽,寓意马鞍山,突出了鲜明的地域特征,也展现出了一个"活力安徽、开放马鞍山"的现代化形象(图5.3.8)。

采用拱形桥塔结构,符合中国古典拱门形式,烘托出一种拱门迎宾的感觉。斜拉索沿塔柱锚固按曲线布置,在梁上锚固按直线布置,就形成了一个曲面形状,全桥的三个主塔与斜拉索共形成了12个曲面,车辆行进在桥面上,宛如穿越一个个时空隧道。在侧面主梁采用直线形的等高度箱梁,而三个主塔则采用不等高度,全桥摒弃了局部构造的装饰,采用大线条的几何元素勾勒出桥梁外形,以直线形的主梁、椭圆形的桥塔、曲面的斜拉索有机地组合在一起,在正面和侧面取得了桥外有景、桥内亦有景的立体景观效果。

图 5.3.8 右汊主桥设计创意形象图

造型之美在于其"自然、简约、协调、原创"等几个要素。本桥拱形桥塔在结构上仿生于"蛋壳受力"的力学原理，在形象上仿生于"喷泉自由落体"的自然现象，提炼于生活中简单的事和物，赋予到桥梁设计之中，对于全桥景观，正是将主梁的"直线"、桥塔的"椭圆"、斜拉索的"曲面"等几个简单的几何元素应用到了桥梁造型之中，分别突出了主梁的纤柔、桥塔的生动及斜拉索的妖娆，并相互映衬，创造出立体的结构之美。

4）合理尺度布局，把握总体设计

（1）总体设计

右汊主桥布置为 38m + 82m + 260m + 260m + 82m + 38m = 760m，中塔高 106m，桥面以上高 76m，两边塔高 88m，桥面以上高 61m，边中跨比为 0.46，桥面以上桥塔高跨比为 0.29 和 0.23，桥面以下下塔柱（桥墩）高跨比为 0.12 和 0.10，斜拉索最小倾斜角度为 25°，见图 5.3.9。

根据双向通航孔 190m 的要求，考虑下塔柱宽度及预留一定通航富余，桥梁最小主跨应不小于 220m，两个主跨的覆盖水域约 470m，较好地满足了通航要求，但这样布置后，一个辅助墩将设置在马鞍山侧长江大堤上，不能满足防洪要求，同时两边塔处在常水位以下，因此将主跨适当放大到 260m 后，桥跨范围基本包含整个通航水域，也成功避免了对长江大堤的影响，同时两边塔基础处在岸边，有利于工程施工。但是由于采用 260m + 260m 的主跨后，边跨也将适当增大，其辅助墩和过渡墩就将跨过大堤，同时跨径伸入引桥范围内较多，造成主桥规模较长是没有必要的，因此设计将中塔高度适当加高，增加了三对斜拉索，使其名义跨径达到 295m。同时，将边塔高度适当降低，减少边跨的斜拉索数量，其名义跨径减小到 225m，有效地减小了边跨长度。这样通过不改变墩位，利用斜拉桥自身特点，采用名义上的扩中跨、缩边跨的方法，控制了主桥规模，避免了工程浪费，同时桥梁在立面上变成三个不等高塔的形式，桥梁造型和景观增色较多。

在桥梁跨径的调整中，保持各扇形索面斜拉索的角度基本相等也是一个重要因素，本桥的斜拉索的边索最小倾斜角度为 24.96° ~ 25.21°，倾斜角度大致相当，如此形成的斜拉索扇面锐角三角形基本相似，符合几何相似原理，使得斜拉桥整体尺度上较为匀称渐变，没有突兀感。

采用拱形桥塔后，斜拉索在横桥向的角度在不停变化，各根斜拉索会联合形成一个扭面，为了保持扭面的完整性和连续性，设计理念控制了各斜拉索在塔、梁上的出口点位置，主塔上将出口点控制在塔壁中心线，主梁上出口点控制在距离主梁中心 17m 的位置上，以使塔上各出口点为曲线，梁上各出口点为直线，这样就形成了一个样条曲线组成的扭面。为使样条曲线均匀变化，鉴于本桥的跨径不大，将主梁上拉索间距全部控制为 7m，主塔上拉索间距全部控制为 2m，这样各点的角度、曲率的变化率基本一致、匀称，形成的扭面就比较完美。

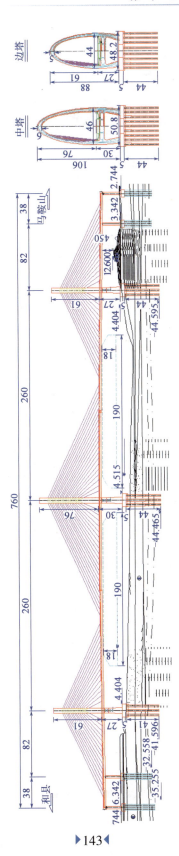

图 5.3.9　右汊主桥总体设计布置图（尺寸单位：cm）

在斜拉索扇面三角形确定后,根据最上一根拉索的锚固位置,就可以确定桥塔的实用高度。以中塔为例(图5.3.10),根据这个实用高度(即图中扣除塔顶部分高度)和拱形塔两塔肢间的宽度,就可以大致确定出椭圆曲线的雏形。从图5.3.10可以看出,椭圆的高度其实和最顶根斜拉索在横向的位置有关系,在上塔柱段,塔柱斜率较大,斜拉索的离线也基本为右倾,拉索的水平分离向左,对塔柱受力是有利的,减小了拉索合力与塔柱线形的角度差;在中塔柱段,塔柱的斜率较小,与竖直塔柱差异不大,但总体需要呈外鼓形状,这样拉索的水平力向右,将塔柱外鼓趋势向内侧张拉,改善了上塔柱下传的弯矩,同时外鼓式塔柱向内张拉,充分发挥出"拱式"结构承压能力强的特点,将塔柱受弯转变为受压,有利于塔柱的受力;而塔顶段则类似于一个异形的横梁,抵抗两塔肢总体向内的位移。因此合理控制斜拉索在上塔柱向外张拉和中塔柱向内张拉的数量,即控制上、中塔柱的高度并合力控制塔柱外鼓的偏距,成为改善拱形塔柱受力的关键。同时,在塔顶部合龙处施加一定的预顶力,也是改善塔柱受力的较好方法。结合实际塔柱受力分析和实体缩尺模型试验以及桥梁荷载试验验证,桥塔整体结构受力性能较好,达到了理想的设计效果。

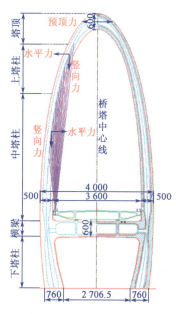

图5.3.10 拱形塔受力模式分析图
(尺寸单位:mm)

(2)主梁设计

右汊主桥跨径为260m,适宜采用预应力混凝土截面的主梁,鉴于本桥桥面宽度达到35m以上,可以采用的主梁截面形式主要有∏形双肋板式(边主梁)、∏形双边箱、整体闭合箱等。采用边主梁方案,主梁构造为两道纵肋+横梁的简单格构体系,由于为少腹板的断面形式,结构工程材料较为节省,除主筋外,其构造钢筋用量也相对节省,另外,主梁模板均为外模,施工较为方便。但由于桥面较宽,两主肋相距较远,斜拉索锚固在边肋上,桥梁纵向受力主要由边肋承受,横断面中部的顶板承受纵向力则逐渐衰减,而渐变为横向受力,依靠主副横梁来支撑顶板,另外,横梁的宽度达到31m,横梁自身受力要求也较高。采用双边箱方案,主梁构造为两道纵肋+两道腹板+横梁的格构体系,构造上相对复杂,结构用材和构造钢筋都有增加,并且存在外模和内模,施工难度相对提高,但采用双边箱后,拉索区纵向受力承载面显著增加,剪力滞效应大为减小,主梁刚度显著提高,横梁长度大为缩短,使得主梁截面在纵、横向受力都比较均匀合理,从全断面受力、应力传递、截面抗扭、剪力滞效应、安全储备等方面比较,边箱梁断面要优于边主梁断面。如表5.3.3所示。

主梁采用预应力混凝土双边箱梁,主梁中心处梁高3.2m,锚索区边缘梁高1.0m,主梁顶面设置双向2%的桥面横坡,主梁顶面宽35.3m,底面宽35.5m,箱梁内顶板厚0.25m,箱梁以外顶板厚0.3m,标准段底板厚0.5m,在边跨44.65m配重段内底板加厚为0.8m,斜腹板厚0.25m,直腹板厚0.4m,锚索区边肋厚1.5m,见图5.3.11。主梁标准节段长7.0m,每7.0m设置一道横梁。边跨44.65m范围为压重段,在两边箱内部按照顺桥向30t/m的重量填筑铁砂混凝土。

边箱梁方案和边主梁方案比较表

表 5.3.3

项目	边 主 梁
截面形状	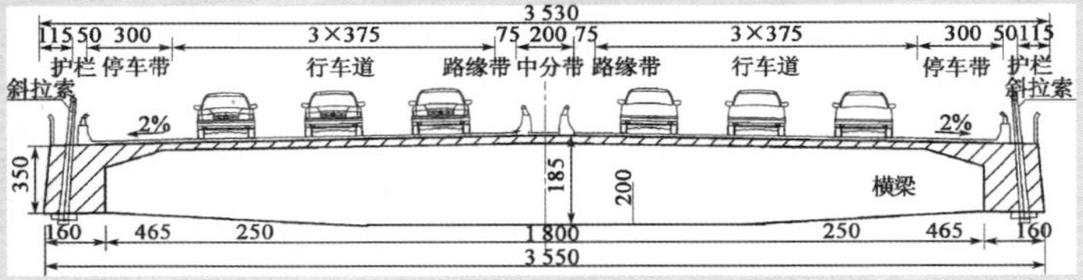 (截面图，尺寸单位为 mm)
截面参数	$A=19.565\,\mathrm{m}^2,\ I=13.432\,\mathrm{m}^4$
横梁设置	每 7m 设置一道主副横梁，长 31m
主梁刚度	纵向刚度小，横向抗扭差
纵向受力	纵向力集中于边肋
横向传力	剪力滞效应大，横向传力差

项目	边 箱 梁
截面形状	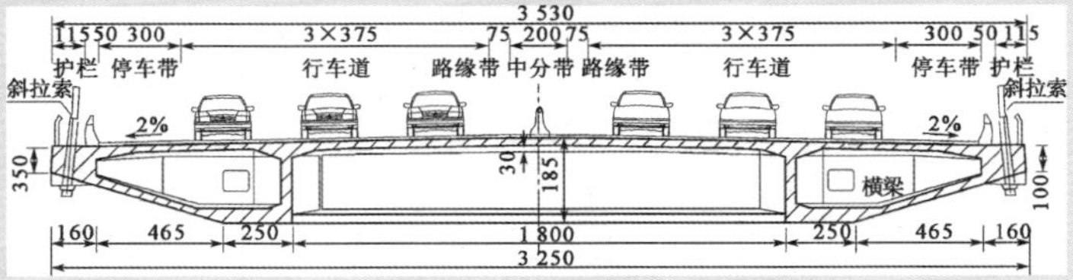 (截面图，尺寸单位为 mm)
截面参数	$A=20.969\,\mathrm{m}^2,\ I=22.032\,\mathrm{m}^4$
横梁设置	每 7m 设置一道横梁，横梁长 18m
主梁刚度	纵向刚度大，横向抗扭好
纵向受力	纵向力易于分散至边箱
横向传力	剪力滞效应小，横向传力好

注：尺寸单位为 mm

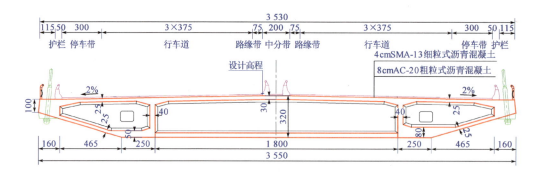

图 5.3.11 主梁横断面布置图(尺寸单位:mm)

(3)主塔设计

顺桥向为三个不等高的拱形主塔,中塔总高 106m,桥面以上高 76m,每个边塔的总高为 88m,桥面以上高 61m。塔柱采用矩形断面,其中上塔柱采用空心断面,下塔柱为增加防撞能力而采用实心断面。塔柱顺桥向采用直线线形,塔柱横桥向采用曲线变化线形,其中桥面以下外侧采用椭圆线形,内侧采用圆弧线形,桥面以上塔柱内外侧均采用椭圆线形,塔顶加厚块采用悬链线线形(图 5.3.12)。桥塔设置一道横梁,横梁高度中塔为 6.0m,边塔为 5.5m,宽度均为 6.5m,采用空心矩形断面,横梁中设置 2 道横隔板。

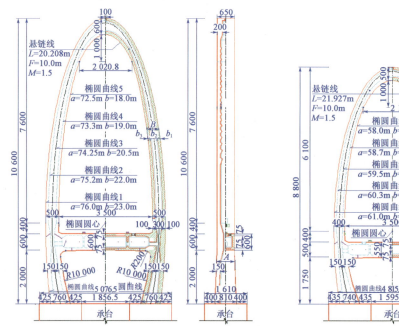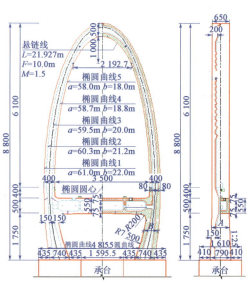

图 5.3.12 桥塔一般构造图(尺寸单位:mm)

桥塔竖向主筋采用 $\phi 32$ 的Ⅲ级钢筋,采用机械连接方式,为防止索塔表面出现收缩及温度裂缝,在塔柱内、外侧及横梁外侧的混凝土保护层中,贴近最外层钢筋放置一层直径 6mm、网格间距为 10cm×10cm 的带肋钢筋焊网。斜拉索锚固区采用齿板形式,齿板下设置锚下钢筋网,塔壁配置双向井字形精轧螺纹预应力粗钢筋,桥塔横梁配置顶板钢束和底板钢束,规格为19股钢绞线。

(4)斜拉索设计

斜拉索采用双索面扇形布置,拉索在梁上标准间距为7.0m,塔上标准间距为2.0m,斜拉索采用平行钢丝 PESFD 新型低应力防腐拉索,拉索所用钢丝为7mm镀锌高强度、低松弛钢丝,抗拉强度采用1 670MPa,配以带有可转动球形支座的冷铸墩头锚,为使斜拉索安装有足够的调节范围,主梁、主塔处均采用张拉端锚具。拉索设置阻尼减振装置。斜拉索采用多防腐系统,包括镀锌和高密度聚乙烯内、外保护层,外层护套表面设置螺旋线。

5.3.3 混凝土拱形索塔斜拉桥性能

1)静力分析

依据《公路桥涵设计通用规范》(JTG D60—2015)、《公路钢筋混凝土及预应力混凝土桥涵设计规范》(JTG D60—2004)的规定确定荷载、荷载组合、系数等,并按规范要求进行,使主塔、主梁、斜拉索、横梁各荷载效应组合下的强度、挠度、应力等指标均能够满足规范要求。除开展全桥常规计算分析外,对拱形索塔的空间效应、索塔锚固区、索梁锚固区进行了详细的局部应力分析。

(1)拱形塔空间效应分析

应用有限元分析软件 ANSYS 建立索塔和横梁的整体模型,对其进行三维有限元仿真计算,模型见图5.3.13~图5.3.15。结果表明:中塔以受压为主,塔顶和塔身下缘局部区域出现少许拉应力,中塔最大拉应力为0.50MPa;塔横梁主要受压,拉应力小于0.20MPa。边塔应力分布与中塔相似。

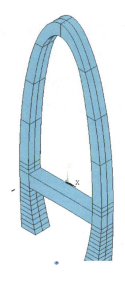

图5.3.13 索塔整体模型

图5.3.14 桥塔整体模型网格划分

(2)桥塔拉索锚固区空间应力分析

选用索力最大的几个节段,研究节段在索力作用下索塔锚固区的应力分布情况。有限元分析模型见图 5.3.16。结果表明:中塔 C19 锚固区锚下混凝土在 Z 向和 X 向均为压应力,索力增大,压应力也相应有所增大,最大为 -16.30MPa,满足规范要求;Y 向除了在锚块上缘与塔身相接处出现一定的拉应力外,其余位置均为压应力,压应力最大为 -11.80MPa。

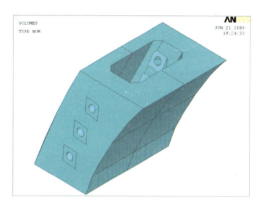

图 5.3.15　索塔节段模型

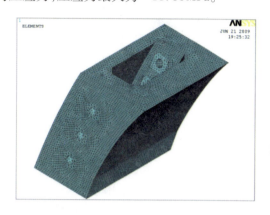

图 5.3.16　索塔节段模型网格划分

(3) 主梁拉索锚固区空间应力分析

选用索力最大的几个节段,研究节段在索力作用下索梁锚固区的应力分布情况。为了避免边界条件对锚固区的应力分布情况,取用自中塔左侧自中跨合龙段 C20~C14,共 8 个节段。有限元分析模型见图 5.3.17、图 5.3.18。结果表明:索梁锚固区整体上处于受压状态,压应力范围为 -15.48MPa~-0.30MPa,满足规范要求。局部的拉应力区域主要出现在锚固齿板和箱梁腹板的交接处,由于张拉锚固块和主梁之间的夹角较小,易成为应力集中区。

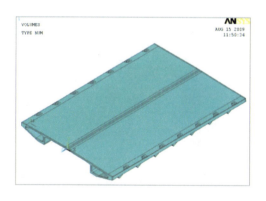

图 5.3.17　索塔整体模型

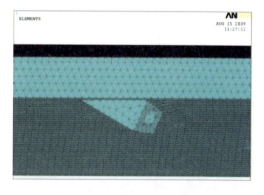

图 5.3.18　C17 锚固块分网示意图

2) 动力分析

为了全面考查大桥的性能,针对本桥在动力方面开展了包括抗风、抗震、船撞在内的分析。

(1) 抗风性能

本桥成桥状态的颤振临界风速(156m/s)高于相应的颤振检验风速;成桥状态的竖向涡振风速为 31.0m/s,扭转涡振风速为 36.5m/s,对应的振幅分别为 0.062m 和 0.035rad,均满足抗风设计要求,并具有较大安全储备。

（2）抗震性能

纵桥向响应，边塔纵桥向地震响应高于中塔约50%，各个过渡墩、辅助墩底的地震反应比较接近；横桥向响应，中塔横桥地震响应高于边塔，且高于中塔纵桥向响应，各个过渡墩、辅助墩底的地震反应比较接近。

（3）船撞计算

船舶与桥墩碰撞仿真，采用自适应接触算法，运用 LS-DYNA 显式动力学分析软件，在船和刚性桥墩的撞击区之间定义主从接触。碰撞分析方案采用2 000t级海轮为代表船型，桥梁碰撞的外载——船舶撞击速度为3.3m/s。采取船舶满载顺水航行时，船舶在通航水位下，考虑水流流向对船舶航向的影响，分别采取与水流方向成9°时的正向极限碰撞情况、与水流方向成20°角的正面碰撞情况进行有限元仿真分析，如图5.3.19所示。

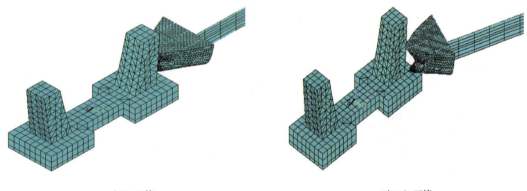

a）9°正撞　　　　　　　　　　　　b）20°正撞

图5.3.19　满载横桥向正撞有限元模型

分析正撞碰撞仿真计算结果及其相应的碰撞力时程曲线、能量时程曲线及速度时程曲线（图5.3.20）可知，船舶撞击刚性混凝土桥墩，船头损伤严重，船舶出现很大的塑性变形和破坏，将会导致船舶上的货物泄漏，污染水域；撞击力在横桥向（X向）、顺桥向（Y向）及垂向（Z向）的特点如表5.3.4所示。由正撞、侧撞能量时程曲线可知，船舶的碰撞动能绝大多数转化为结构弹塑性变形能和少量的碰撞界面滑移动能，从曲线中可知，碰撞过程中的沙漏能的量值非常小，几乎接近零，说明计算结果可靠；由正撞速度时程曲线可知，船舶在碰撞过程中，船舶正向撞击速度很快降为零，然后反向运动。由侧撞速度时程曲线可知，船舶在碰撞过程中，横、顺桥向始终保持有速度，速度开始降为零，然后反向回弹运动。

碰撞力最大值　　　　　　　　　　　　　　　　　表5.3.4

角　　度	方　　向	碰撞力最大值出现时间（s）	瞬时最大值（MN）
9°正撞	X向	0.5	18.0
	Y向	0.5	6.0
	Z向	0.2	3.0
20°正撞	X向	2.2	19.0
	Y向	2.6	6.0
	Z向	2.9	6.0

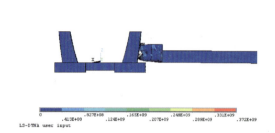

a) 9° 正撞

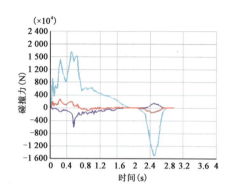

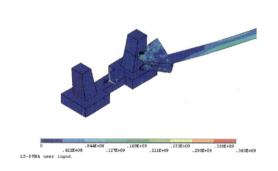

b) 20° 正撞

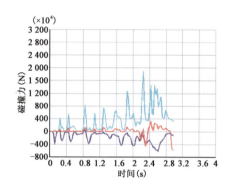

图 5.3.20　正撞时程数据结果

5.4　半椭圆形大比例全模型试验

5.4.1　试验模型设计

模型试验的相似理论是采用一定比例的试验模型,通过相似比的关系推算原结构的力学状况。本试验模型设计的基本原则为:采用与实际拱塔相同的材料制作模型;采用等应变模拟,即拱塔模型的基本断面形式与实际结构相同,主要结构尺寸按照几何相似的原则进行模拟;模型中普通钢筋根据原型拱塔的普通钢筋和劲性骨架按照含筋率进行等效;模型中拉索力的布置采用力等效原则进行,即相应工况下,模型拉索力产生的拱塔控制截面的内力应与实际拱塔控制截面的内力满足相似比的要求。模型试验中重点考察拱塔整体结构的实际受力特征,并考察在施工阶段和运营阶段塔柱关键部位、塔柱与横梁连接部位的应力大小和分布状况。

在采用与原型结构相同材料的情况下,弹性模量、泊松比的相似常数为1,模型几何尺寸按照相似比1∶10进行缩尺,按照相似理论可推导材料的重度相似常数为10,即模型材料的重度应为原型材料的10倍。根据重度相似常数,在试验中进行恒载补偿,将9倍模型自重的附加荷载均匀施加在整个拱塔上。拱塔的两个塔柱斜拉索仍为20对。模型采用塔柱内壁附加设置钢板来锚固斜拉索,既避免了空间局限带来的施工困难,又保证了锚固区的局部安全,斜拉索另一端(张拉端)锚固于试验模型的锚固梁(台座)上。拱塔试验模型的几何模型缩尺比例为1∶10,塔柱模型高度为10.6m,塔柱最大截面尺寸为0.81m×0.76m,两塔柱间距4m,模型尺寸规模为目前国内最大半椭圆形拱塔结构。试验模型现场如图5.4.1所示。

图5.4.1 试验模型现场

拱塔整体模型设计包括拱塔结构模型设计和拱塔加载系统设计。拱塔结构模型设计包括模型几何物理特性计算、模型施工图设计等;拱塔加载系统设计包括加载位置、加载设备、加载结构、加载方式的设计。

恒载配重:模型几何尺寸按照相似比1∶10进行缩尺,按照相似理论可推导材料的重度相似常数为10,即模型材料的重度应为原型材料的10倍。根据重度相似常数,在试验中进行恒载补偿,尽可能将9倍模型自重的附加荷载均匀施加在整个拱塔上。在靠近塔脚处的承台上预埋几块钢板,以预埋的钢板为基础在塔脚周围焊接张拉配重拉索用的台座(图5.4.2、图5.4.3)。在各节段塔壁中心处预埋ϕ32高强钢棒伸出塔壁(沿桥跨方向,见图5.4.4),并用拉索连接伸出塔壁的钢棒和钢结构台座,通过在台座处使用扭矩扳手调节拉索索力,以达到配重要求。当配重拉索与模型结构的斜拉索在竖向发生冲突时,可以将配重拉索的竖直角度进行微小调节,

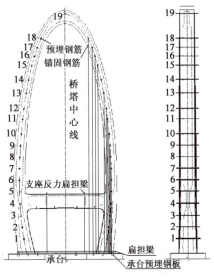

图5.4.2 恒载补偿配重示意图

调整角度后的配重拉索应该相应地对索力进行调整,索力的调整应按照塔柱对称保证索力的竖直分力不变的原则进行。

图 5.4.3 加载横梁

图 5.4.4 拱塔上预留的钢棒

5.4.2 试验工况

进行的 9 个试验工况如表 5.4.1 所示,分别采集了各工况下的斜拉索索力、混凝土表面应变、钢筋应变、索塔变形及裂缝观测等重要数据。

试 验 工 况 表　　　　　　表 5.4.1

工况	内容
工况 0	桥塔自然状态(未进行塔身预应力钢筋张拉,未进行塔身配重)
工况 1	塔柱预应力张拉 张拉 50% 张拉 100%
工况 2	横梁预应力张拉
工况 3	塔柱预应力张拉 + 配重张拉
工况 4	横梁支反力第一次施加(对应施工阶段的最大悬臂阶段)
工况 5	施工阶段最大悬臂状态(分批次进行拉索张拉) C1 拉索张拉 ~ C20 拉索张拉
工况 6	施工阶段二次调索状态(先横梁支反力第二次施加) C1、C2 拉索张拉 ~ C19、C20 拉索张拉
工况 7	正常使用极限状态(先横梁支反力第三次施加) C1、C2 拉索张拉 ~ C19、C20 拉索张拉
工况 8	承载能力极限状态(先横梁支反力第四次施加) C1、C2 拉索张拉 ~ C19、C20 拉索张拉
工况 9	1.2 倍承载能力极限状态 C1、C2 拉索张拉 ~ C19、C20 拉索张拉

5.4.3 试验结果

利用索力加载的方法模拟相应工况是本试验的一大特点,考虑到油压千斤顶的工作区间,模型试验取值较小的拉索索力的相对误差较大,基本控制在15%以内,取值较大的拉索索力的相对误差较小,总体来说索力实测值和设计值吻合较好,拱塔模型结构试验加载方式是切实可行的。

(1)混凝土表面应变计测试结果表明:在各试验工况作用下,除了个别测点外,各截面沿边缘不同部位(测点)的应变测试值和计算值变化趋势基本一致。

(2)钢筋应变测试结果表明:

①从工况5到工况9,随着加载索力的增加,塔柱和横梁各截面中受压测点的压应变和受拉测点的拉应变基本上形成增加的趋势,但最大压应变和最大拉应变值均处在钢筋的弹性变形范围之内。

②在各工况下,所取的部分截面钢筋测点应变测试值与计算值吻合度较好,达到70%左右。

5.5 拱形塔斜拉桥施工关键技术

5.5.1 拱形塔施工方案确定

1)传统工艺分析

传统的模板系统在实际的工程应用中表现出良好的竞争优势,但对于曲线混凝土结构的修建,也存在模板利用率较低、应力集中、混凝土保护层难以控制等不足。特别对于大型曲线混凝土塔柱的建筑,传统模板系统表现出以上几个方面的不足。为此尝试在传统的模板系统中将面板进行不同曲率的弯曲,来适应不同节段的曲率变化,以改变塔柱的结构线形和受力特性。

2)变曲率模板概念的提出

对于混凝土曲线塔的施工,常规的方法是采用整体模板或以直代曲的施工工艺,这样不但需要大量的板材,而且需要大型吊装设备,增加了安全风险,同时对结构的受力不利,曲线亦不优美。为此,提出了新的模板系统——可调节变曲率模板系统,它是通过模板背楞后设置的可调节螺杆将面板进行预先弯曲,来适应不同节段的曲率变化,通过对索塔各节段的包边处理和倒角线形条的处理,使索塔整体线形和局部线形满足设计和规范要求,节省大量的钢材,减少塔吊的投入和塔吊的使用频率,减小安全风险,具有更好的经济性。

3)变曲率液压爬模设计与施工

(1)变曲率模板的原理:在强大刚度的背楞基础上依靠外力将刚度小韧性大的面板拉(顶)成弧线线形。根据理论线形,计算出每个可调节螺杆位置的矢高值,然后再将可调节螺杆调整成理论换算长度,这样面板就达到了理论线形(图5.5.1)。

(2)变曲率模板:由木质面板、木工字梁、木梁连接件、可调节螺栓和竖向背楞构成。该模板体系由六部分构成,分别是木质面板、工木梁、工木连接件、可调节螺杆、导向装置、竖向背楞。该套模板系统的面板使用的是全桦木的维萨建筑模板,受力强,周转次数高,各连接件标准化程度高,通用性强,可以满足不同结构曲率的弧形(图5.5.2)。

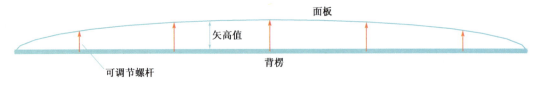

图5.5.1　变曲率模板曲率调整原理图

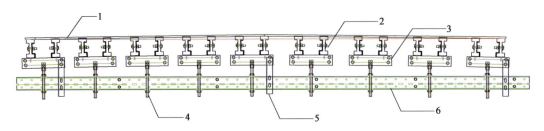

图5.5.2　变曲率模板构造图
1-木质地板;2-工木梁;3-工木连接件;4-可调节螺杆;5-导向装置;6-竖向背楞

(3)可调模板曲率控制:模板的曲率通过调节螺杆来控制,索塔各节段曲率可通过CAD图确定各结点弦弧矢高差,然后利用小距离可调螺杆将面板进行事先调整,以达到不同曲率的弧线要求。

5.5.2　拱形塔施工工艺

索塔施工分为四个区段:起步段、标准段、塔顶曲率较大区段及塔顶合龙段。每节节段高度按4.5m划分,在塔顶曲率变化较大段适当调整。如表5.5.1和图5.5.3、图5.5.4所示。

索塔施工区段划分表　　　　　　　表5.5.1

部　位	起步段	标　准　段	塔顶曲率较大区段	塔顶合龙段
中塔	1~2节段	3~19节段	20~22节段	23~24节段
边塔	1~2节段	3~15节段	16~18节段	19~20节段

1)起步段施工

起步段是为了尽快安装标准段的爬模而特别设定的施工部分,通常取索塔的前两节作为起步段。起步段施工宜采用脚手架钢管作为施工平台,模板采用翻模工艺,脚手架钢管须符合《建筑施工扣件式钢管脚手架安全技术规范》(JGJ 130—2011)的规定。起步段施工时注意预埋爬模的预埋件。

2)标准段施工

标准段为起步段以上、曲率变化较大段以下,可以采用同一施工工艺进行连续施工。标准段采用爬模施工技术,内外曲面为椭圆曲线,使用变曲率模板体系。

3)曲率变化较大段施工

随着标准节施工高度的增加,其倾斜度也在变大,仰面模板除了承受侧压力之外,其承受的混凝土自重荷载也在逐渐变大,当倾斜度变化到一定值时,其爬模爬架自身无法承受混凝的荷载时,即进入曲率变化较大段。

曲率变化较大段需要自制仰面模板托架进行施工,在仰面模板下方设置的托架可以和塔顶合龙段支架结合在一起设计。除内侧面模板无法继续采用爬模施工外,其他三个面均可以按原来的爬模体系施工。

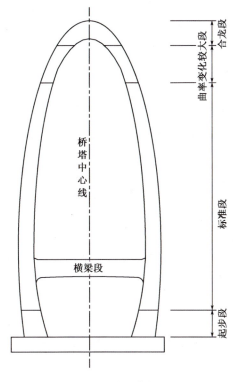

图 5.5.3 拱形塔分区图

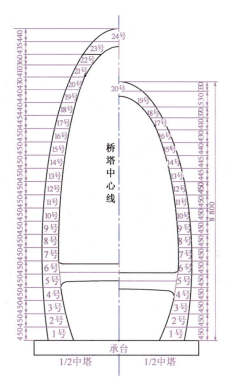

图 5.5.4 拱形塔分节图(尺寸单位:cm)

4) 横梁施工

索塔横梁采用异步施工法,即待索塔塔柱高度过横梁后再施工横梁部分。横梁采用落地式钢管支架分两次施工完成,支架基础可设置在承台上,侧面附着在已浇筑完成的下塔柱上,增加其稳定性;纵梁采用贝雷梁,用于提高其刚度;横梁与索塔的倒角根据结构特点采用钢构件或者木构件。承台施工时,注意预埋基础预埋件;下塔柱施工时,注意预埋支架的侧面附着预埋件。

5) 合龙段施工

合龙段是指将左右塔肢最终联系在一起的施工部位,宜采用钢管支架分两次施工,支架基础可设置在索塔横梁上,侧面附着在索塔中塔柱和上塔柱内侧,既增加了支架的稳定性,也可辅助索塔施工过程中的线形控制;合龙段底板宜采用钢制拱架。

5.5.3 拱形塔线形控制

拱形塔线形控制分为整体线形控制和局部线形控制。

1) 整体线形控制

由于混凝土结构在未合龙前属于类似悬臂状态,在倾斜度不断变化的情况下,其给桥塔根部带来的弯矩也在不断发生变化,需要设计横撑系统来抵抗弯矩带来的水平分力,使悬臂的桥塔具有较高的竖向刚度。以中塔为例进行说明:中塔横梁以下设置1道水平横撑,在横梁浇筑完成后拆除,横梁以上设置5道水平横撑。每道水平支撑与桥塔同步施工,这样可以最小化地减小悬臂高度。

2)局部线形控制

曲面模板平顺度控制:该部分控制主要是为了使每节段的圆弧度满足设计要求,控制的方法需要从模板本身进行控制。模板在安装前先用靠尺对模板的曲率进行检查,不平顺度控制在2mm以内,若有差异可采用模板后方的可调螺杆进行调整。

接缝错台控制:该部分控制主要是为了相邻两节段的线形不出现较大错台而影响结构受力,控制的方法为从模板包边处理的紧密度和拉杆进行控制。采取拉杆为主、顶托为辅的处理原则。即将爬模上架体和下架体的爬架体系下拉杆拧紧,让模板的受力传到下架体的预埋件处,然后在模板安装后将最底层一道拉杆拧紧,模板底层拉杆距混凝土面的间距调整至5~10cm,最后依靠架体做顶托顶住模板下口,混凝土浇筑到底层拉杆以上20cm左右时,重新拧紧该层拉杆。顶托间距不大于100cm,距端头不大于30cm。在每次模板安装后,对于曲面模板采用牵线法检验模板顶口平直度,采用顶口调节杆进行调节,最大偏差控制在1mm以内。如图5.5.5所示。

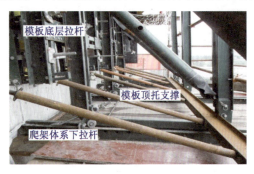

图5.5.5 节段接缝错台控制

拱形塔线形监控:拱形塔施工过程中,在桥塔上埋设变形观测点,随时观测因基础变位、混凝土收缩、弹性压缩、徐变、温度、风力等对桥塔变形的影响,塔身施工放样采用天顶准直仪铅垂线控制法和全站仪三维坐标法两种方法相互校核,观测时实行两人复核制度,确保塔身放样准确,防止因测量误差而导致塔身线条不平顺。斜拉桥线形受温度影响很大,线形测量选择在气候条件较为稳定、日照变化影响较小、气温平稳的时段内进行。一般选择凌晨2点至日出的时段内进行线形测量以及主塔变形测量。

5.5.4 混凝土主梁悬臂施工

1)施工工艺流程

施工工艺流程图如图5.5.6所示。

2)牵索挂篮的设计与施工技术

(1)挂篮的设计

马鞍山长江大桥右汊主桥主梁施工,主梁为双边箱结构,桥面宽为35.5m,梁高为3.2m,梁长7m,标准节段混凝土方量为185m³,加厚段为198m³,采用牵索挂篮施工工艺,挂篮的设计承受荷载为5 200kN。单个挂篮含模板及防护总重约250t。

挂篮采用钢箱结构作为主要承重平台,整个挂篮由承载平台、牵索系统、行走系统、定位系统、锚固系统、模板系统、操作平台及预埋件系统等组成。挂篮主要结构件材料材质为Q235、Q345。其结构详见图5.5.7。

第5章 三塔拱形索塔斜拉桥设计与施工技术

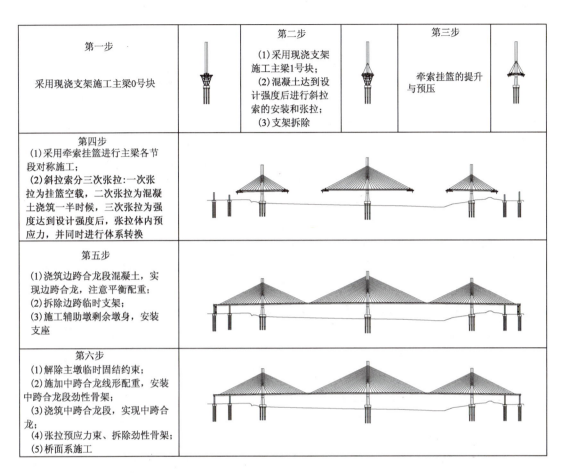

第一步	第二步	第三步
采用现浇支架施工主梁0号块	(1)采用现浇支架施工主梁1号块； (2)混凝土达到设计强度后进行斜拉索的安装和张拉； (3)支架拆除	牵索挂篮的提升与预压
第四步		
(1)采用牵索挂篮进行主梁各节段对称施工； (2)斜拉索分三次张拉：一次张拉为挂篮空载，二次张拉为混凝土浇筑一半时候，三次张拉为强度达到设计强度后，张拉体内预应力，并同时进行体系转换		
第五步		
(1)浇筑边跨合龙段混凝土，实现边跨合龙，注意平衡配重； (2)拆除边跨临时支架； (3)施工辅助墩剩余墩身，安装支座		
第六步		
(1)解除主墩临时固结约束； (2)施加中跨合龙线形配重，安装中跨合龙段劲性骨架； (3)浇筑中跨合龙段，实现中跨合龙； (4)张拉预应力束、拆除劲性骨架； (5)桥面系施工		

图5.5.6 主梁施工流程图

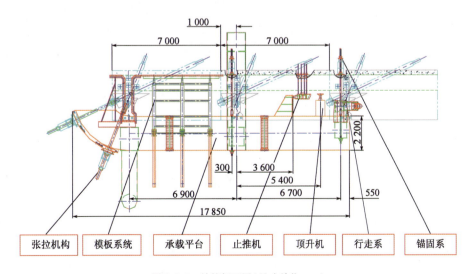

图5.5.7 挂篮侧面图(尺寸单位：mm)

(2)牵索挂篮操作要点

①承载平台:承载平台是挂篮的主体结构,由支承悬浇荷载及模板体系的平面钢架和挂腿组成。平面钢架由四横梁、二主纵梁及二次纵梁组成。为减小结构尺寸,承载平台将采用碳素结构钢。两侧主纵梁前端开槽,在主纵梁上设置承力面,适应各节段斜拉索不同角度的变化。

②牵索系统:牵索系统的功能是在挂篮悬浇施工时将斜拉索与挂篮连接起来形成前支点;在悬浇完成后,将斜拉索与挂篮分离,实现索力的转换。牵索系统由张拉机构和斜拉索冷铸锚组成。张拉机构中的张拉千斤顶通过撑脚固定在垫块总成上。垫块总成可沿主纵梁头部曲梁内导轨上下滑动并锁定,因而可调节前支点空间位置以适应各节段斜拉索角度的变化。

③行走系统:行走系统实现挂篮空载前移功能,由牵引机构和行走反滚轮组成。牵引机构由 2 台 1 500kN 千斤顶通过滑轨顶推挂腿,带动挂篮前移,挂腿支撑滑板在主梁顶面铺设的钢板滑道上滑动。挂篮行走时由行走反滚轮平衡前倾力。

④定位系统:定位系统实现挂篮浇筑前的初定位及微调定位功能,由顶升机构,前、后锚杆组,止推机构等组成。挂篮由前锚杆组提升到位,顶升机构放置在主纵梁尾部,止推机构承受斜拉索张拉力中的水平分力。在挂篮定位时,调整挂篮前端的竖向高程,此套机构有一定的可调范围,以满足施工要求。由于挂篮的自重及构造尺寸都较大,再加上本桥主梁断面的构造特点,使得挂篮横桥向定位的调整较困难,因此在牵引挂篮前移时,应尽量保证挂篮整体同步平移并不断观测,随时纠正挂篮的偏位。当挂篮前端产生横桥向偏移时,可在挂篮后横梁与桥主梁主肋间设反向顶推予以调整;当挂篮挂腿处产生横桥向位移时,在挂篮挂腿与桥主梁间加反向顶推。

⑤锚固系统:锚固系统包括两组前锚杆组和两组后锚杆组。前锚杆组设在主纵梁中部,其作用是将承载平台承受的施工荷载传递到已浇梁段上,后锚杆组设在主纵梁尾部,其作用是平衡挂篮斜拉索初张拉时产生的倾覆力,同时,两组锚杆组亦作为抗风安全锚固点。

⑥模板系统:模板系统由主肋底模及侧模、横隔板底模及侧模、顶板底模及其拱架等组成。内侧模与顶板底模间部分采用铰连接,用手拉葫芦拉动侧模旋转一定角度,便于脱模。横隔板侧模之间、主肋侧模之间均采用对拉螺栓连接。顶板底模采用拱架支撑,拱架通过铰接方式固定在主纵梁的滑轨上。在主梁脱模时,先松开对拉螺栓,将外侧模放置于承载平台上。内侧模转动一定角度脱离混凝土,并与顶板底模一起随拱架下降至主梁横隔板底高程以下。挂篮前移就位后,再将拱架提升到设计高程位置,立模,浇筑下一节段。拱架用千斤顶提升到位,并用销轴定位。因而可方便地立模、拆模,并将模板系统整体移至下一待浇节段。

(3)主梁其他施工工艺

①主梁 0 号块施工技术:0 号、1 号块支架设计形式为钢管贝雷支架,整个支架为花篮形状,基础位于承台上进行固结,上端采用预应力纵向连接,承重钢管不小于 $\phi800 \times 8$,平联钢管不小于 $\phi630 \times 6$。总体顺序:0 号块施工完成后张拉预应力、1 号块完成后张拉预应力、安装 1 号斜拉索、拆除支架。

②边跨现浇段施工技术:边跨现浇段采用钢管支架进行施工,基础处理采用打入式钢管桩加固,模板均采用竹胶板,内箱支架为钢管脚手架形式,现浇段混凝土采用一次浇筑完成。

③主梁合龙段施工技术:箱梁的合龙是控制主桥受力状况和线形的关键工序,因此,对箱

梁的合龙顺序、合龙温度和工艺都必须严格控制。为改善合龙前后结构的受力情况,在浇筑合龙段前,合龙段内设置刚性支撑将两端连接,使合龙段范围内变形协调并可传递内力。选在一天中平均温度较低、变化幅度较小时,迅速锁定合龙口并浇筑混凝土,及时进行覆盖养生,在混凝土达到设计要求强度后及时张拉预应力,避免合龙段混凝土产生温度、收缩等破坏性裂缝。

第6章 根式基础在马鞍山长江大桥中的探索研究

6.1 概 述

随着我国交通事业的发展,大跨径桥梁的建设也越来越多。基础在工程中的重要性越来越大,对基础的要求也越来越高。我国的公路桥梁大多处于江河漫滩地区,覆盖层深厚,表层地基土体承载力低,如何充分利用土体的承载力或有效带动更多的土体发挥作用,是当前基础设计与施工的关键。

传统的钻孔灌注桩、沉井基础在实际的工程应用中表现出良好的竞争优势,但也存在材料利用率较低、质量难以控制等不足。特别对于厚覆盖层、大跨径桥梁基础,传统钻孔灌注桩表现出长细比严重失调等问题。为此,尝试在传统的主体结构上植入根键形成根式桩基础,增加桩基的刚度和提高材料利用的效率,以改变桩基的受力特性,充分发挥桩土共同作用,这就是本章提出的"根式基础"。

根式基础是一种"仿生"基础,是采用专门研制的多头顶进装置挤扩根键到基础周边土体中,根键部分在到位后浇筑混凝土成为锚固节点,利用土体对根键的握裹力增大基础的稳定性和承载力,减轻结构自重,具有更好的经济性。其施工工艺静压作业工效高,可靠性好。

根式基础自2005年首次提出至今,已开展包括小直径的根式钻孔灌注桩基础(外径一般为1~3m)、中等直径的根式沉管基础和根式现浇管柱基础(外径一般为3~6m)、大直径的根式沉井基础(外径一般大于6m)以及组合形式的根式锚碇基础在内的系列根式基础的研究工作(图6.1.1)。经过理论分析、实践研究,现已形成了一套包括施工工艺、计算理论、设计方法以及设备研发等完整的根式基础研究成果。在中外核心期刊发表数十篇论文,已申报专利13项。已编制安徽省地方标准《根式基础技术规程》(DB34/T 2157—2014),并于2014年被列为交通运输部交通运输建设科技成果推广项目。根式基础已经成功应用于合淮阜淮河大桥、马鞍山长江公路大桥、望东长江公路大桥等工程,据实际测算,根式基础较传统基础承载力可提高20%~60%,造价节省20%~35%。本章将详细介绍根式基础的承载机理、设计方法与施工工艺等内容。

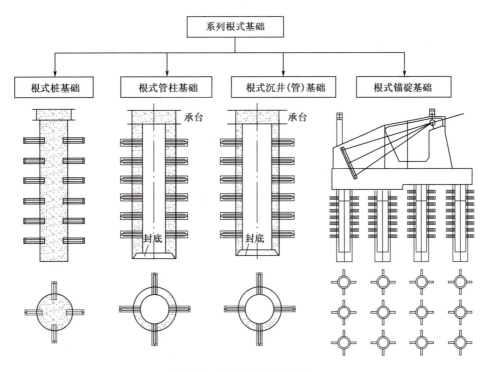

图 6.1.1　根键截面形式示意图

6.2　根式基础原理及适用性分析

根式基础利用仿生学原理,模仿树根的形式,通过根键增加基础与土体的接触,利用了根键顶入的挤土效应使周围土体挤密及根键的根式效应(扩大基础直径或承力支盘的作用),可以充分调动基础周围土体的承载力,使得根式基础的竖向抗压、抗拔承载力有很大的提高,同时减小基础的沉降;与普通竖直基础相比,根式基础由于根键的扁担效应,其抵抗弯矩的能力大大增加。从基础直径角度来看,根式基础类似于一种整体扩大的基础,可以很好地发挥基础的尺寸效应。

根式基础是一种相对刚性体及弹性体的有机结合,根键起到基础与土体间的良好的刚度过渡作用,根键的相对刚度及间距对根式基础与土体的相互作用,起到至关重要的作用,将显著影响其承载能力,尤其是竖向承载力。根键相对刚度过大,会使得上部根键先承担荷载而并未产生合适的相对位移,从而使得在下部基础发挥承载力之前,上部根键因产生应力集中而剪切破坏。当根键相对刚度较小时,上部根键较易挠曲变形,其承力支盘的效应(或扩径作用)将明显降低,相同桩基础沉降下的承载力与普通基础相比则得不到体现。

根键间距的大小则决定其扩大基础直径或承力支盘的特性。根键间距较小时,根键与其间土体形成整体,可用"等代实体法"或"比例系数法"来计算其侧阻力;根键间距较大时,各个根键独立工作,不仅减小了与土体的共同作用,而且使在有效基础长度范围内的根键利用率降低;当设置不合理时,还可能造成附加沉降,降低基础的承载性能。因此需要选择合理的根键间距及布置形式,使得根式基础与土体有更好的耦合作用,提高其承载力。

6.2.1 根式基础的根效应

作为基础结构与土相互作用,根式基础的荷载传递影响因素除与普通基础荷载传递类似,受着基底土与基础周边土的刚度比、基础与土刚度比、基础的尺寸效应影响外,还有着自身的特点。

在顶推至土层中,待土体强度恢复后,在基础顶部荷载作用下,上部根键先受力,根键类似一个条形基础分担上部荷载,随着荷载的加大,下部根键依次承担荷载,荷载的分配与土体的模量和根键的布置相关,土层模量大的土层根键受力大些,其根键变形就大些。当井壁与土之间产生相对滑移,侧壁摩阻力发挥后,摩阻力随着相对位移呈线性增长,当位移达到一定数值时(与土的类别有关,黏性土为 4~6mm,砂性土 6~10mm)便达到极限摩阻力,之后增加的荷载主要由根键底面和基底分担。

随着基础与土之间的相对位移,顶推梁底面开始受力,其侧摩阻力也随之发挥,管壁的侧摩阻力逐渐发挥,顶推梁就像一个个条形基础一样把上部荷载分担出去,其分担的次序和比例与基础所处地层土体模量、层厚、顶推梁的布置等因素有关。当受上部弯矩或轴向扭矩时,根键有一种"扁担"效应,将上部荷载通过根键的一对对力偶方式扩散至更广的土层中。

当根键施工完毕土体强度恢复后,其在上部荷载作用下根键下表面有接触地基梁的效应,上表面有与土体脱离的趋势,尤其在渗透性较差的土体中(如淤泥质软土),此时在上表面形成一定的真空负压,阻碍根键的下移,这种负压效应是很大的;同理,当上拔时或抗推时根键的真空负压效应是根效应的另一种体现。如图 6.2.1、图 6.2.2 所示,由数值模拟应力图可以明显地看出其应力扩散效果。

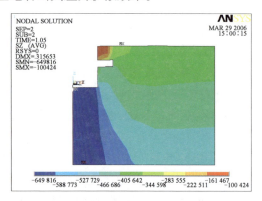

图 6.2.1 纵向基础应力包剖面图

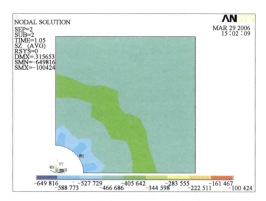

图 6.2.2 水平向基础应力包剖面图

6.2.2 根式基础的挤扩作用及挤密效应

在基础孔钻好后,采用静压工艺将预制的顶推梁顶入基础中,是个连续贯入的过程,通过千斤顶液压的方式施加在梁顶上,当施加给梁的静压力与基础的入土阻力达到动态平衡时,梁在静压力的作用下逐渐压入地基土中。顶压过程中,顶压速率一般保持在一定数值以内,静压贯入过程中造成根键周边土体的复杂运动,根键前端土体产生压缩变形。随着贯入压力的增大,当根键前端处土体所受压力超过其抗剪强度时,土体发生急剧变形而破坏,基础侧土体产生塑性流动(黏性土)或挤密侧移和拖带前移(砂性土),根键前端土体被向前和上下压缩挤开。

挤扩初期,土体以水平位移为主,挤密或推动前方土颗粒,随着贯入位移的加大,土体颗粒逐渐向前和上下方运移。当顶推梁顶至预定深度时,根键末梢土体受挤压作用最强,上下方土体也受到很大的挤压,在挤压应力强迫作用下,孔隙水压力上升,有效应力将迫使土体产生塑性变形,原状结构被破坏。对于砂土,有效应力将迫使土颗粒在移动过程中重新排列组合,使之达到紧密堆积状态,土体的密度、强度增大;对于黏性土,土体的天然结构被破坏,并产生较大的孔隙水压力,但随着时间的推移,孔隙水压力逐渐消散,其强度逐渐恢复,并高于原状土。

在基础侧面,黏性土由于顶推挤土会在附近产生侧向的"隆起",在顶推前方深处,由于临近土层的侧向压力,土体主要向四周挤开,使贴近顶推梁的土体结构完全破坏,周围土体也受到较大的扰动影响。同时,对于饱和黏性土,由于瞬时排水固结效应不明显,基础的贯入产生超静孔隙水压力,随后孔压消散、再固结和触变恢复,在基础周围形成硬壳层。

挤扩过程结束后,土体中仍保持一定的孔隙水压力,土体在此压力作用下排水固结,对于砂土,孔隙水压力消散很快,在挤压过程中基本完成排水固结作用,砂土进一步达到密实;而对于黏性土,孔隙水压力消散很慢,在消散过程中,粒间重新形成新的水膜和结构连接,土体强度逐渐恢复和提高。

正是这种挤密效应,顶推梁上下端土体得以压密,土体的内摩擦角、黏聚力、压缩模量、侧压力系数均有所提高,压缩性减小,其物理力学性质都高于原状土。根键的挤扩效应只是一种附加的效应,但挤密效应难以在实际工程中量化。

静压顶推时土体的应变图如图 6.2.3 所示。

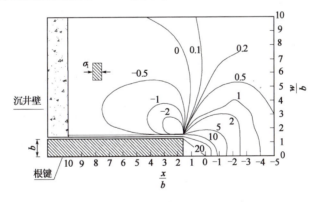

图 6.2.3 静压顶推时土体的应变图(压为正)

6.2.3 根式基础的破坏模式

根式基础的破坏机理与基础根键的布置,侧壁土层分布及其变形模量,基础底部土体的性质和根键的刚度等因素有关。普通桩基的破坏模式分为三种:整体剪切破坏、局部剪切破坏及刺入剪切破坏。一般根键的材料模量 E_r 要大于基础材料模量 E_c。

根式基础的地层较复合文克勒弹性地基梁理论适用条件,地基土主要受力层为软土。由文克勒弹性地基梁的挠曲微分方程为:

$$\frac{d^4 w}{dx^4} + \frac{kb}{EI}w = 0 \tag{6.2.1}$$

$$\lambda = \sqrt[4]{\frac{kb}{4EI}} \tag{6.2.2}$$

式中：w ——梁的挠度；

b ——梁的宽度；

λ ——梁的柔度特征值，量纲为[1/长度]，λ 值与地基的基床系数 k 和梁的抗弯刚度 EI 有关，λ 值越小，则基础的相对刚度越大。

λl 为地基梁的柔度指数，它是表征文克勒地基上梁的相对刚柔程度的一个无量纲值，当 $\lambda l \to 0$ 时，梁的刚度为无限大，可视为刚性梁；而当 $\lambda l \to \infty$ 时，梁是无限长的，可视为柔性梁。一般认为可按 λl 值的大小将梁分为下列三种：

$\lambda l \leq \pi/4$ 短梁（刚性梁）；

$\pi/4 < \lambda l < \pi$ 有限长梁（有限刚度梁）；

$\lambda l \geq \pi$ 长梁（柔性梁）。

具体可以根据根键的物理特性和地基土的情况估算 λl，对于根键一般不宜太长，一般满足 $\lambda l \leq \pi/4$，即根键一般可按照短梁计算，实际工程中可采用基底反力呈直线变化的简化方法计算。

(1) 当根键 E_r 很大时，如钢材，由于根式基础的根键作用很大部分取决于根键刚度与土体刚度的比例，对于模量较大的土层，可以考虑采用钢梁作根键材料，对于顶推、受力都能有很好的保证。钢梁可以有较好的截面组合形式，也可以把其做成柔度较好的梁，可应用于软土层。

(2) 当根键 E_r 较大时，如钢筋混凝土材料，其截面组合形式较单一，根键刚度较大，对于软土层根键的钢筋混凝土梁顶推及受力一般能满足要求，但是当土层模量较大时，为满足受力条件，其截面可能太大，且局部应力可能难以满足要求，钢梁是个较好的选择。

(3) 当根键 E_r 与土体 E_s 相当时，根式基础受力机理衍化成普通基础的受力。

当根键刚度过大，上部根键先承担荷载，而此时基础侧的摩阻力因为还未产生土体的相对位移而不发挥，上部根键就容易产生应力集中，而在节点处产生剪切破坏。

当根键刚度相对较小时，上部根键先受力而使根键的弹性地基梁作用承压和侧壁摩阻力也充分发挥起来，由于基础与土体相对位移使基础侧面的摩阻力也开始发挥，随着位移的逐渐增大，下部根键依次发生作用，根键的作用由弹性地基梁的承压部分和根键与土的摩阻力两部分组成，弹性地基梁的承压部分占主要部分，其分担比主要由根键的弹性地基梁的承压部分控制。由文克勒地基梁理论：地基任一点所受的压力 p 与该点的地基变形 s 成正比，而 p 不影响该点以外的变形：

$$p = ks \tag{6.2.3}$$

式中：k ——地基基床系数。

可知根键的承压和摩阻都与其相对土体位移有关系。随着上部根键位移的加大，下部根键也随之发生作用，基础侧面的摩阻力继续增长，基础底部的接触力发挥作用，并随着上部荷载的加大而加大，由于基底土体的附加压力过大而使土体发生剪切破坏。

6.2.4 基础本身强度的破坏

基础本身强度是直接影响承载力的因素。当基础周边土体性质较好时，基础的承载力大小取决于基础本身的强度，包括根键的强度、根键与基础的节点强度，以及基础本身等的强度。

其中主要是根键节点的强度,应对其进行严格控制。由于节点处剪力弯矩集中,应加强构造来保证。根键是预制的,其强度容易控制,可以根据现场地质情况和具体地层刚度系数来选用一定刚度的材料及构件形式,将两者刚度控制在一定范围内,对根键的刚度进行控制,来调整根键的刚度,以达到较好的协调作用。

在根键预制时,可以根据其悬臂梁受力特性把截面做成渐变形,加大地面基础面积,加大根部截面,并加强其与管壁主筋的连接来达到弹性与刚性结构的连接。

根式基础的结构破坏分为根键局部破坏和整体破坏。

(1)当局部某排根键由于受力集中,产生较大变形甚至根键产生裂缝时,该根键局部破坏承载效应大大减小,基础应力产生重分布,荷载转移到邻近的根键,其余有潜力的根键承担增加的荷载,此时根式基础整体并未破坏,仍有承载潜力。

(2)随着上部荷载的增加,根键变形加大,基础侧面摩阻力逐渐发挥到峰值,之后上部的荷载主要由基础底部承担,最终超过基底承载力后产生整体破坏。

6.2.5 基础周边土体的破坏

当根式基础强度足够大,在极限荷载作用下,基础的破坏主要是根键底部土体和基础底土体的破坏。土体破坏模式与根键的布置(径向间距和纵向间距)、根键的刚度有关。不同的根键刚度或不同的根键布置,其受力性状不同,破坏形态也不一样。

(1)根键间距较大时,各个根键独立工作,根键的应力叠加效应较弱,因此根键下的土体主要是以压密变形为主,伴有少量的侧向剪切位移。根据根键受力情况,根键底面土体既有类似条形基础的抗压缩特点,又有摩阻力的抗剪切特点。

当各排根键共同受力,在极限荷载作用下,基础土体受到的剪应力大于土体的抗剪强度时,土体则发生侧向挤出,故为减小土体的过大侧向挤出,底排根键应在满足底板浇筑和顶推工艺作业空间的前提下尽量往下排。在承受基础顶部荷载时,土体以压密变形为主,并伴随少量的侧向挤密变形。其受力模式如图6.2.4所示。

根式基础底部根键的作用类似于扩底基础,从根式基础荷载传递特性上分析,若在均质土层中,第一排根键先受力并且受力最大,以下各排根键将依次受力并依次减少,由于基础的本身压缩,使下端根键相对土体位移较小,受力也相对小些。当第一排根键所承受的荷载达到极限值时,基础顶部施加的荷载增量将由下面的根键承担。当基础顶部荷载增量较大,再加上第一排根键的"卸载"以及基础产生较大的位移,下面的根键依次受力并使基础底部承担荷载。

(2)根键间距较小时,各个根键应力叠加效应较大,根键间土体受到附加压应力的作用,产生较大的附加沉降,对于压缩性较高的土层,局部根键的土体可能产生拉裂隙,削弱根键与土体的摩阻力作用。这时根键与根键间土体形成整体,基础顶部荷载主要由基础侧面所产生的摩阻力、最下面根键的端阻力和摩阻力,以及基础底部阻力共同承担。根式基础的破坏主要是基础形成一定的

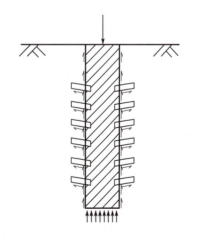

图6.2.4 根键间距较大时根式基础受力图

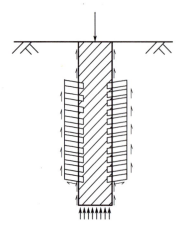

图 6.2.5 根键间距较小时根式基础受力图

剪切带(与根键外周同径),根键的弹性地基效应得不到很好的发挥,剪切带摩阻力达到峰值后,基础底部土体承受较大的荷载时土体由压密变形转为侧向挤出所致,其破坏模式如图 6.2.5 所示。

根式基础的破坏模式与土体与根键的刚度比,根键的布置(纵向间距、横向间距),土层的分布(即土层的刚度比)等因素有关。可以根据实际工程土层的变形模量调整根键刚度,以保证刚性沉井、弹性根键、弹塑性土体的应力分配和共同作用,可以让基础(尤其井壁)与土体产生一定的相对位移,调动井壁的摩阻力的发挥。根键应根据土层的性质来布置,间距不宜太密,以减少根键引起的土层应力叠加,设置根键的目的在于带动更多的土体一起受力,其布置参数值要在实际工程中因地制宜地选取。

根式基础突破传统桩基础的承载特性,将地基梁分布于各个土层中,达到了土体与基础之间的刚度协调,积极调动了土体承载力的作用;其承载力得以大幅提高,抗震性能得以改善。根式基础可用于公路工程、铁路工程、市政工程、建筑工程等行业的陆上或水下基础施工,在覆盖层较厚和软土等地质条件下,根式基础的优越性更加明显。

6.3 根式基础试验研究

在合淮阜淮河大桥、马鞍山长江公路大桥、望东长江公路大桥等工程开展了根式基础现场试验研究,从而形成了包括施工工艺、关键设备等在内的成套研究成果,并借助现场试验对根式基础的计算方法进行验证。

在马鞍山长江大桥工程中,根据现场条件和设计要求,选择在右汊主桥江心洲引桥部 50m + 60m + 50m 连续梁过渡墩 Z114 处,在左幅承台布置 1 根 1.5m 的根式桩基。在望东长江公路大桥中,根据现场条件和设计要求,选择在跨长江大堤 55m + 90m + 55m 连续梁桥江内过渡墩处,试验桩共 3 根,其中,在左幅承台中心布置 1 根 $\phi1.0$m 试验桩,在左右幅两承台外侧附近布置 2 根 $\phi1.8$m 试验桩。1 号试桩($\phi1.0$m)采用锚桩反力法静载试验,桩端进入中风化砾岩层,利用 4 根 $\phi1.6$m 的钻孔灌注桩(工程桩)作为锚桩提供反力。2 号试桩($\phi1.8$m)采用自平衡法测试,桩基中下部采用根键顶进土体,通过试验检验和确定本桥桩基础的根键施工工艺以及成桩后的承载力。3 号试桩($\phi1.8$m)采用自平衡法测试,以检验和确定在本桥地质条件下桩基础的承载力和施工工艺,包括泥浆配方、钻进工艺、清孔效果等。其中 2 号试桩带根键。测试结果如表 6.3.1 所示。

根式桩测试数据　　　　表 6.3.1

根式桩基础外径(m)	类型	承载力(kN)	位移(mm)	总摩阻力		总端阻力	
				大小(kN)	占总承载力比例(%)	大小(kN)	占总承载力比例(%)
1.8	无根键	33 935	14.88	23 625	69.7	10 310	30.3
	有根键	45 613	15.51	27 066	59.3	18 547	40.7

6.4 根式基础设计与施工

6.4.1 根式基础设计

1)承载力设计

目前,根式基础的计算方法主要有三种:基于"桩基础"理论的计算方法、借助计算机的数值模拟计算方法以及简化计算方法。具体计算方法可参考安徽省地方标准《根式基础技术规程》(DB34/T 2157—2014)相关章节。

2)构造与布置

(1)基础平面形状及尺寸

基础的平面形状一般为圆形、圆端形、椭圆等形状,主要依据根键的顶进作业空间及水中基础的水阻截面来选择。基础平面尺寸应根据墩台身底面尺寸、地基土的承载力及施工要求确定,力求结构简单对称,受力合理,施工方便。

(2)根键截面形式及尺寸

根键截面形式应能发挥根键的正面土抗力,满足抗弯、抗剪、抗扭的截面特性,同时应与沉井的尺寸布置匹配,并满足根键的顶进、止水等工艺要求。根键可根据实际情况选取钢筋混凝土结构、钢结构或混凝土与钢组合结构。根据地质及地下水情况,根键可采用等截面或变截面形式,可以选择的有矩形、梯形、圆形(椭圆形)、十字形、菱形等基本截面(图6.4.1)。截面尺寸应做到混凝土体积一定时,抗弯惯性矩、抗扭惯性矩的优化,同时做到根键布置形式与具体尺寸的统一匹配。

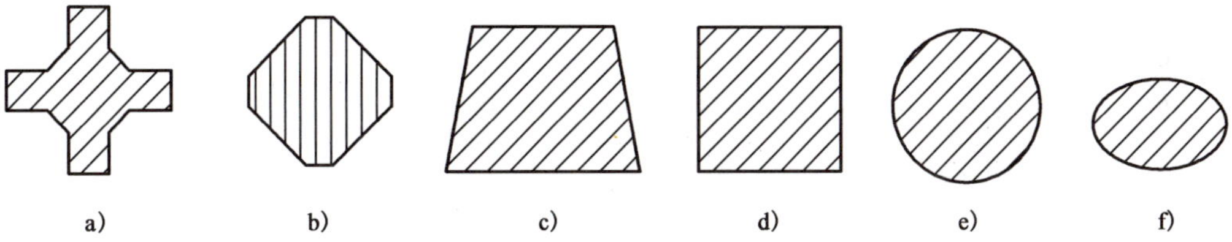

a)   b)   c)   d)   e)   f)

图6.4.1 根键截面形式示意图

(3)根键的材料类型、混凝土强度等级及最小配筋率要求

根键为钢筋混凝土或钢—混组合结构,混凝土等级不低于C30,并不低于主体结构混凝土等级;当根键为钢—混组合结构时,根键最小配筋率不低于1%,根键的材料组合应满足结构受力和工艺要求,局部节点可采用钢—混组合结构加强。

(4)根键在主体结构上的布置形式及间距要求

根键上下两层在主体结构上呈梅花状交错布置。根键布置中心距应满足施工不相互干扰的要求,并尽量使各根键的正面压力分布范围不相重叠或少重叠。单个根式基础的根键层数、每层数量应根据具体的承载力要求和地质情况确定。

根键在主体结构壁上的位置除根据实际地质情况来布置外,还要根据根式基础所要承受的上部反力来确定。一般来说,根键宜布置在主体结构下部和强度较大的土层中。根键长度应根据主体结构直径及施工要求来确定,即根键长度与施工顶进设备、辅助顶进装置长度之和应不大于主体结构直径,根键孔不应过度削弱根式基础的整体性。

6.4.2 根式钻孔灌注桩基础施工工艺

根式钻孔灌注桩基础施工流程主要包括:埋设护筒、成孔施工、钢筋笼制作与下放、根键顶进、混凝土浇筑五个步骤,具体如图6.4.2所示。

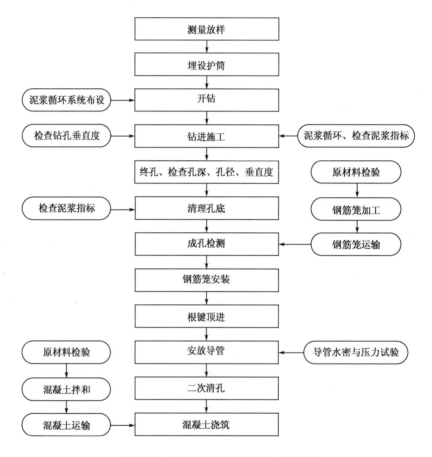

图6.4.2 根式钻孔灌注桩基础施工流程图

以下介绍施工过程中的几个关键技术要点:

1)施工准备

做好测量放样、场地整平、护筒制作及泥浆制备等工作,新鲜泥浆的性能指标应满足规范要求。

2)成孔施工

(1)护筒埋设:护筒的埋设采用旋挖钻机静压法完成,护筒顶口高出地面约0.3m。正确就位钻机后,使其机体垂直度和桩位钢筋条三线合一,在钻杆顶部戴好筒式钻头,再用吊车吊起护筒并正确就位,用旋挖钻机动力头将其垂直压入土体中。

(2) 钻进成孔:结合试桩地质情况,根据根键顶进要求等因素选用合适的机械施工,以旋挖钻机为例进行说明。当钻机就位准确后,利用全站仪复核钻杆的垂直度,然后开始钻进。开始钻进时,采用低速钻进(每斗进尺宜控制在 20~30cm),放慢旋挖速度,并注意放斗要稳,提斗要慢,主卷扬机钢丝绳承担不低于钻杆、钻具重量之和的 20%,以保证孔位不产生偏差。钻进护筒以下 3m 时略增加钻进速度(每斗进尺约 30cm),采用钻头与钻杆自重摩擦加压。进入孔内 5~8m 后,再次检查钻杆垂直度,未发现偏差。操作人员随时观察钻杆是否垂直,并通过深度计数器控制钻孔深度。当旋挖斗钻头顺时针旋转钻进时,底板的切削板和筒体翻板的后边对齐。钻屑进入筒体,装满一斗后,钻头逆时针旋转,底板由定位块定位并封死底部的开口,之后再提升钻头到地面卸土。钻进过程中,配备一台泥浆泵及时向孔内补浆,以保持水头高度。

(3) 终孔:在现场量测孔底高程,满足设计要求后即可终孔。

(4) 清孔:清孔的主要目的是置换原钻孔内泥浆,降低泥浆的相对密度、黏度、含砂率等指标,清除钻渣,减少孔底沉淀厚度,防止桩底存留沉淀土过厚而降低桩的承载力。

(5) 成孔检查:清孔完成后,对成孔质量进行检测,检测项目包括孔的中心位置、孔深、孔径、钻孔倾斜度、沉淀厚度等,均应满足现行相关规范标准要求。

3) 钢筋笼制作与安装

为了吊装运输方便,采用胎架在经过地基处理的钢筋加工场内分节制作,分节长度根据实际情况综合确定。在钢筋笼设计位置预留用于根键顶进的导向孔。如图 6.4.3、图 6.4.4 所示。

图 6.4.3 钢筋笼制作

图 6.4.4 钢筋笼下放

4) 根键预制

先制作钢筋骨架,然后将钢筋骨架与尾端钢板定位焊接,再将钢筋骨架放入模板中,合龙模板。因根键内钢筋密集,浇筑时采用直径 30mm 的振捣棒与钢钎配合振捣密实。拆模后,覆盖洒水养生 7d。如图 6.4.5、图 6.4.6 所示。

5) 根键顶进施工

预制成型的根键采用旋挖钻与专用顶进装置配合进行顶进施工。根键顶进装置主要由反力架、千斤顶、锥压件三大部分组成,其中反力架由上顶板、滑台和四根连杆连接而成。四件滑台通过加强环形成一体,中间有十字形开槽,槽内放置滑块及根键,滑块卡在滑台的卡槽内,使其只能径向移动。锥压件为十字形,放置在滑台的十字形开槽内,上端与千斤顶相连,在反力架内可轴向移动。其工作原理为：滑块斜面与锥压件的斜面相切，当锥压件受力向下移动时，将对滑块产生向下及径向向外的两分力。其中向下分力作用在滑台上，通过连杆对上顶板产生向下的作用力，而千斤顶向下顶压锥压件时会对上顶板产生向上的作用力，对反力架而言，此二力为相互平衡的内力，在轴向上将形成自平衡系统，同时滑块径向向外的分力作用在根键上将其向外顶出。

图6.4.5　根键钢模

图6.4.6　制作完成后的根键

在进行根键顶进施工前，拆除旋挖钻头，安装过油体，再将顶进装置与钻杆连接。过油体的作用为将旋挖钻的液压系统或外置油泵的油压通过油管传送至顶进装置千斤顶。过油体上设置有收放线盘，顶进施工时，过油体置于孔外正上方；钻杆下放时，过油体同步下放油管；钻杆提升时，过油体同步收油管。在整个顶进施工过程中，油管保持自然垂直状态，防止油管挂住钢筋笼。

顶进装置与钻杆连接时，设置有一个连接头。该连接头一端与钻杆销接，另一端与顶进装置焊接。如图6.4.7所示。

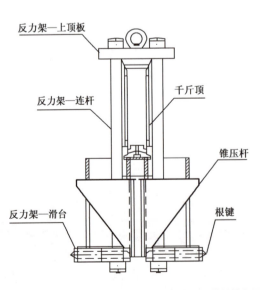

图6.4.7　旋挖钻与顶进装置连接

顶进装置与旋挖钻钻杆连接后,旋挖钻行走至孔边,精确调整钻杆,使顶进装置位于钢筋笼中心。对中后,旋转钻机至孔的一侧,安装根键,钻机回转到位,旋转钻杆调整,使根键与钢筋笼上的预留孔对应,下放钻杆至该层根键高程,启动旋挖钻液压系统或外置油泵顶进根键。顶进完成后,提升钻杆,将顶进装置提升至孔外,安装根键,重复上述步骤,依次从下至上完成所有根键顶进。如图6.4.8所示。

图6.4.8　根键顶进施工完成

6.4.3　根式沉管基础施工工艺

1)施工流程

施工流程主要包括:钢壁制作、成孔施工、钢壁混凝土浇筑、根键顶进、外壁回填及压浆等步骤。

2)钢壁制作

沉井钢壁由内外层钢壁板、壁板环向加劲、壁板竖向加劲、径向连接件以及桩体钢筋组成,每节段长度根据实际工况综合确定。沉井钢壁结构如图6.4.9所示。内、外层钢壁板均采用钢板卷制。内、外壁环向设置加劲肋,并在设计位置预留用于根键顶进的根键盒。

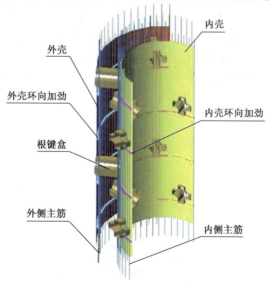

图6.4.9　沉井钢壁主要构造图

沉井钢壁制作工艺流程主要包括胎架制作、内钢壁制作、加劲肋和根键盒安装、外钢壁制作。如图6.4.10所示。

a) 内钢壁制作　　　　　　b) 外钢壁制作　　　　　　c) 钢壁制作完成

图 6.4.10　沉井钢壁制作实物图

3) 根键预制

根键外钢套与内钢套匹配加工，一个内钢套对应加工一个外钢套，做到内外钢套一一匹配。因根键内钢筋密集，浇筑时采用直径30mm的振捣棒与钢钎配合振捣密实。拆模后，覆盖洒水养生7d。如图6.4.11所示。

a) 根键外模安装　　　　　　　　　　　b) 根键混凝土浇筑

图 6.4.11　根键预制

4) 成孔施工

采用基坑开挖、直接埋入、回填优质黏土的方式埋设，护筒顶按高出地面1.0m控制。选用KTY4000型动力头钻机进行成孔开挖。如图6.4.12所示。

5) 钢壁下沉施工

沉井钢壁节段下沉采用墩位龙门通过吊具提吊对中就位后，先靠自重缓慢均匀下沉，当钢壁浮力与自重达到平衡后，向钢壁内注水下沉至临时支撑架位置固定，然后吊装下一节段钢壁，对接完成后，继续靠自重下沉，平衡后再用注水法下沉，重复操作直至钢壁节段全部下沉到位。

a) 钢护筒埋设

b) 成孔开挖

图 6.4.12　沉井钢壁制作实物图

钢壁下沉到位,上口需要固定对中,保证钢壁在孔内顺直。由于顶口低于原地面孔口,需要用型钢焊接在钢壁上,并延长倒挂在钻孔平台的型钢上固定。如图 6.4.13 所示。

a) 注水下沉

b) 钢壁节段对接

图 6.4.13　沉井钢壁下沉施工

6) 沉井封底

沉井钢壁安装完成,下放到位后进行第一次封底混凝土施工,在试桩测试完成后进行二次封底,起到密封作用。封底混凝土采用"埋管法"浇筑。

封底采用多根导管法施工,导管接头采用快速内丝螺纹接头,使用前进行水密、抗拉试验。采用多个储料斗同步下料的方法,保证封底混凝土浇筑的均匀同步性。为保证在浇筑混凝土的过程中钢壁不上浮,采取上口固定的措施。如图 6.4.14 所示。

7) 侧壁回填及管身混凝土浇筑

封底混凝土强度达到设计要求后,进行侧壁回填碎石,选择间断级配的碎石作为填充料,利用碎石间的空隙作为后续压浆流通通道,碎石粒径控制在 10～40mm,沿环向布置五个下料管投料。侧壁回填完成后,再将管身内沉渣清除,最后现浇管身混凝土。如图 6.4.15、图 6.4.16 所示。

a) 三根导管封底　　　　　　　　　b) 封底混凝土浇筑

图 6.4.14　沉井封底施工

图 6.4.15　侧壁碎石回填　　　　　　图 6.4.16　管身混凝土浇筑

8）根键顶进施工

单根根键采用汽车吊辅助安装,采用大吨位千斤顶由上往下逐层顶进。辅助装置主要包括全方位可调顶进平台、4 台 5t 慢速卷扬机组、大吨位长行程多级千斤顶等。

顶进平台是根键顶进施工过程中的操作平台,其受力状况、各吊点的灵活可调性、顶进平台在转轴上的转动灵活性都直接影响根键顶进的安全和工效。全方位可调顶进平台分三层,即底层提升平台、中层旋转平台和顶层调整平台。提升平台设 8 个吊点,旋转平台保证 360°旋转,调整平台具有对中就位调节功能。如图 6.4.17 所示。

9）根键止水

根键止水分六步设置,依次为:井壁挡板防水—橡胶止水带止水—挤密式构造止水—快速顶进—末端快凝止水—内衬永久止水。

10）外壁及根键封闭压浆

（1）外壁压浆:压浆按照自下而上的顺序进行,采用压浆量和压力双控的方法,压浆量按碎石空隙率40%计算,压力按压浆管底口静水压力的 1~2 倍控制。如图 6.4.18 所示。

（2）根键封闭压浆:由于封闭压浆量少,单个沉井根键顶进完成后一起压浆,封端钢板上下口位置预留两个阀门,采用常规压浆工艺,下口阀门作为进浆口,上口作为出浆口,以出浆浓度和压力双控,以压力控制为主,保证压浆质量。如图 6.4.19 所示。

a) 全方位可调顶进平台　　　　　　　　b) 顶进平台施工

图 6.4.17　根键顶进施工

a) 压浆管底部开孔　　　　　　　　b) 外壁压浆中

图 6.4.18　外壁压浆施工

图 6.4.19　根键封闭压浆

6.4.4 根式现浇管柱基础施工工艺

1）施工流程

根式现浇管柱基础施工工序主要有：成孔施工、钢筋笼及根键制作、钢筋笼下放、根键顶进、模板系统安装、管身混凝土浇筑、模板回收。具体施工工序如图 6.4.20 所示。

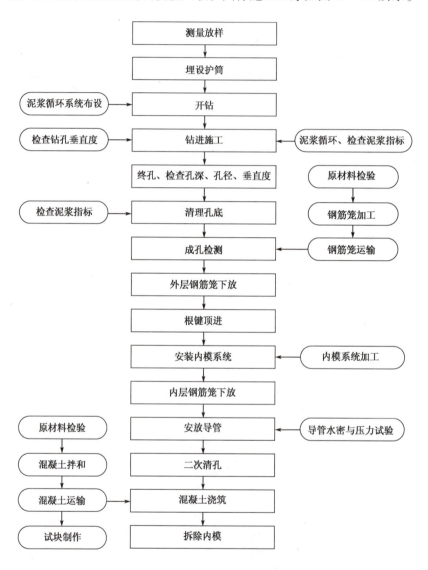

图 6.4.20 根式现浇管柱基础施工流程图

2）施工准备

做好测量放样、场地整平、护筒制作及泥浆制备等工作，泥浆制备选用膨润土、纯碱和 PAM 造浆，以满足最容易坍塌的土层孔壁稳定为主要条件确定泥浆的基本配合比。根据钻进速度和地质情况不同，不定时地检查泥浆性能，并根据实际情况随时调整泥浆指标。施工时对相对密度、黏度、含砂率应经常进行试验。

3)成孔施工

以旋挖钻机施工为例,当钻机就位准确后,利用全站仪复核钻杆的垂直度,然后开始钻进。钻进时每次进尺控制在30cm左右,特别是在孔口5~8m段旋挖过程中要注意通过控制盘来监控垂直度,如有偏差应及时进行纠正。操作人员随时观察钻杆是否垂直,并通过深度计数器控制钻孔深度。在现场量测孔底高程满足设计要求后即可终孔。

终孔后,进行必要的清孔以置换原钻孔内泥浆,降低泥浆的相对密度、黏度、含砂率等指标,清除钻渣,减小孔底沉淀厚度,防止桩底存留沉淀土过厚而降低桩的承载力,一般分两次清孔。第一次清孔在终孔后进行,钻进到设计孔深后,采用掏渣法清理孔底沉渣。清孔时,将钻斗留在原处机械旋转数圈,将孔底虚土装入斗内,完成孔底虚土清理。导管下放到位后,再次对桩底沉淀进行检测,若不满足规范或设计要求,利用混凝土浇筑导管进行二次清孔。泥浆泵泵入与钻渣形成悬浮胶体上浮由孔口渣道排出,再进行泥浆清渣,进入泥浆的循环置换作业。当泥浆指标达到相对密度1.03~1.10、黏度17~20 Pa·s、含砂率<2%的要求后,测得孔底沉渣厚度不大于20cm,停止清孔。

成孔施工完成后,进行成孔质量检测,检测项目包括孔的中心位置、孔深、孔径、钻孔倾斜度、沉淀厚度等,均应满足现行相关规范标准要求。

4)钢筋笼制作与安装

分内外两层进行钢筋笼制作,外层钢筋笼在设计位置预留用于根键顶进的导向口。钢筋笼制作过程中严格控制钢筋笼接头安装质量。主筋采用滚压直螺纹套筒连接,且钢筋接头错开布置,接头数不超过该断面钢筋根数的50%。

接头拼接时用管钳扳手拧紧,使两个丝头在套筒中央位置相互顶紧。拼接完成后,滚压直螺纹套筒外应有外露有效螺纹,且套筒单边外露有效螺纹不得超过2P。如图6.4.21所示为钢筋笼主筋位置校准与复核示意图。

图6.4.21 钢筋笼主筋位置校准与复核

钢筋笼分段接长,下放至孔内。为保证钢筋笼起吊时不变形,采用长吊索小夹角的方法减小水平分力,吊点处设置弦形木吊垫与钢索捆连,并在钢筋笼上端均匀设置吊环或固定杆。内外层钢筋笼分开下放,外层钢筋笼成孔后下放,内层钢筋笼在根式现浇管柱基础内模安装到位后,以内模为导向进行下放。

钢筋笼下放过程中,严格控制定位和钢筋笼接头安装质量。下放时在钢筋笼顶部设置限位骨架,确保了钢筋笼的定位准确。下放速度放慢,防止碰撞孔壁。当下放困难时,在原因未查明之前不得强行下放。在钢筋笼的接长、安放过程中,始终保持骨架垂直。钢筋笼接好后严格检查接头质量,边下沉、边割除笼内十字撑。

钢筋笼下放到位后,吊挂钢筋焊接在钢护筒内壁上,防止钢筋笼偏位以及在混凝土浇筑过程中上浮;声测管上口焊接钢板密封,防止堵管。吊放的允许偏差按照以下标准控制:骨架中心平面位置 20mm;骨架顶端高程 ±20mm,骨架底面高程 ±50mm。如图 6.4.22 所示。

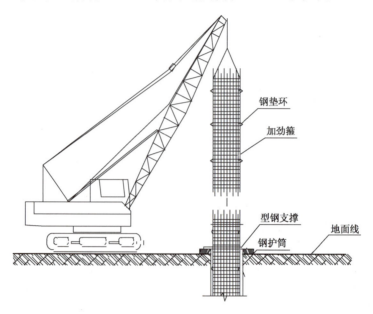

图 6.4.22　钢筋笼下放示意图

5) 根键制作与顶进施工

(1) 根键预制:根键模板采用钢模板制作,考虑拆装方便,采用螺栓连接。先制作钢筋骨架,然后将钢筋骨架与尾端钢板定位焊接,再将钢筋骨架放入模板中,合龙模板。用混凝土罐车运输至浇筑点,然后利用小推车浇筑。因根键内钢筋密集,可采用振捣棒与钢钎配合振捣密实。拆模后,覆盖洒水养生不少于 7d。如图 6.4.23 所示。

a) 根键模板

b) 制作成型的根键

图 6.4.23　根键制作示意图

(2) 根键顶进施工:预制成型的根键采用旋挖钻与专用顶进装置配合进行顶进施工。顶进装置与旋挖钻钻杆连接后,旋挖钻行走至孔边,精确调整钻杆,使顶进装置位于钢筋笼中心。对中后,旋转钻机至孔的一侧,安装根键,钻机回转到位,旋转钻杆调整,使根键与钢筋笼上的预留孔对应,下放钻杆至该层根键高程,启动旋挖钻液压系统或外置油泵顶进根键。顶进完成后,提升钻杆,将顶进装置提升至孔外,安装根键。重复上述步骤,依次从下至上完成所有根键顶进。如图6.4.24所示。

a) 试桩根键顶进装置实物图

b) 旋挖钻与顶进装置连接

图6.4.24 根键顶进装置

6) 根式现浇管柱基础模板系统施工

(1) 模板系统。

内模分为底模和标准节模板。

底模:为整体环形双壁结构,上部为圆柱体,下部为圆柱体。顶板上对称开设8个预留孔,作为标准节模板的定位榫。如图6.4.25所示。

标准节模板:采用环形双壁自浮结构,每节高视具体工况设置,单节平面由4块模板与4根立柱组成。

标准节模板内外壁板、加劲肋与顶底板厚度及加劲肋的布置均与底模相同。标准节模板顶面布设阴榫,底面布设阳榫。立柱采用钢管制作,立柱之间通过正反丝杆连接。底节立柱底端开口,便于拔除;顶端封闭,设置丝口,便于连接。标准节立柱两端封闭,设置内丝口,便于连接。顶节立柱底端封闭设置丝口,顶端设置吊耳用来拔除。立柱上每隔单节长度设置一道十字撑,十字撑将四根立柱连成整体。如图6.4.26所示。

(2) 施工工艺流程。

①施工流程。

根键顶进完成后,定位出内模中心并设置限位架,吊放底模就位,拼装第一节立柱和十字撑，吊车起吊下放。在立柱顶端接近孔口时临时锁定，拼装第二节立柱与十字撑，接着下放，依次完成底模和所有立柱的下放安装。然后逐层安装标准节模板，安装时，单块吊装模板就位，以立柱作为模板的滑槽下滑就位。若模板不平，孔口设置反力架，利用千斤顶调平，完成模板安装。混凝土浇筑完成后，先逐层拆除十字撑，然后拔出立柱，再拆除标准节模板。具体流程

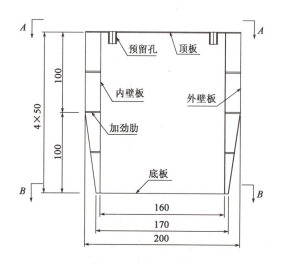

图 6.4.25 底模构造及实物图(尺寸单位：cm)

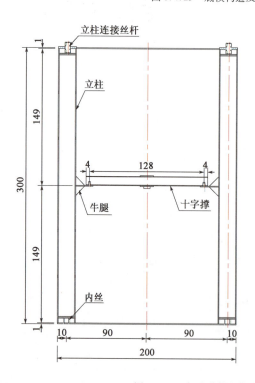

图 6.4.26 标准节模板构造及实物图(尺寸单位：cm)

如图 6.4.27 所示。

②模板中心定位。

在根键顶进完成后,以外层钢筋笼上引至孔口的钢筋为参照,放样出外层钢筋笼的中心,使内模中心与外层钢筋笼中心重合。

根据内模尺寸,以内模中心为参照在孔口设置限位架并调平,保证模板安装的定位精度,避免内模与外层钢筋笼相对位置偏离,出现内模或内层钢筋笼下放安装时剐蹭已顶进根键的尾部而无法安装的现象。如图 6.4.28 所示。

③底模安装。

定位完成后,在护筒上设置临时支撑架,吊放底节内模进入限位架就位,误差控制在 ±1cm 以内。如图 6.4.29 所示。

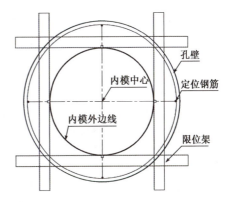

图 6.4.28 内模定位示意图

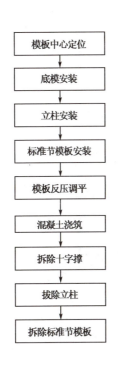

图 6.4.27 模板施工流程图

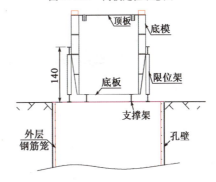

图 6.4.29 底模安装示意图(尺寸单位:cm)

④立柱安装。

底节立柱安装:底节内模就位后,在底模上安装底节立柱。底模顶板上对称设置有四个圆柱体,作为立柱安装的定位装置。安装时,在定位装置上涂抹黄油,吊车吊放单根立柱套入圆柱体。为保证立柱起吊后处于垂直状态,设置了专业吊具。

底节十字撑安装:四根底节立柱就位后,旋转调整立柱,使立柱上的牛腿对位,然后安装底节立柱十字撑。十字撑采用型钢制作,两端开有孔,以便与牛腿上的锥形销连接。安装时,调整立柱,使锥形销与十字撑开孔对齐,套入锥形销并敲紧,将四根立柱连成整体。从十字撑的中间穿入一根钢丝绳,用于拆除时提升十字撑。如图 6.4.30、图 6.4.31 所示。

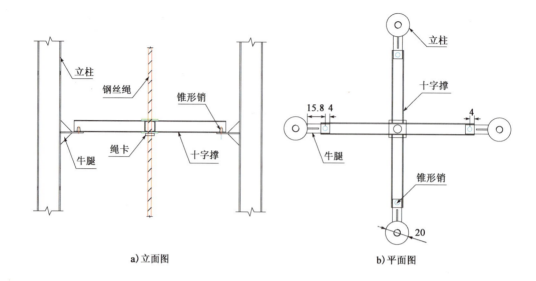

a) 立面图　　　　　　　　　　　b) 平面图

图 6.4.30　十字撑安装示意图(尺寸单位:cm)

图 6.4.31　十字撑安装实物图

⑤底节模板与立柱安装下放。

底节模板与底节立柱安装到位后,在底模上对称设置 4 个吊点,利用十字架与钢绞线进行下放。下放时,吊车先略微提升底模,抽掉底模临时支撑,底模与底节立柱顺着限位架下放至孔内。在底节立柱顶端距离孔口 1m 时,利用限位架临时锁定钢绞线,拼装首节标准节立柱,立柱之间通过设置正反丝的丝杆连接,再安装十字撑,并将钢丝绳穿过十字撑,安装钢丝绳卡。完成后,吊车略微提升,解除临时锁定装置,继续下放,重复上述步骤完成底节模板和所有立柱的下放。

如图 6.4.32、图 6.4.33 所示。

⑥标准节模板安装。

底模与立柱下放到位后,单块吊装逐节安装标准节模板。安装时,以下放到位的立柱为导向,吊车吊装单块标准节模板至立柱上方,人工辅助使立柱进入模板的滑槽。然后从下至上沿预留孔穿入 2 根钢绞线,在底节标准节阳榫上用单孔锚具设置锚固点,锚具与阳榫焊接,夹片打紧后与锚具焊接。下放吊钩,使模板在自重作用下沿立柱下滑至自浮状态,依次完成安装同一节标准节模板的安装。第二层模板安装时,单块吊装就位后,人工辅助使该层模板的阳榫插入下一层模板的阴榫,完成模板对接,同时在模板接触面之间粘贴一层止水胶带。下放吊钩,使已安装的模板和待安装的模板在待安装模板自重作用下沿立柱继续下沉。按照上述方法,完成所有标准节模板的下放。下放至稳定状态后,在模板顶面设置千斤顶,张拉钢绞线,使标准节模板形成整体。

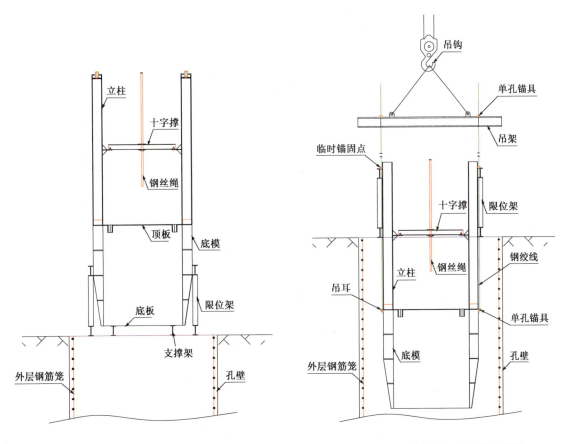

图6.4.32 底节立柱与十字撑安装示意图　　图6.4.33 底模与底节立柱下放示意图

安装内层钢筋笼限位架,拆除模板限位架,以内模作为内层钢筋笼的导向,分节下放安装内层钢筋笼。

内层钢筋笼安装完成后,在孔口设置反力架,利用千斤顶反压模板使下沉到位,然后在模板顶面利用护筒设置反力梁,以防止模板上浮,拆除千斤顶。如图6.4.34、图6.4.35所示。

7)混凝土灌注与拆模

混凝土采用刚性导管法水下灌注。因空心管状桩为环形结构,设置有内模。浇筑混凝土时,内模会对混凝土的流动有阻碍,为保证桩身混凝土的浇筑质量,对称布设导管进行浇筑(图6.4.36)。布设导管时,尽量靠近外侧钢筋笼,并错开根键位置。为防止四周侧压力不一致导致模板偏位,导管同步浇筑。

混凝土强度达到后,进行拆除。拆除模板时,在孔口利用钢护筒设置反力架,先拆除十字撑,再拔出立柱,然后利用千斤顶提升标准节模板上的钢绞线以拆除模板,最终完成模板拆除。

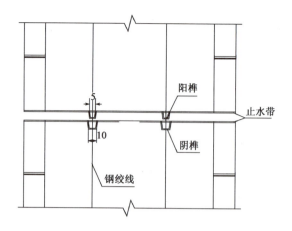

图 6.4.34 模板对接构造图(尺寸单位:cm)

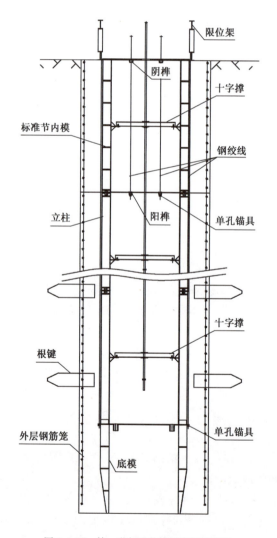

图 6.4.35 第一节标准节模板安装示意图

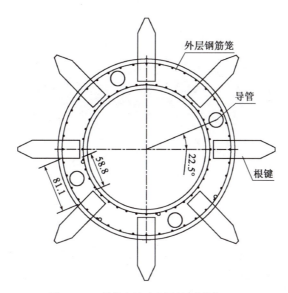

图 6.4.36 导管布置示意图(尺寸单位:cm)

6.4.5 根式沉井基础施工工艺

1)轻型根式基础下沉技术

制作与下沉顺序:采用分节制作、分节下沉的方法。将沉井沿井壁高度分为若干段,每段为一节,可制作一节、下沉一节,也可几节制作、一次下沉。

沉井下沉方法主要包括挖土、水力吸泥机除土、水下冲泥三种,根据实际工况和条件进行选择。沉井下沉辅助方法主要有空气幕辅助下沉和压重下沉法。如图6.4.37所示。

2)根键顶推工艺

(1)顶进前的准备工作,包括提前开启降水井、预留孔清理、安装好橡胶止水带安装顶进平台等。

(2)根键吊装就位。

(3)根键顶进前调整,必须将根键、千斤顶、钢支垫调节至一条轴线上,其角度偏差不宜大于5°。

(4)进行根键顶进。

(5)根键顶进需注意事项包括:

①多级千斤顶与支垫或根键平面夹角不得大于5°,以免顶推时顶坏千斤顶。为防止千斤顶偏心,可采用辅助导向杆形成导向,再用多级千斤顶一次到位。

②多级千斤顶的油路接头较多,压力较高,在开始顶推之前应按"操作程序"进行试顶一次,检查各油路接头和密封件处是否漏油,上紧接头后再进行工作。并检查千斤顶两端的受力面是否平行,能否使千斤顶的三活塞受力在一条直线上,如两受力面的不平行度超过5°,应进行调整后再进行顶推操作。

③施加顶推力以后,应注意控制活塞顶推行程。

④千斤顶加荷时,应平稳、均匀、徐缓。在降压时也应平稳无冲击。

⑤千斤顶在开始使用时或在使用过程中,如混入气体,将千斤顶空载运行1~2min,以便排出千斤顶内的残留气体。见图6.4.38。

a) 沉井立模与制作

b) 接高下沉

c) 空气幕辅助下沉

图 6.4.37　预制沉井下沉施工

a) 安装根键顶进平台

b) 根键顶进

图 6.4.38　根键顶进施工

3) 根式基础防水、根键止水技术

根式基础防水、根键止水技术可分六步设置，依次为：井壁防水、橡胶止水带止水、挤密式构造止水、快速顶进、末端快凝止水、内衬永久止水。

4) 内衬浇筑

(1) 后注浆材料。

后注浆浆液以浆液可灌注性好为宜，一般采用普通硅酸盐水泥掺入适量外加剂，水泥强度等级不应低于425号,浆液水灰比采用0.45~0.60。

(2)浆液配置。

①压浆水泥:可采用P.O.42.5MPa普通硅酸盐无结块的双检水泥。

②水泥浆性能要求:

a. 初凝时间3~4h,稠度17~18s。

b. 7d强度≥10MPa。

c. 外加剂:U形微膨胀剂(≤5%),膨润土(≤5%)。

③浆液配制程序:先放水,再加外加剂,搅拌均匀后加水泥。

④严格控制浆液配比,搅拌时间不少于2min,浆液应具有良好的流动性,不离析,不沉淀,浆液进入储浆桶时必须用16目纱网进行二次过滤,防止杂物堵塞压浆孔及管路。

⑤浆液由试验员根据浆液性能指标进行试验,确定配合比。

(3)压浆材料与设备的试验检测。

①按设计和规范要求对压浆材料进行试验,确保材料合格。

②对压浆管路编号并挂标牌明示,压浆管路按编号顺序与浆液分配器对应连接牢固。

③压水试验和压浆前,进行压浆管路系统及接头耐压试验。试压操作时,要分级缓慢升压,试压压力宜达到注浆控制压力的1.5倍,停泵稳压后方可进行检查,并认真检查高压设备,确保设备正常运转。

④水泥、外加剂等材料准备充分,压浆前运抵现场,每盘外加剂计量好,装进塑料袋,保证其掺量的准确性。

(4)注浆。

正式注浆作业之前,进行试注浆,对浆液水灰比、注浆压力、注浆量等工艺参数进行调整优化,最终确定设计工艺参数。注浆作业时,流量宜控制在30~100L/min,并根据设计注浆量进行调整,注浆原则上先稀后浓。沉井底部注浆时,应对同底部注浆孔的各注浆管依次实施等量注浆。后注浆施工过程中,应经常对后注浆的各项工艺参数进行检查,如发现异常应采用相应处理措施。每次注浆结束后,应及时清洗搅拌机、高压注浆管及注浆泵等。

(5)注浆结束标准。

注浆压力及注浆量是结束注浆的控制标准,也是两个主要的设计指标,它们确定注浆效果和沉井的承载力。沉井底部注浆时,由沉井的抗拔能力所决定的最大注浆压力与由土性决定的最大注浆压力不同时,取较小值作为控制标准,达到此压力时即可结束注浆。另外,如果压力达不到压力标准而注浆量达到控制标准时,也可结束注浆。

当满足下列条件之一时,可终止注浆:

①注浆总量和注浆压力均达到设计要求。

②注浆总量已达到设计值的70%,且注浆压力达到设计注浆压力的150%并维持5min以上。

③注浆总量已达到设计值的70%,且沉井顶或地面出现明显的上抬。

当注浆达到设计标准时,应稳定一段时间,以使砂体排水压密,稳定的时间尽量长一些。如图6.4.39所示。

(6)补救措施。

如果出现注浆压力长时间低于正常值,地面出现冒浆,可改为间歇注浆,间歇时间为30~

180min（间歇时间过长会导致水泥硬化无法继续注浆），间歇注浆可适当降低水灰比，当间歇时间超过60min，压入清水清洗内导管和注浆装置。如果注浆量实在无法满足设计要求，可增加注浆孔，进行补注浆。

6.4.6 根式锚碇基础施工工艺

根式锚碇突破了传统重力式锚碇的形式，采用一种新的思路，由多个根式基础通过承台连接形成整体，充分有效地利用沉井周围更多的土体发挥承载作用。

施工栈桥、平台、导向架、下放架施工完成后，进行根式基础首节施工、下放，然后逐节接长根式基础并下沉，再支立模板进行根式基础实心段浇筑。根式基础施工过程中即开始承台支护结构施工，根式基础施工完毕后，进行承台支护结构下放、基底处理、封底混凝土浇筑，最后分层浇筑承台。根式锚碇结构示意图如图6.4.40所示。

图6.4.39 内衬浇筑施工

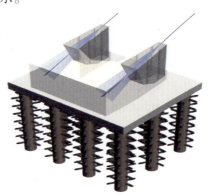
图6.4.40 根式锚碇结构示意图

6.4.7 根键顶进设备

研发配套的施工设备进行根键顶进，对于小直径的根式钻孔灌注桩基础，采用旋挖钻机一体化顶进装置进行根键顶进；对于中等直径的根式沉管基础和根式现浇管柱基础及大直径的根式沉井基础，则可采用单臂顶进平台或旋挖钻机两级双向顶进装置进行根键顶进。如图6.4.41所示。

a) 自平衡顶进装置

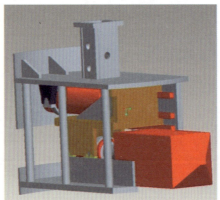
b) 单臂顶进装置

c) 两级双向顶进装置

图6.4.41 根键顶进装置

第7章 马鞍山长江大桥建设与养护管理技术

7.1 概　　述

马鞍山长江大桥是世界上首座千米级多塔连跨悬索桥与三塔六跨斜拉桥组合而成的桥梁群,是一个复杂的工程系统。该项目作为特大型桥梁工程跨越时空区域广,面临复杂的建设环境,同时承载安徽省交通事业发展和推进区域经济一体化的重任,需要借鉴以往桥梁建设的经验教训提高建设管理水平,为推进我国从桥梁建设大国向桥梁建设强国迈进贡献力量。

大桥以工程全寿命期管理思想为核心应用集成管理理论、精益建设理论、业务流程再造理论、全面风险管理理论和学习型组织理论等进行建设管理创新并构建管理体系;以工程系统分解(EBS)和项目信息门户(PIP)为基础,运用计算机和现代信息技术构建集成管理信息系统,为项目的高水平建设提供了理论基础和技术支持。本章将详细阐述以下四方面内容:

(1)"建管养"一体化的管理模式。这种模式实现了项目各参与方、各要素和各阶段的集成并推动了项目组织和管理模式的创新。

(2)EBS分解技术在工程中的应用。马鞍山长江大桥将EBS分解引入工程系统,构建了该项目全寿命周期管理和信息化管理的基础,能够为后续桥梁工程项目建设提供充分信息。

(3)基于PIP技术建立的集成管理系统。马鞍山长江大桥将PIP技术与计算机和现代信息技术相结合,建立了覆盖项目参与方和项目管理职能的集成管理系统,该系统显著提高了项目建设管理的效率和效益。

(4)质量和安全管理体系。马鞍山长江大桥通过技术与管理创新探索出了大型桥梁建设的成套质量技术管理体系和安全管理预警机制,在质量安全管理上取得了突出成绩,赢得了国内外同行的广泛赞誉,形成了成熟的管理经验。

7.2 马鞍山长江大桥建管养一体化管理模式

建管养一体化主要是指在交通基础设施建设中,由专业化的单位统一负责交通设施从项目立项、投融资、设计、施工、竣工移交、运行维护到项目后评价的全寿命期运作,运用工程全寿命期集成管理的思想来保证建设、管理与养护团队的稳定性和连续性,实现规划、建设和养护的无缝衔接。

7.2.1 建管养一体化组织

1)组织变迁特点

工程项目组织在其全寿命期内一般遵循着简单组织—复杂组织—简单组织的过程。在马鞍山长江大桥全寿命期内,各阶段任务的不同决定了需要获取的外部资源和相应组织形式的变化。该项目组织是一个开放的系统,组织的变迁过程是项目参与方组织进入、相互适应、稳定运作和退出的过程。马鞍山长江大桥项目组织变迁的特点如下:

(1) 全寿命周期项目组织的差异性

① 组织类型和人员的差异。

在大桥全寿命期的不同阶段,工作任务和性质不同,因此组织类型和人员存在差异:

a. 前期策划阶段:以工程决策为主,进行项目建议、项目可研和评估,需要市场调查和分析、投融资、技术方案决策、项目评价方面的人才,由工程咨询单位承担。

b. 设计和计划阶段:以工程设计和招标采购为主,需要设计、项目管理和招标人员,由工程勘察设计、招标单位和项目管理单位承担。

c. 施工阶段:以工程实体的建造为主,需要施工管理人员、监理人员、检测人员及项目管理人员,组织最复杂,由施工承包商、材料设备供应商、监理单位、专业检测单位等组成。

d. 运行阶段:以工程的运维管理为主,需要交通管理和工程维修人员,由建设单位负责筹建相应管理单位组成。

② 组织目标的差异。

在桥梁工程全寿命期内,项目成员来自不同的企业并存在不同的隶属关系,是一种"超企业"组织形式,其组织文化是复合系统的跨组织文化。马鞍山长江大桥即典型的"超企业"组织,不仅要从工程的整体利益出发,也要兼顾到各参与方之间的利益平衡,以形成共同的目标和信仰。

③ 组织文化的差异。

马鞍山长江大桥项目组织涉及多种单位性质,其组织文化是复合系统的跨组织文化。项目参与者来自不同组织文化的单位,而大桥工程是一次性的,组织归属感和安全感不强,缺乏凝聚力和向心力,所以很难像持续运营的企业组织一样建立自己的组织文化。文化差异会导致个体和团队的潜在冲突和消极影响,对组织成员会造成一些心理压力,进而导致较高的组织风险并影响项目成功。

(2) 统一的总目标和任务

马鞍山长江大桥项目虽然是由异质性的组织组成,但是项目具有统一的总目标和总任务。而项目各参与方的工程任务存在差异,容易产生局部利益与项目整体利益的矛盾。若项目的总体目标和任务不能成功实现,各参与方的利益必然受损。因此,应以整体目标的实现为前提,通过集成化管理模式和统一的信息平台来弥合各自的目标差异,同时建立良好的伙伴关系导向整体目标的实现。

(3) 组织责任体系存在缺陷

① 组织的界面复杂。

马鞍山长江大桥以项目进行运作,各参与方派出一个项目小组组建跨组织的项目组织。它们靠合同关系形成一个以业主为中心的网状组织,存在复杂的交互关系。由于参与者属于不同的企业,参与不同的工作和具有不同的隶属关系,必须处理好工作界面。同时,各方项目小组与所属企业的工作界面处理也会影响项目工作。另外,合同是不完全的,完全清晰的界面划分又会影响集成化的管理。所以,工程项目的界面管理是相当复杂的。

②组织和人员的临时性。

工程是临时性的,所以项目参与方的组织和人员都具有临时性,难以建立归属感和忠诚度,容易引发短期行为。同时,各方组织的人员也不是一成不变的,任务交接过程中容易形成断裂和责任盲区,适应和磨合过程也会降低合作效率。该问题在特大型桥梁工程中更加突出,增大网状项目组织责任体系的完整性和一致性的风险。因此,工程项目化运作的方式实质上存在责任体系的先天缺陷,必须运用现代项目管理理论与技术克服这种障碍。

③责任考核与评价困难。

桥梁工程是一次性的、常新的。它的计划、组织、领导、控制缺少继承性和可用的参照系,组织成员的最终成果和业绩难以评价。工程项目不同于标准化作业,项目的充分信息是随着其逐步实施才呈现出来的,事先对项目过于清晰的界定是不现实的,使得组织责任的约束力难以发挥作用。组织成员的工作是阶段性的,大多数组织和成员的工作与项目全寿命期效果没有直接的利益关系。同时,工程实施过程中涉及工程、货物和服务,难以建立统一的评价标准。马鞍山长江大桥应通过信息化手段完善责任体系,保持工程全寿命期组织责任的连续性和一致性。

(4) 项目运行前和项目运行后组织的差异性

项目运行前组织是具有临时组合性特点。在项目结束或相应项目任务完成后,项目组织成员就会退出,或解散或重新构成其他项目组织。因此,要求该组织从全寿命期考虑运营期的要求是比较困难的。项目运行组织是比较稳定的组织,一般由本企业的部门或人员组成,容易在日后的生产经营实践中逐步形成为组织成员所认同并遵守的制度和组织文化。正是因为处于全寿命期不同阶段的两个组织存在的差异,难以构建一个统一的组织结构和组织规则。马鞍山长江大桥作为提供公共服务的大型基础设施项目,项目运行前和运行后组织的差异表现得更为明显。

2) 马鞍山长江大桥全寿命期组织结构变迁

马鞍山长江大桥项目从前期策划阶段、设计阶段到施工阶段均由大桥项目办负责运作,保证了项目全寿命周期的一体化管理。在运行阶段,在公司原有职能部门大桥建设管理部下设管理中心,负责桥梁工程的维护管理。同时,在大桥建设管理部的同层次新增马鞍山管理处,专门负责马鞍山长江大桥全线的运营管理,另专设工程养护部负责全线路面养护。因此,它从组织上保证了人员的统一性和项目信息传递的延续性,进而实现了马鞍山长江大桥的建管养一体化。业主方安徽省高速公路控股集团有限公司作为从事交通基建和运营的国有大型企业,充分发挥建设管理方面的经验引导项目参与方为项目的高水平建设和全寿命期价值服务,使建管养一体化能够真正落实。马鞍山长江大桥从项目前期策划阶段的寄生型组织到施工阶段的复杂的混合组织,再到运营阶段的简化的职能组织,适应了项目建设阶段任务和目标的变化,业主方的组织和管理贯穿全寿命周期,避免了组织变迁过程给项目带来的消极影响。马鞍山长江大桥组织变迁模型如图7.2.1所示,应该说整个过程通过强化项目法人的责任保证了项目组织的活力和效率,探索出了特大型桥梁建管养一体化的成熟管理模式。

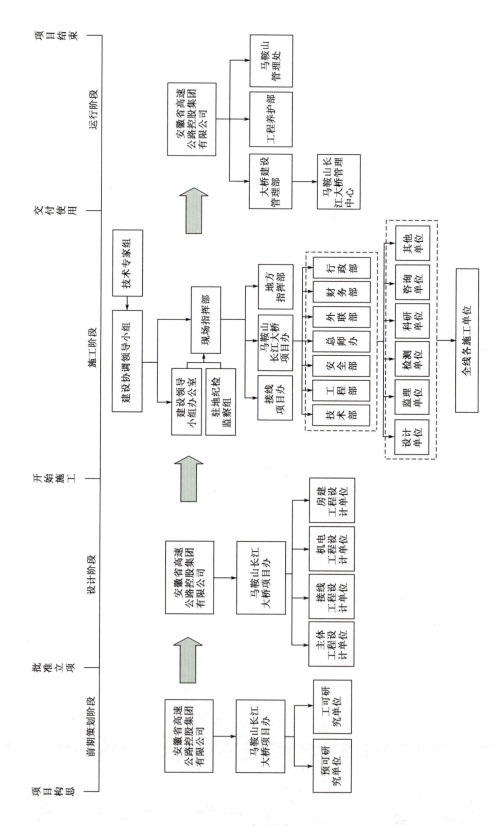

图7.2.1 马鞍山长江大桥组织结构变迁模型

7.2.2 钢桥面建管养一体化

马鞍山长江大桥通过推行建管养一体化管理模式,构建了相应的组织并辅以集成化的信息平台支撑,使得跨企业的网状组织能够从项目全寿命期目标出发增强临时性组织的合力,从而确保了项目的成功。桥面质量是桥梁工程日常养护的主要工作之一,桥面铺装的质量则直接影响项目运营期的效益和用户体验。为保证钢桥面铺装质量,大桥建设团队从方案、设计、科研、管理、养护、超载等多方面进行了认真调研,首次提出了钢桥面铺装建养一体化模式,采用建养一体招标,避免了钢桥面出现质量缺陷时的责任推诿现象,通过承发包双方的长期合作破解大桥全寿命周期内的信息断裂和界面矛盾问题。

1) 钢桥面建管养一体化实施方式

马鞍山长江大桥采用建管养一体化的招标模式,将钢桥面铺装质量要求与养护质量管理统筹考虑写进招标文件,发动承包人参与养护工作的积极性,着眼从全寿命期管理角度加强防水层和铺装层等施工质量控制。

该项目从工程界面的划分对施工阶段和养护阶段的衔接进行了策划。

(1) 钢桥面铺装与养护的工程界面划分。大桥工程钢桥面施工与养护包括:钢桥面铺装结构设计与验证;铺装层施工及监控;维修养护期的科研、养护和维修等。

(2) 施工阶段工作内容要求。为确保钢桥面铺装质量,承包人不仅要按照要求编制在施工阶段、缺陷责任期和养护期的施工技术指标,而且应提供钢桥面铺装相关培训方案,对钢桥面铺装基本结构和性能、运营养护期的使用手册等其他必要的内容进行培训。要求承包人应免费提供培训所需的所有设施,专用器材,教材,有关的技术规程、操作规程及维修规程等。

(3) 养护阶段工作内容要求。维修养护项目计划合同期10年,自交工验收后起,至2023年12月31日止,维修内容包括路面养护规范约定内容,相关的科研,预防养护工作以及大、中修等内容。承包人应在维修养护期每年的元月,向发包人提交根据维修养护的不同工程内容编制的施工组织设计,其内容应包括详细的施工组织、现场布置、施工方案、安全与质保等,经发包人批准后实施,同时还应提交路况巡查、评价及维修记录等相关格式报表和紧急抢修预案。

2) 钢桥面建管养一体化基本经验

(1) 建管养一体化组织是项目的重要保障。

传统的桥梁建设中,投资、建造和运营分离,容易局限于阶段目标和利益损害项目全寿命期质量和效益。项目建设方作为专业化的交通基建和运营单位,不仅从企业层面确保了建管养一体化,还形成了以建设方为中心的覆盖项目全寿命周期的网状组织,尤其是业主方的组织在适应组织变迁的过程中保持了组织和人员的继承性与稳定性,为实现项目运营期价值提供了保障。在这种模式下,钢桥面建管养实行一体化招标并取得了成功,主要有以下几个优势:

① 避免了工程信息在项目过程中的断裂和扭曲。

马鞍山长江大桥钢桥面采用建管养一体化招标,由同一家单位负责钢桥面设计、施工、维护及科研任务,可以掌握全面信息,避免了信息在组织间传递中的失真和丢失。业主方与承包方由以往分割招标的一对多变成一对一,显著提高了工程信息在项目组织内部传递的准确性和有效性。

②实现责任的可追溯性和目标的统一。

钢桥面建管养一体化使得业主面对单一的责任主体,强化了承包商内部对钢桥面全寿命期的责任。业主与承包商的工作在时间序列上保持了一致,从而容易避免短期行为和维护良好的合作关系。承包商要扩大盈利也必须从钢桥面的全寿命期目标出发,通过在可施工性和可维护性方面进行创新实现自身目标。项目参与方既要考虑运营前的问题,又要考虑运营后的问题,项目组织目标的差异能够在项目全寿命期目标的关注下得到很好的协调和统一。

③培养了专业化的管理团队。

钢桥面建管养一体化是马鞍山长江大桥建设管理的一大创新,业主方通过该项目的实践获得了成功,更重要的是打造了适应建管养一体化管理的团队,未来有许多项目需要推行这一管理经验。该项目实践所培养的管理人员及其配套的管理、运作方式还将在池州大桥等项目上发挥作用。另外,该项目基于集成信息管理系统得到的工程信息也将为管理团队的培训和提高提供第一手资料。

(2)优化设计是建管养一体化重要工作。

由于工程项目的不可逆性,必须高度重视优化设计对项目成功的重要性。在建管养一体化管理中,马鞍山长江大桥充分考虑项目设计对项目施工和运营阶段的影响,提出了如下优化设计建议:

①针对施工阶段的优化。

a. 标准化设计:如桥梁、墩台采用标准化设计,主桥混凝土组合梁段护栏与主桥统一,路基部分优先使用预制施工。

b. 设计解决施工问题:如增强斜拉索与索导管阻尼匹配性与容错性,解决索导管定位,现浇箱梁考虑预埋件定位和钢筋笼上浮等问题,预制箱梁分割考虑张拉空间和起吊能力。

c. 专业界面处理:加强机电和主体的联系,主体设计考虑对环保的安排(过滤池、弃土场的设置)。

②针对运营阶段的优化。

a. 箱梁加强接缝处理并考虑检修通道。

b. 交通安全设施方面,优化开口设置并设混凝土隔离墩、加高中间波形护栏,根据线路特点优化安全设施。

c. 斜拉索设计外包装或索体采用易清洁材料。

马鞍山长江大桥的设计建议经过整理后,分为路基、桥梁、钢箱梁、斜拉索、机电工程、交安设施、环保设计及材料设备采购八个方面,为池州大桥的设计优化提供第一手经验。

(3)集成化信息系统是建管养一体化的关键工具。

建管养一体化的核心在于信息集成管理和应用。在大型交通基础设施建设中,信息系统开发得不少,但实现项目专业系统、建设过程、管理职能互相沟通的信息系统才能真正提高项目建设效益。施工阶段是资源投入的高峰阶段,信息集成对资源优化配置和参与方综合协调的支持作用显著。项目运营前的数据积累可以有力支持桥梁运营后的健康管理。马鞍山长江大桥集成化信息系统以工程系统分解和项目信息门户为基础,实现了工程信息产生、传递、接收、反馈的一致性和实时性,从而为建管养一体化提供了关键支撑。

7.3 基于 EBS 的大桥工程系统分解

工程系统分解结构是大型工程项目管理的基础,工程结构分解合理与否在很大程度上决定整个项目管理工作的绩效水平。EBS(Engineering Breakdown Structure)采用面向工程对象的工程结构分解方法,在保证工程系统结构完整性的同时,从工程全寿命期和集成化管理角度规划工程任务和结构,是贯穿工程规划、设计、施工、运行维护等阶段中各项目参与方共同工作的统一基础。

7.3.1 工程系统分解结构概述

1)工程系统分解结构的概念

EBS 是在工程系统功能分析的基础上,按功能、专业技术系统将工程系统细化为工程子系统,分解的结果一般是树状结构图。一个工程通常由许多部分组成,可以按系统工程原理进行结构分解,得到工程系统分解结构,如图 7.3.1 所示。

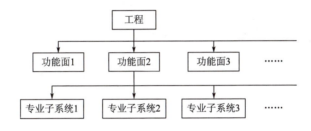

图 7.3.1 一般工程系统分解结构模型

2)马鞍山长江大桥应用 EBS 的必要性

(1)工程对象系统的复杂性。该项目工程建设规模大,涉及道路、桥梁、互通立交、服务区及收费站等系统,各大系统由多个互相耦合的子系统组成,跨专业、多系统产生的复杂界面,使工程对象系统的复杂性呈几何级数上升。

(2)工程管理工作的复杂性。马鞍山长江大桥分为 18 个施工标段、10 个材料制作标段、10 个监理标段(含 1 个总监办)。各标段在管理模式和管理思路上都具有较大的差异,为实现统一协调管理,需要共同的管理基础。

7.3.2 马鞍山大桥工程系统分解及其编码

1)马鞍山长江大桥工程系统结构分解方法

马鞍山长江大桥按照系统方法进行分解。EBS 分解遵循"整体综合—分解—整体综合"的过程,其总体思路是:以项目目标体系为主导,以其工程技术系统范围和环境系统为依据,由上而下、由粗到细、由整体到局部地进行分解,如图 7.3.2 所示。

(1)功能面

马鞍山长江大桥是在时空范围内由多个部分组成的综合体。每个部分都具有一定的作用和功能,通常被称为功能区。一个工程可以分解为许多功能区,每个功能区由许多具有一定专业特点的工程要素构成。因此,马鞍山长江大桥工程可以分为科研工程、房建工程、土建工程、机电工程、交通工程、健康监测系统等功能区。其中土建工程功能区较为复杂,可按照桥梁类型兼顾区段因素继续分解为子功能区,得到北岸工程、左汊悬索桥主桥、江心洲工程、右汊斜拉主桥和南岸工程等子功能区。

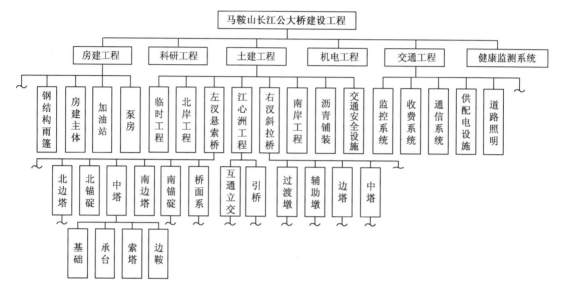

图 7.3.2　马鞍山长江大桥 EBS 分解示意图

（2）专业工程子系统

每个功能区是由许多有一定专业功能的子系统构成的。马鞍山长江大桥工程的专业工程子系统应根据专业特征进行划分,如左汊主桥由结构工程系统、给排水系统等构成,其中结构工程系统又可以分为引桥、北锚、北塔、中塔、南塔等区段;中塔按照结构可以继续分为基础、承台和索塔;交通工程系统分为监控、收费、通信和供配电设施系统等。将所有专业工程系统提取出来,则得到马鞍山长江大桥包含的工程系统体系。

在项目工程全生命期中,工程技术系统具有固定性、唯一性、一致性和继承性,是工程信息产生的源头和共享的基础。因此,马鞍山长江大桥按照功能、专业（技术）对工程系统分解的方法能够很好地支撑项目全寿命期管理。

2）马鞍山长江大桥 EBS 编码体系

对每个工程分解结构后的项目单元进行编码是现代化信息处理的要求。编码能够标识项目单元的特征,使人们以及计算机可以方便地"读出"这个项目单元的信息,如属于某项目、某阶段,涉及功能、要素、相关方等。在项目管理过程中,质量、安全、进度、成本等管理工作都高度依赖编码。

马鞍山长江大桥工程项目的编码体系是以工程结构分解结果为基础建立的编码体系,采用"父码+子码"的方法编制,项目编码体系采用的原则是:建设类型+桥梁类型+专业系统+区段+结构物+子结构物,如 02（土建工程）+03（左汊悬索桥）+01（悬索桥混凝土结构）+03（K8+000 中塔段）+01（中塔）+01（基础）+02（桩基）+05（5 号桩基）,即 0203010301 代表左汊悬索桥中塔,0203010301010205 代表左汊悬索桥中塔 5 号桩基。在 EBS 编码体系的基础上按照管理职能生成质量编码体系、安全编码体系、进度编码体系及费用编码体系四大类。它们均由 WBS 编码体系扩展生成,可以对马鞍山长江大桥各建设阶段的管理职能构建完整的编码体系。管理职能的编码体系采用"EBS 编码+管理职能编码"的方式。例如"SA"代表安全信息,"OU"代表进度信息,"QU"代表质量信息,"CO"表示费用信息。因此B0203010301010205MQ-01QU 代表左汊悬索桥中塔 5 号桩基在施工阶段的质量管理,编码示例如图 7.3.3 所示。

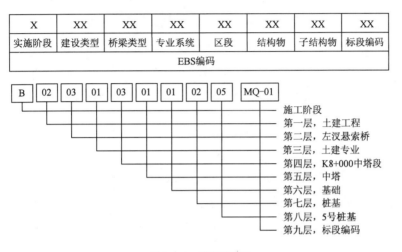

图 7.3.3 编码示意图

3) 马鞍山长江大桥 EBS 的作用

EBS 将规划、设计、施工、运行统一起来,形成一体化管理的"链子",是项目集成化管理的基础。它能够将项目管理各个职能以及阶段连贯起来,形成集成化的项目管理系统。基于 EBS 编码的各类项目编码体系在项目中可以充当共同的信息交换语言,项目中的海量信息,如质量、安全、进度、合同信息额等,都可以以 EBS 为对象进行收集、处理和交换,项目参与方可以有针对性地开展质量、工期、成本和安全等目标控制,及时评价完成状况并改进,从而实现工程全寿命周期目标管理和控制,马鞍山长江大桥 EBS 作用如图 7.3.4 所示。

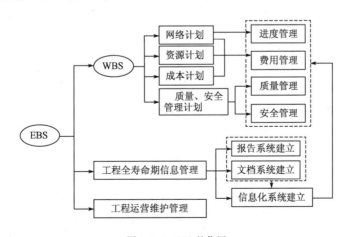

图 7.3.4 EBS 的作用

7.3.3 左汊主桥中塔 EBS 分解实例

1) 左汊主桥中塔 EBS 分解结构

根据 EBS 分解方法和编码体系的设计,左汊主桥中塔系统结构分解见表 7.3.1(以第三层到第八层为例)。

马鞍山长江大桥左汊主桥中塔 EBS 编码表　　　　表 7.3.1

第三层	第四层	第五层	第六层	第七层	第八层
01 悬索桥混凝土结构	03K8+000 中塔段	01 中塔	01 基础	01 吊箱钢围堰	
				02 桩基	01 1 号桩基
					02 2 号桩基
					……
					69 69 号桩基
			02 承台		
			03 塔座	01 上游塔座	
				02 下游塔座	
			04 索塔	01 混凝土下塔柱	01 第 1 节混凝土塔柱
					……
					07 第 7 节混凝土塔柱
				02 钢—混叠合段	
				03 体外预应力束	
				04 钢塔柱吊装	01 塔梁结合段吊装
					02 第 1 节钢塔柱吊装
					……
					22 第 21 节钢塔柱吊装
					23 上横梁吊装
			05 其他		
		02 其他工程			

2) 基于 EBS 的管理职能集成

马鞍山长江大桥以项目信息门户(PIP)为集成管理系统平台,将进度、安全、质量和费用管理体系纳入其中,从而实现各子系统之间的互联和工程信息的实时收集,完成管理职能综合集成。

(1) 质量管理职能

集成管理系统中业务处理子系统的质量管理模块,从两个方面进行质量管理:一是实时进行质量结果的对比分析,如分析同一标段不同时间段内的质量指标变化以及同一时段不同标段的质量指标对比情况;二是在对比分析的同时,将各项质量检查结果分别汇总到 EBS 分解单元,实现质量精细化管理并辅助后期运维管理。基于 EBS 的质量管理职能如图 7.3.5 所示。

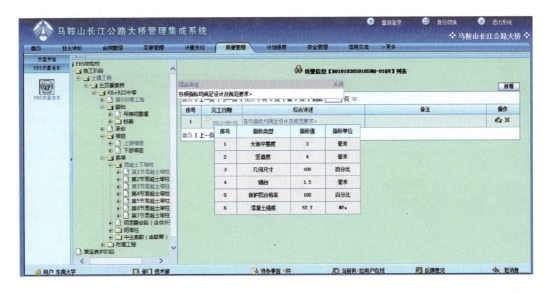

图 7.3.5　质量管理模块中 EBS 质量信息界面

(2) 安全管理职能

同样,参与方可以根据上述编码原则在集成管理系统中的安全管理模块中找到同一工程系统元素的安全信息,并借助集成管理系统在不同的层次组织汇总项目的进度、质量、安全和费用信息,在不同的层次对这些信息进行分析与控制。如图 7.3.6 所示。

图 7.3.6　安全管理模块中 EBS 安全信息界面

(3) 进度管理职能

通过业务处理子系统的进度计划模块,在计划进度的 EBS 产值金额模块内可以清晰地查询到该塔柱的开工、完工和产值金额。同时,进度管理结合费用管理进行综合对比分析,通过有效合同价、完成产值、支付工程款的对比分析,掌握工程实时进度和准确计量。如图 7.3.7 所示。

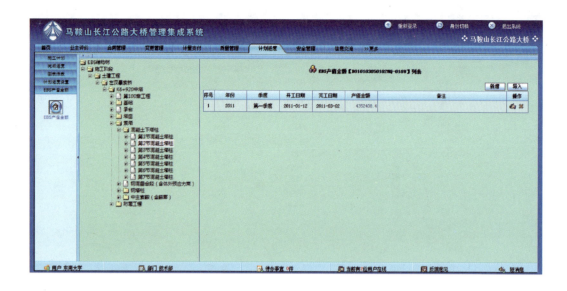

图 7.3.7　计划进度模块中基于 EBS 的产值金额界面

(4) 费用管理职能

在业务处理子系统的合同管理模块中,通过分析 EBS 分解单元的概算金额、合同金额、复核金额、确认金额及最终金额,可以实时统计各子单元的费用信息并进行有效控制,为审核提供依据,提高建设管理效率,如图 7.3.8 所示。

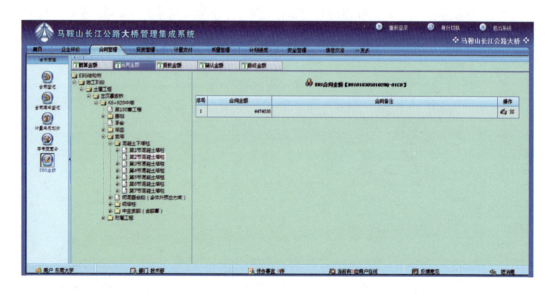

图 7.3.8　合同管理模块中 EBS 金额信息界面

综上所述,大桥集成管理系统以 EBS 为主线将工程项目的各管理项目贯通起来,进行项目全寿命期的目标管理,从而达到综合的计划和控制,实现良好的界面管理、组织协调和信息沟通。

7.4 基于 PIP 的集成管理系统

马鞍山长江大桥综合运用现代计算机和网络信息技术与现代工程管理理论并针对桥梁工程全寿命周期管理的需要建立了基于 PIP 的项目管理集成系统,实现了项目参与方、项目阶段和工程专业之间协同和共享。

7.4.1 马鞍山长江大桥集成管理系统模型

集成管理系统是构建而成的集成化信息管理系统的理论模型,如图 7.4.1 所示。

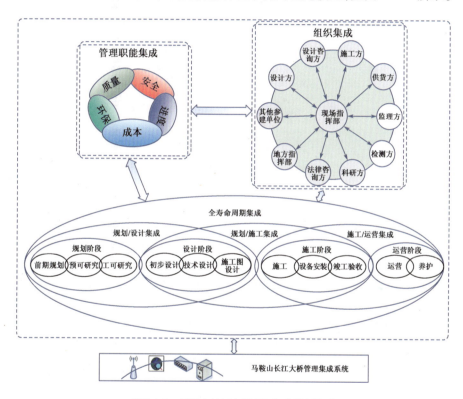

图 7.4.1　马鞍山长江大桥 PIP 集成管理模型

1) 组织集成

组织集成是指各参与方为了共同的总体目标,按照特定原则,通过建管养一体化等管理模式设计,使得相关组织资源得以有机组合,成为以特定结构运行的结合体。马鞍山长江大桥以现场指挥部为核心,参建单位包括设计方、设计咨询方、施工方、供货方、监理方、检测方、科研方、法律咨询方、地方指挥部等。

2) 管理职能集成

管理职能集成是指从大桥建设的全局观点出发,以项目整体利益最大化作为总体目标,以安全、质量、工期、成本为核心,同时考虑环保、风险、外部环境协调等多方面要素的集成,其中追求高品质的质量管理职能和安全平稳的安全管理职能是马鞍山长江大桥的管理重点。

3）全寿命期阶段集成

大桥的全寿命周期分为规划、设计、施工及运营四个阶段，各个阶段还包括若干个子阶段，如规划阶段包括前期规划、预可研究及工可研究三个子阶段。大桥全寿命周期集成综合考虑分析不同阶段的需要进行集成实现管理的最优化。

4）集成管理信息系统

集成管理信息集成是组织、管理职能以及全寿命周期的基础。它是指建立基于 PIP 信息平台，实时反映大桥的实施情况并辅助项目决策的信息集成。PIP 平台从本质上改变了传统的信息沟通手段，提高了信息交流的效率，降低了信息交流成本。如图 7.4.2 所示。

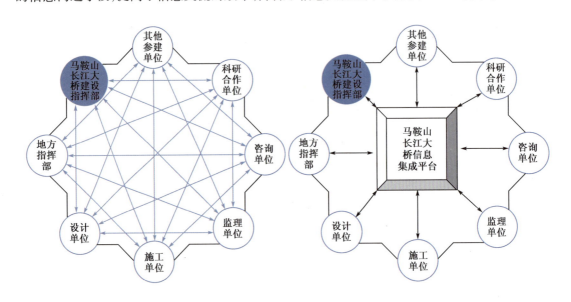

图 7.4.2　PIP 平台对传统项目信息模式的改变

7.4.2　管理信息系统的权限分层设置

马鞍山长江大桥 PIP 集成管理系统基于角色的权限管理，实现对用户的授权深入到系统的组件、模块、项目、合同、WBS 节点、文档、报表、Portlets 等不同权限单元，使得项目管理的所有参与人员在统一平台中责任清晰、系统安全严密可靠。它支持分级授权机制，覆盖集团、公司、项目部等复杂组织机构的多级权限管理，并形成了既缜密周全又简单实用的权限管理体系。

权限由项目管理及 OA 系统权限组成，实现业务、办公一体化。项目管理权限主要针对业务处理设置，其由承包人、监理、业主、浏览查看、业务及基础数据设置、管理员权限组成。以承包人为例，由费用管理、计划进度、质量管理权限组成。OA 系统权限由公文管理、系统管理及信息沟通权限组成。

集成管理系统的建立使业主、监理和承包人可以通过互联网实时、有效的交换数据和文件，提高工程信息管理水平。网络化环境，文件管理工作由计算机完成，保证了工程质量，降低了工程造价，确保了工程进度。

7.4.3 马鞍山长江大桥 PIP 集成管理系统组成

1）业务处理子系统

业务处理子系统是以 PIP 平台为基础，是参建各方进行业务处理的信息化平台，可实现包括业主评价、合同管理、变更管理、计量支付、计划进度、质量与安全管理等十二项功能。针对项目特点，制定了符合马鞍山长江大桥建设管理要求的控制流程和各种功能，其包括的主要模块如图 7.4.3 所示。

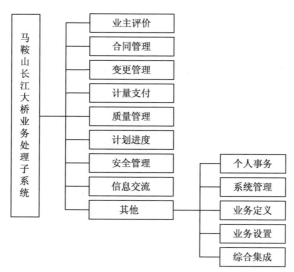

图 7.4.3 马鞍山长江大桥业务处理子系统

2）业主评价模块

业主评价模块是现场指挥部为实现"全面管理思想"专门设计的一个功能模块，主要负责处理经常性检查与综合检查数据，通过现场检查和信息处理小组的分析整理，最后得出考评结果，以达到对现场质量和安全方面的深入了解。

（1）业主评价模块的实施流程

①业主带领监理与承包商一起开展质量与安全的经常性检查、综合检查，检查内容严格按照业主评价模块中已有的表格逐项格式化进行。

②上传检查结果，对数据进行分析和整理，并按照考评办法的相应标准，将受检单位的奖惩措施按等级排列。

③根据考评结果，通知不合格单位按照要求限期整改，复查后将结果再上传。

④通常每周进行上述检查，对不符合要求的进行循环整改，直至满足要求。

质量和安全的考评流程具有很大的相似性，均可由图 7.4.4 表示。每月和每季度还会进行月度和季度考评，流程和每周的考评相似。其中周质量（安全）考评是月度考评和季度综合考评的基础，通过每周、每月和每个季度的循环考评，达到质量和安全的螺旋式上升，实现精细化和标准化工程的目标。

（2）业主评价模块的优越性分析

业主评价形成了"自控"与"他控"相结合的模式，支持质量和安全管理水平的提升。优越性表现为：
①全过程跟踪质量安全状况，辅助决策。
②提供项目参与方信息互动平台。
③自动实现数据深度分析，支持精细化管理。
④形成有效的激励机制，增强项目组织合力。
⑤提供了完善的资料管理功能。

图 7.4.4　业主评价的实施流程

3）计量支付与变更管理模块

计量与变更体系功能全面、设计合理、实用性强，提高了变更申报审批效率，加强了造价管理控制力度，具有显著的经济和社会效益。它主要表现为合同管理、计量支付及变更管理三个关联功能模块的联动效应。

（1）计量与变更的基础——合同管理

高效的计量与变更的基础是合同管理模块。功能具体如下：

①合同清单登记。登记各标段的合同工程量清单以提供基础数据。

②计量单元划分。对计量项目进行工程单元划分并挂接清单，显示相应的单价和分解核实量，以及变更后的分解量。

③零号变更令登记。登记各标段的零号变更令，包括清单的单价、数量、金额、变更数量、变更金额、变更后数量和变更后金额，使计量支付工程量可控。

（2）规范的计量支付流程

业主制定了《马鞍山长江大桥工程计量支付管理办法》，其中规定了计量支付的原则、流程、周期、时限及相关表格的内容，作为开展计量工作的依据。在合同管理的基础上，系统依据《马鞍山长江大桥工程计量支付管理办法》中的相关规定提供规范的计量支付功能，提高了审批效率，规范了流程。具体流程如图 7.4.5 所示。

①承包人在系统中申报计量支付，同时及时完成规定的正式文件及有关书面证明材料的上报、存档工作。驻地办在收到申请后，应在规定时间内按照管理权限提出审查意见或完成审批工作，并在系统中签署意见。

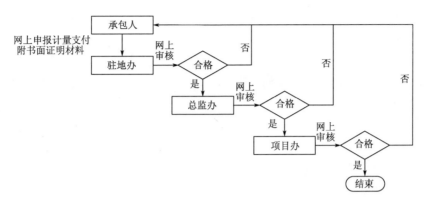

图 7.4.5　网上计量支付实施流程图

②网上审核通过后,申请自动提交总监办,在规定时间内按照管理权限提出审查意见或完成审批工作,并在系统中签署意见。

③网上审核通过后,申请自动提交给项目办,在规定时间内按照管理权限提出审查意见或完成审批工作,并在系统中签署意见。

(3)完善的变更管理流程

完善的变更管理功能将合同管理和计量支付三者联动实现项目成本的动态管理。其优势在于对变更申请进行逐级审核,确保变更的有效性和准确性;改变纸质审核的模式实现了网络化,提高工作效率管理效益。同时,变更后的数据自动计入合同管理模块的合同清单中,确保数据的准确性、统一性和完整性。变更管理的实施流程如图 7.4.6 所示。

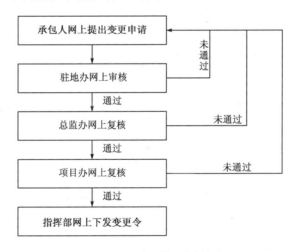

图 7.4.6　网上变更管理的实施流程

①承包人在系统中提出变更申请,系统将自动通知驻地办、总监办及项目办。

②相关单位应于收到系统设计变更申请之日起规定时限内,按照管理权限提出审查意见或完成审批工作,并在系统中签署意见。

③有关单位应及时更新设计变更管理台账,系统将自动把变更数据计入合同清单中。零号清单及变更令清单经审核确定后,由业主录入系统中,予以固化。如确需修改已固化清单,通过原清单报审程序逐级上报审查确定。

4)视频监控子系统

视频监控子系统采用中国电信的全球眼(Mega Eyes)和3G网络技术,在现场设置30个监控点,实现视频监控的无缝覆盖和灵活部署,并可利用各种终端(如电脑、手机等)进行实时监控。发现问题提前采取应急措施,避免事故的发生,系统具有定期保存图像功能,可提供可视化信息。

(1)系统开发和设计特点

①系统开发特点。

a. 创始数字视频集中监控管理平台。采用三层架构构建、支持不同厂商的多种硬件设置,专为现代复杂多变的网络监控系统设计。

b. 系统架构优化。整体架构重新构建,模块化组件设计,模块可单独升级扩展;设备采用目录树方式管理;集中用户认证管理技术,便于统一的权限审核分配管理;引入优先级及冲突检测机制,信任上级模式。

c. 功能改进和增强。轮巡及组切功能更加强大;增强报警预处理、应答、转发功能;增强解码功能,支持受管理中心控制的多台解码主机解码;增强网络视频集中存储和备份功能;增强同步播放、片段剪切和视频格式转换功能。

②系统设计特点。

a. 节省投资。充分利用中国电信的光缆资源,就近接入监控平台;整合原有的视频监控系统,避免重复投资。

b. 系统先进。采用第三代网络视频监控技术和3G网络技术,实现视频监控的无缝覆盖和灵活部署。

c. 扩展性极强。充分评估当前及远期监控需求,可扩展性强。

d. 安全性极高。充分利用中国电信的高速IP网络,保障视频流的流畅和监控图像的清晰度。采取中心存储的方式进行数据存储,极大提高了系统的监控数据的安全性。

(2)系统功能设计

监控系统通过乡派出所管理平台实现,信息管理上的功能包括:信息采集;信息传输;信息处理;信息存储、回放和备份;信息的浏览;系统自动巡检;用户身份认证和管理功能等。

(3)监控点和监控系统管理中心设置

马鞍山长江大桥全球眼视频监控中心主要负责所属辖区的监控工作,为保障大桥的施工进度和原材料安全,涉及大桥各建设工地新建和整合现有监控点共30个,由派出所和施工方根据现场需要共同确定监控点位置。

5)视频会议子系统

该系统网络建设包括从1个主会场到N个分会场,同时实现语音及视频的传输。从各监控点到监控中心的距离最长可满足80km。整个通信网络呈星形结构,各视频、语音、数据信号等直接接入主会场。该系统采用100M以太网接口,以及高保真音频、RS485/232数据和E1等接口,满足用户多业务的需求。该系统通过数字视频光端机可以实现模拟视频信号的无损远距离传输,保证监控中心获取原始高清晰图像,且数字非压缩视频光端机均为模块化设计,可根据需要灵活更换升级,方便维护。该系统主要用于项目参与方的日常会议,能够提高会议效率并节省会议成本。

系统设计方案包括：

①分布式结构。采用分布式技术和组播技术相结合的设计方案，极大程度地降低了用户机器 CPU 的占用率，更大程度地实现用户量扩容。

②虚拟服务器技术。根据管理需要，对不同用户分配在不同的虚拟服务器上使用。

③会议视频自适应策略。系统采用自适应策略，视频效果随网络带宽动态变化自适应调整。

④自动识别操作系统语言。系统自动识别操作系统的语言类别。

⑤屏幕流传送。系统特别采用屏幕流控制技术，产品中"屏幕广播"功能是把电脑屏幕作为 MPEG4 的视频源，其具有高效率和低资源占用的特点。

⑥资料共享和安全保密功能。各节点间传输的数据均通过底层加密，并且通过专用的隧道路由传输，可以有效隔绝来自外部网络的攻击。

⑦视频与数据双屏显示。当会议终端连接有两台显示设备时，可将视频与数据内容进行分屏显示。

⑧网真模式。当会议终端连接有多台显示设备时，利用"网真管理器"可对每一台显示设备中的视频内容，进行独立、灵活地设置，以提升用户对视频会议的感受。

⑨实现 NAT 自主设置。向用户开放穿防火墙和 NAT 设置端口服务。

⑩自助式管理。采用用户自助管理方式。会议密码及管理权仅分配给会议召集人，无需管理员。同时，它可实现动态 IP 登录服务器，方便使用。

6）档案管理子系统

档案管理系统采用了世纪科怡档案管理系统 2008 版，增强了数据操作、原文管理、扫描加工、查询利用和档案编研等方面的功能。它具有安装维护简便、系统兼容性强、全面涵盖档案管理业务、检索方式灵活多样、确保查全率和查准率及强大的电子文件管理功能，通过 B/S 与 C/S 相结合，具有强大的数据管理能力及系统安全性。档案管理子系统的主要功能包括：文档一体化、随办随归档、综合档案管理、原文管理、检索与利用、扫描加工、档案编研与专题目录、移动档案、用户管理、WEB 查询利用等。

7.5 质量、安全、成本管理技术

7.5.1 质量

马鞍山长江大桥基于精益建造，建立以高品质为导向的质量管理体系。马鞍山长江大桥质量管理体系如图 7.5.1 所示。

1）质量管理流程再造

马鞍山长江大桥根据工程实际情况，运用流程再造理论、全面质量管理理论及精益建设理论的相关思想，在项目开始前对原有的质量管理流程进行再造优化，如图 7.5.2 所示。通过工程实体质量进行全面管理，具有如下特点：

（1）更加注重施工方案的编制和评审

①每项分部工程开工前，都需制定科学合理的施工技术方案。根据分部工程的规模、重要性及复杂程度，分为重大施工方案、重要施工方案及一般施工方案。

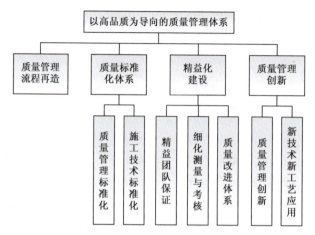

图 7.5.1　马鞍山长江大桥质量管理体系

②对于重大施工方案,在制订方案前需进行科研攻关或开展模型试验,以研究成果指导施工方案的制订;对于重要施工方案,在制订方案前如需进行试验研究,则开展模型试验,以试验成果指导施工方案的制订;对于一般施工方案,可在借鉴类似工程的成功经验基础上,制订相应的施工方案。

③每项分部工程的施工方案都需经过专家详细评审。对于重大施工方案,由建设协调领导小组组织,在每年一度的技术专家组会议上讨论评审;对于重要施工方案,由现场指挥部组织,提交现场专家组讨论评审,也可邀请技术专家组成员参加;对于一般施工方案,由总监办组织,由各施工单位技术负责人组成的内部专家组进行讨论评审。

(2)优化了评审环节

原有的质量管理流程只有一个环节的评审,而现有的质量管理流程,一是增加了对施工方案的评审细化环节,细化为一般施工方案和重要、重大施工方案;二是增加了首件施工评审;三是保留了原有的试件施工评审。即一共有三个环节的评审,层层把关。

(3)业主联合施工单位共同编写施工手册

施工方案评审通过后,在施工前,业主联合施工单位组织编写施工手册,下发到现场技术员及工班组指导一线施工。

(4)坚持试件与首件制

每项分部工程施工前,必须首先进行试件和首件施工,经过验收、总结与评审环节后总结的成熟工艺,开始批量正式施工。

(5)正式施工阶段的技术交流

施工期间,指挥部定期与不定期组织技术交流。技术交流分为两种:一种是全线施工单位之间的技术交流,旨在通过主桥施工单位的技术水平带动全线施工单位技术水平的整体提高,达到全线工程质量全优;另一种是主桥施工单位之间的技术交流,通过类似工程的会议交流、现场观摩,相互借鉴,取长补短,共同提高工程实体质量。

(6)PDCA 循环的运用

每件工程施工后,指挥部根据制定好的 PDCA 循环质量管理流程进行质量监督与考评。每件工程经过指挥部组织的监理验收后,方可进行计量。

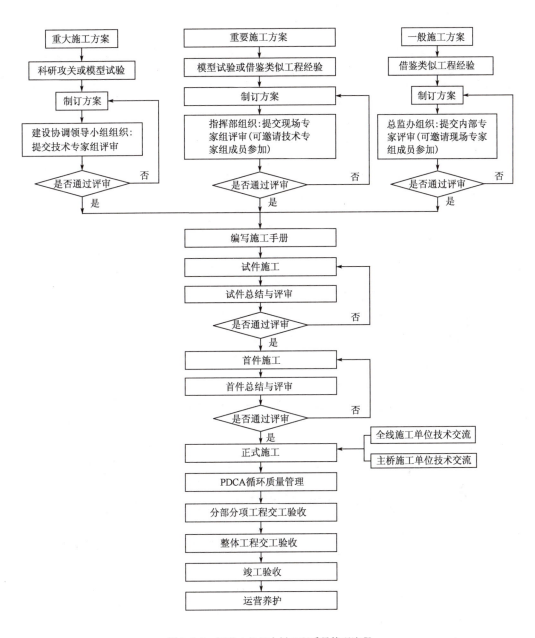

图 7.5.2 马鞍山长江大桥工程质量管理流程

2）马鞍山长江大桥质量标准化体系

（1）质量管理标准化

质量标准化可以使复杂的活动系统化、规范化、简单化，保证质量控制管理能够高效、准确、连续不断地进行，是提高质量的重要手段。基于精益思想的工程质量标准化，其工作核心是保证全员都能按照标准工作流程进行施工和管理，从而保证价值流的可靠性和稳定性。质量标准化主要表现在：

①管理制度标准化。

管理制度的标准化,目的在于通过建章立制,使各项工作有章可循、程序清晰、责任明确、奖罚分明。本项目在建设初期就制定了项目部各管理部门的工作职责、业务流程和工作目标,建立了考核办法并严格奖惩,为标准化管理的实施奠定了制度基础。此外,组织人员制定了《马鞍山长江大桥工程质量管理办法(试行)》《马鞍山长江大桥技术与质量管理流程》《马鞍山长江大桥质量管理奖罚细则(试行)》等施工质量管理的各项规章,形成了科学、规范的质量管理体系。

②质量控制标准化。

质量控制流程如表 7.5.1 所示。

质量控制流程　　　　　　　　　　　　　表 7.5.1

工作目标	知识准备	关键点控制	细化执行	流　程　图
1. 强化质量方针、标准; 2. 保证大桥品质; 3. 建立健全质量管理体系	1. 熟悉质量方针、目标; 2. 了解《质量手册》的基本内容和质量体系的要求	1. 建立质量体系	—	1. 建立质量体系 ↓ 2. 材料、设备质量控制 ↓ 3. 设计、试制过程质量控制 ↓ 4. 施工质量控制 ↓ 5. 质量改进控制
		1.1 搜集资料,制定马鞍山长江大桥工程的质量方针、标准和目标	—	
		1.2 根据质量标准和目标等,编制《大桥项目技术、质量管理办法》等手册,建立质量体系	《大桥项目技术、质量管理办法》	
		2. 材料、设备质量控制	《质控管理控制程序》	
		2.1 选择质量上乘、信誉可靠的物资供应厂商	采购合同	
		2.2 根据有关规定对进料质量进行检查,检查合格,开具《进料验收单》	《进料验收单》	
		3. 设计、试制过程质量控制	相关设计、试制质量控制文件	
		3.1 专家评审工程设计、试制质量,并针对所得出的问题进行修改、校正	—	
		3.2 保证设计图纸和工艺说明等技术文件的准确性	—	
		4. 施工质量控制	《质控管理控制程序》	
		4.1 围绕人、机器、原材料、方法、测量方法、环境 5 项因素(即 5M1E)完善工序质量控制	—	

续上表

工作目标	知识准备	关键点控制	细化执行	流程图
1. 强化质量方针、标准；2. 保证大桥品质 3. 建立健全质量管理体系	1. 熟悉质量方针、目标 2. 了解《质量手册》的基本内容和质量体系的要求	4.2 健全工作流程，使操作过程和质量监督最佳化	《格式化检查表》	
		4.3 采用自检、互检、专检相结合的方式组织对分部分项工程的质量检验	《自我质量控制检查表》	
		4.4 质量控制分析，找出薄弱环节和对象，加强关键点质量控制	—	
		5. 质量改进控制		
		5.1 通过对整个流程的监控，发现施工中存在的质量问题，在此基础上制订相关的改进计划	《质量改进计划》	
		5.2 质量改进计划必须与项目的质量方针、目标相一致，修订质量管理目标和办法	《大桥项目技术、质量管理办法》	

③质量保证标准化。

在大桥建设管理期间，以标准化管理文件加强工程质量管理，建立了界限清楚、责任明晰、控制严谨的质量保证体系。本项目的质量保证体系包括四个主要方面：落实质量保证责任方；建立定期的质量检查、不定期的质量抽查和巡查制度，引导施工单位建立完善的自检和质量保证体系，加强施工抽检和自检试验等施工质量控制；建立质量考评奖罚办法，通过建立经常性与综合类检查相结合的管理模式，加强建设管理的主动性、及时性及前瞻性，确保质量目标的实现；强化全员培训和过程持续改进。

(2) 施工技术标准化

本项目在建设之初，建设管理团队就率先投入标准化建设中，致力于打造标准化的施工体系，在招标文件与合同文件中明确标准化要求，在建设管理中提出具体的标准化措施，并出版了标准化施工手册。通过总结各项工艺措施，对施工规范及评定标准中的重要内容进行细化，补充相关规范中不足的部分，强调施工工序及方法优化，确保工程品质。

①施工流程标准化。

a. 技术方案决策标准化。技术方案决策标准化流程如图7.5.3所示。

b. 样板工序和样板工程。大桥在施工过程中坚持执行样板工序和样板工程，即坚持试件与首件制，并使之流程化和标准化。在每项分部工程施工前，必须首先进行试件施工，如预制箱梁首件施工前，试制一节段。

c. 首件分部分项工程技术总结标准化。首件分部分项工程完工后，由指挥部组织验收，召开首件总结会。项目总工程师组织相关技术人员，对每一工序、施工数据、检测结果等进行总结,针对施工中出现的问题制定相应的改进措施,并将首件工程技术总结作为同类分部分项工程施工管理的参考依据。

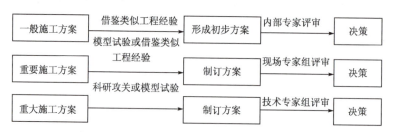

图 7.5.3 技术方案决策标准化流程图

②标准化施工手册。

施工技术标准化建设主要以标准施工作业文件的形式输出。在施工阶段,业主根据质量目标和质量方针,联合施工单位组织编写施工手册,并在施工前下发到现场技术员及工班组手中,施工手册中包括施工控制参数、施工步骤、质量控制方法、现场操作方法、安全注意事项等内容。

③施工质量标准化。

马鞍山长江大桥管理团队经过长期调研,通过开展标准化建设,根据相关规范标准总结大桥的建设经验,编写了《马鞍山长江公路大桥施工技术与质量标准化》,共包括塔柱、墩柱、锚定、预制箱梁、现浇箱梁等 12 章内容,主要涉及:解决混凝土质量通病、解决大体积混凝土裂缝控制难题,提高结构耐久性,马鞍山长江大桥特有的关键技术创新等内容,为实现高品质质量奠定了基础(图 7.5.4)。

图 7.5.4 施工质量标准化

马鞍山长江大桥工程通过开展标准化建设,将标准化要求贯穿于工程建设的各个环节,以建立科学、合理的标准化体系,进一步规范现场施工,优化资源配置,促进工程施工管理的标准化、规范化、精细化,确保品质。

3)马鞍山长江大桥精益化建设

与传统质量管理不同,精益建设中要求将质量管理贯穿于每一工序之中,实现提高质量与降低成本的一致性。精益建设强调采用标准化的方法,细化测量与控制,进行持续改进从而建立有效的质量控制体系,强调从根源上保证品质。在精益建设的应用方面,马鞍山长江大桥强调从精益化团队建设、细化测量与考核和持续的质量改进体系三方面进行质量管理的品质管理创新。

(1) 精益化团队建设

精益建设中,品质管理的第一项工作是在各参与方内部贯彻精益思想,构建精益化的建设团队。本项目在精益化的团队建设过程中,采取了如下措施:

①建立专业化的建设团队。马鞍山长江大桥指挥部打破了传统的人才培养模式,面向所有参建人员,一方面与合肥工业大学联合开设了工程硕士班,另一方面与中铁大桥局联合成立了现场技工学校。

②加强参建单位的技术交流,包括主桥施工单位和全线施工单位技术交流。

③技术培训和技术交底流程化。通过流程化的技术培训和三级技术交底,一方面要求技术和管理人员熟悉施工验收规范、质量评定标准以及质量管理方法等,另一方面通过现场技工学校对工人进行技能培训,从而确保施工的质量水平。

④全员参与质量控制。邀请全体参建人员参与大桥的质量管理,对工程质量展开格式化检查,检查结果按业主、施工、监理所占的不同权重计算。

⑤设置技术专家组与现场专家组。技术专家组与现场专家组可以为施工方案提供咨询和技术帮助,在施工方案的评审环节中充分听取专家意见和建议,对施工方案进行优化;同时,专家组在马鞍山长江大桥试件和首件施工环节的评审中充当技术顾问,可以为工程的设计验证、设计确认、设计更改提出宝贵意见。

(2) 细化测量与考核

①度量精细化。

度量精细化是精益品质管理的需求,采用可度量的方式(数据)提升项目的管理效率是进行精益质量管理的有效途径。本项目通过设计多项细化的格式化检查表,由业主定期组织检查小组进行格式化检查,经过精细化度量的工程质量通过考评和整改,能够有效改善项目中施工质量的薄弱环节,从而使工程整体达到更高的质量水平。质量检查表格包括:质量经常性检查总表;原材料专项质量检查、沥青路面材料专项;施工阶段总表、试桩、桩基础以及沉井等专项质量检查表格。其中,桩基础专项如表7.5.2所示。

质量经常性检查(桩基础专项) 表7.5.2

标段: 承包人: 编号:

序号	检查项目	检查分项	检查内容	扣分	图像资料及说明
1	人员(10分)	项目部	终孔结束后到混凝土灌注期间是否在现场旁站(0~8)		
		监理	终孔结束后到混凝土灌注期间是否在现场旁站(0~8)		
2	施工平台(15分)	水上、陆地平台	面积、高度是否满足钻孔要求(0~5)		
			钢管桩倾斜度<1%,位置偏差<30cm(0~5)		
			承载能力和稳定性是否满足要求(0~8)		
			沉淀池、泥浆池面积、深度满足要求(0~5)		

续上表

序号	检查项目	检查分项	检查内容	扣分	图像资料及说明
3	护筒(15分)	高度	高出地面0.3m或水面1.0~2.0m(0~5)		
		内径	比桩径大200~400mm,且不能变形(0~5)		
		中心线	与桩中心线重合(0~5)		
4	泥浆(5分)	性能	黏度、密度是否满足地质情况要求(0~5)		
5	设备(10分)	钻孔	钻机型号、料斗容积是否满足要求(0~5)		
			泥浆循环系统是否满足要求(0~5)		
		供电	有无供电应急设备(0~3)		
6	现场(30分)	混凝土	有无离析现象(0~3)		
			浇筑是否连续(0~3)		
		清孔检查	深度是否满足要求(0~5)		
			泥浆含砂率是否满足要求(0~5)		
		施工记录	是否现场记录,并齐全、准确(0~3)		
		成桩检查	表面是否存在松散、缺边、不平整现象(0~3)		
			桩位偏差是否在允许范围内(0~5)		
			桩基倾斜度(吊箱封底抽水后量测)(0~5)		
7	钢筋(15分)	主筋	长度、数量、位置是否满足要求(0~8)		
		箍筋、限位筋	数量、位置是否满足要求(0~5)		
		钢筋笼	是否变形、污染(0~3)		
		钢筋笼接头	是否按规定方法焊接(0~3)		
得分					

项目部签字:　　　　　监理工程师:　　　　　检查人:　　　　　日期:

②质量考核精细化。

采用定期检查与奖惩办法相结合的方式,能够有效提高施工单位参与质量控制的积极性,并确保质量控制措施的有效落实。大桥质量管理将质量检查内容、考评与奖惩办法计入招标文件与合同文件,得以保证落实,质量检查流程采用标准化的方法,由业主定期组织检查小组进行格式化检查,检查结果经统计分析和承包商的整改反馈计入考评范围。同时建立质量预警机制,及时了解质量动态,对于质量考评结果不达标或质量下滑的标段,及时采取纠正措施,确保达到精细化管理要求。具体的质量检查与奖惩流程如图7.5.5所示,PDCA质量检查组织如图7.5.6所示。

a.全员参与质量检查,大桥质量检查由业主从各参建单位各部门抽调工程技术人员组建检查小组与信息处理小组,执行质量检查与数据分析处理。其中检查人员包括指挥部、总监办、驻地办、中心试验室以及施工单位自身的工程技术人员,质量检查与考评对象为各合同段承包人。

b. 大桥工程质量检查将经常性检查与综合类检查相结合。

c. 项目办定期组织工程建设的有关单位及人员进行综合类检查,考评结果作为综合考评的依据之一。

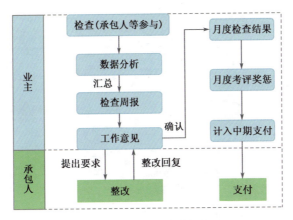

图7.5.5　质量检查及奖惩流程

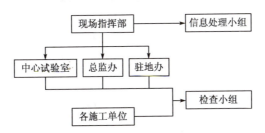

图7.5.6　马鞍山长江大桥 PDCA 质量检查组织

d. 业主每周对质量格式化检查表结果进行汇总分析,并参照中心试验室和总监办的《每周总结报告》形成《检查周报》。

e. 根据《检查周报》与《每周总结报告》,业主出具工作意见,对质量缺陷提出整改要求。

f. 施工单位根据《工作意见》及时对质量隐患进行整改。驻地监理对施工单位整改情况进行现场检查,必须经整改合格后方能进行下一道工序,同时拍照记录整改结果。总监办对施工单位的整改应进一步检查核实。

g. 监理跟踪监督施工单位质量缺陷整改落实情况,并对《工作意见》进行回复。业主根据复查情况,对监理的《工作意见回复》进行确认。

h. 根据业主、中心试验室、监理、施工单位的日常检查数据,形成质量月度检查结果,并作为质量月度考评奖惩依据。

i. 全程跟踪质量动态,建立质量预警机制。根据月度质量考评对比,针对分数没有达标的标段实施预警通告。

j. 业主根据月度考评结果每月进行质量奖惩,奖惩金额计入中期支付证书。

(3) 质量改进体系

① PDCA 循环过程。

PDCA 循环是发现和改进质量缺陷的闭合质量管理。马鞍山长江大桥采用 PDCA 循环管理流程进行现场质量管理,可以持续提高质量管理水平并达到精益建设要求,同时使大桥的质量管理方法和工作步骤更加条理化、系统化、图像化及科学化。流程如图 7.5.7 所示。

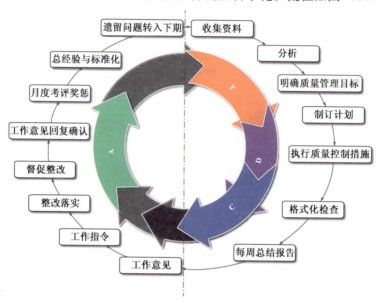

图 7.5.7　质量管理 PDCA 循环闭合流程图

② PDCA 循环特点。

a. 详细可操作的执行方案是重要前提。指挥部在大桥前期工作阶段制定了大量质量检查表格与考评奖惩办法,并将其写入招标文件与合同文件,奠定了合同基础。

b. 是业主、监理、检测单位与承包人共同参与的质量管理活动,具有明显的组织集成特点,充分发挥了各参建单位的人力资源集成优势,实现全员质量管理。

c. 多层次 PDCA 循环质量管理(图 7.5.8)。PDCA 适用于整个大桥工程及各个施工、监理标段,形成多层次的 PDCA 循环。其中,大环代表业主,中环代表监理单位,小环代表承包商。通过循环把整个工程的各项工作有机地联系起来,彼此协同,互相促进,形成质量管理循环的良好态势。

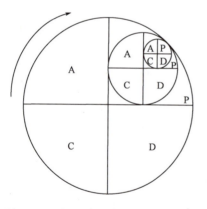

图 7.5.8　质量管理中的多层次 PDCA 循环

d. 是持续提升的过程。在 PDCA 循环初期,质量提高幅度较为明显,随着 PDCA 循环的深入,质量达到较高水平并且趋于稳定(图 7.5.9)。如项目建设初期,混凝土保护层合格率仅为 75.4%,经过 PDCA 循环逐步提高到 2009 年的 83.6%、2010 年的 89.3%、目前的 92.5%,最终稳定在 90% 以上。

4)质量管理方法探索与创新

(1)质量责任创新—钢桥面建养一体化

钢桥面铺装是世界公认的技术难题,受影响因素众多,专业性强。为保证钢桥面铺装质量,马鞍山长江大桥建设团队从方案、设计、科研、管理、养护、超载等多方面进行了认真调研,首次提出了钢桥面铺装建养一体化模式,采用建养一体招标方式,避免了钢桥面出现病害时难以判定责任主体的现象,激发了承包单位的积极性和创造性,并超前进行预防性养护,实现了大桥全寿命周期内的有效质量管理。同时,该模式又给予承包人一定的自由度,实现了业主与承包商利益共享、风险共担,具有重要启示意义。此外,大桥采用建养一体化的招标模式,将钢桥面铺装质量要求与养护质量管理统筹考虑写进招标文件,发动承包人参与养护工作的积极性,从而从更长远的角度加强防水层和铺装层等的施工控制,确保施工质量。

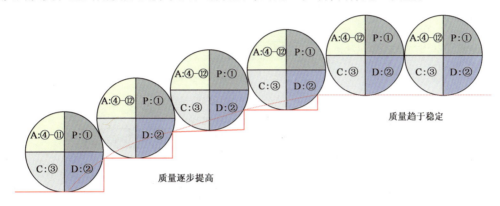

图 7.5.9 PDCA 循环质量上升示意图

(2)新技术新工艺的应用

针对工程的实际要求,推广新技术、新材料、新工艺能够提高作业精度,降低施工风险,较好地保证工程质量。在马鞍山长江大桥建设期间,由指挥部主导开展了多项课题研究,通过技术、材料和工艺方面的创新,确保了工程实体质量。例如,在关键技术创新方面,根式基础的研究与运用,提高了构件预制率,便于施工机械化操作,实现了标准化施工;混凝土工程品质研究的应用则攻克了保护层合格率、裂缝控制、外观质量等技术难题,建立了标准化施工体系,在关于混凝土通病治理、大体积混凝土裂缝控制、结构耐久性等方面提出了行之有效的混凝土品质管理方法;又如,左汊悬索桥中塔防撞技术新材料应用,克服了原防撞设计方案钢材用量大、建造成本高、施工难度大、工期长、安全风险高以及后期维修养护费用过高等缺点,新材料耐腐蚀、抗疲劳、安装维修简易等特点提高了桥墩质量;左汊悬索桥中塔墩钢塔安装新设备的研发,既增强施工的机械装备实力,也为现场施工减少高空焊接工程量,保障大桥工程施工质量,提高了建设效率;而右汊斜拉桥塔柱新工法的探索,通过对模板体系的改进,研制出的一系列成套技术,具有施工简单快捷、安全可靠、费用低、线形平滑优美的特点,提高了拱形塔柱施工线形和质量;左汊悬索桥中塔钢塔柱在制作过程中通过编制工序标准化作业手册以及中塔钢—混叠合段施工工艺创新,均从技术探索创新角度提高了桥梁实体质量水平,为质量管理创新注入了活力。

7.5.2 安全

马鞍山长江大桥技术复杂,施工难度大,建设点多、面广、量大、周期长,大部分属于水上与高空作业,潜在安全风险高,面临着比一般项目更为复杂与严峻的安全生产形势。同时,大桥设定"无重大责任事故,伤亡'零容忍',创建'平安工地'示范工程"的安全管理目标。因此,大桥构建了基于安全预警机制的安全管理体系,从事故危险源出发,重视对危险源和隐患进行监控预警,采用高新技术手段实施各种监控预警措施,变事故被动处理为事故主动预防,随时发现隐患并排除,从而把安全管理工作的水平提高到一个新层次。

1) 安全管理体系构建

马鞍山长江大桥实行质量安全一体化管理,除前述各种质量管理措施外,安全管理还有其自身的特点。其安全管理系统由安全管理流程、安全监管制度体系、安全预警机制三个维度组成,如图 7.5.10 所示。

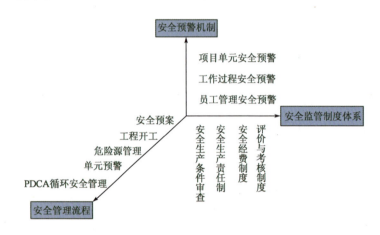

图 7.5.10　安全管理系统图

2) 安全管理流程

马鞍山长江大桥的安全管理有自己预先制定的一套预警、执行及反馈流程,其安全管理流程如图 7.5.11 所示。

3) 安全生产监管制度体系

安全生产监管制度体系在"3E"原则上增加安全应急(Emergency),扩充为"4E"原则,包括 Enforcement(强制执行)、Engineering(工程技术手段)、Education(教育)及 Emergency(应急管理)。通过时间维度系统管理思想,对开工前准备、开工、施工中、施工完毕、施工评价等全过程进行安全管理,所构建的安全生产监管制度体系如图 7.5.12 所示。

(1) 工程开始阶段,制定安全生产条件审查制度。

(2) 工程建设中,制定安全生产责任制度、安全监督检查制度、安全经费使用制度、技术保障措施及对人的因素的管理制度。

(3) 发生紧急情况时,制定应急预案管理制度和事故上报及处理制度。

(4) 工程结束时,采用安全评价制度,对工程的安全文明等进行综合评估,并纳入信用登记系统,为后续工程招投标等工程活动提供依据。

(5) 依据安全评价结果,制定安全奖惩制度,鼓励先进,鞭策落后。

4) 安全预警机制体系

马鞍山长江大桥分别从人员管理制度、安全管理过程、项目单元及安全辅助监管四个方面进行全方位的安全预警与管理,如图 7.5.13 所示。

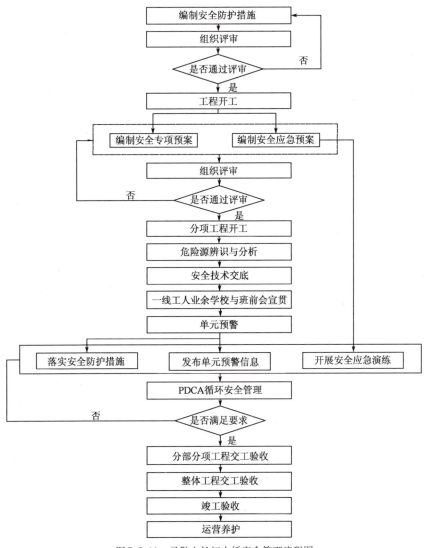

图 7.5.11 马鞍山长江大桥安全管理流程图

(1) "一校一会一志"制度

桥梁施工一线主体为农民工,安全文化氛围薄弱,给施工安全工作带来了重大隐患。"一校一会一志"制度就是考虑上述潜在危险因素,对施工现场人员,尤其是一线施工人员进行安全管理的方法。

①"一校":一线工人业余学校。项目经理任一线工人业余学校校长,对开课次数和上课内容负责,项目总工及安全生产负责人负责具体课务并授课。授课主要内容包括:安全生产法律法规;安全生产意识训练;工序安全技术交底,岗前培训和转岗培训;操作工艺技能培训及质量知识学习等。

②"一会":开工班前会。各个项目部的每一个工点在开工前,班组长必须召开"班前会",介绍当天施工中的安全注意事项。班前会内容包括:布置生产任务和人员工作安排;提出特殊或重要岗位的要求和注意事项;结合具体任务、设备、作业环境情况,布置安全工作;解答班组

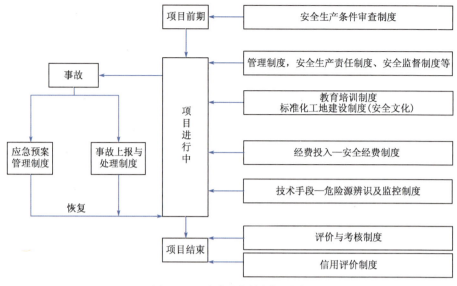

图 7.5.12 安全监管制度体系框架

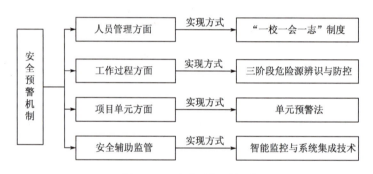

图 7.5.13 安全预警机制系统

成员提出的问题等。

③"一志":安全日志。安全员必须根据工程施工部位有针对性向班组进行安全技术交底,每天填写"安全日志",用于记录责任制落实情况和安全技术交底执行情况,上岗时发现的违章指挥、违章操作、违反劳动纪律的现象和处理情况,每日安全检查中发现的隐患和落实整改情况等。

大桥各施工段均坚持每月举行不少于 2 次一线工人业余学校培训,每天召开一次班前会,每天填写安全日志,因此形成了良好的安全文化氛围,有力地消除了施工安全工作带来的隐患,促进了安全管理目标的实现。

(2)三阶段危险源辨识与防控

"三阶段危险源辨识与防控"是一种从工作过程角度进行的安全预警管理方法,它结合大桥工程的实际情况,按照防范措施时效的不同,将事故预防分为事前预案、过程预控、现场预警三个阶段分别进行辨识与防控,以超前设置施工安全风险预控网络,使施工安全管理上下结合、粗细结合、长短结合,实现安全施工的目标。"三阶段危险源辨识与防控"内容如图 7.5.14 所示。

第7章 马鞍山长江大桥建设与养护管理技术

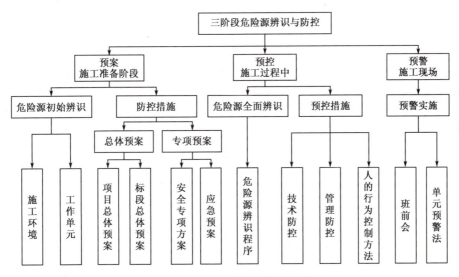

图 7.5.14 三阶段危险源辨识与防控

①预案阶段危险源辨识与防控。

预案阶段是指施工准备阶段,即在大桥开工前,各参建单位根据大桥的特点,对照施工组织设计,制订详细可行的施工方案和安全技术措施,并进行安全分析。该阶段主要进行危险源的初始辨识,包括施工环境和工作单元危险源两个方面。危险源防控包括制订总体和专项预案。总体预案包括项目总体和标段总体预案两个层次,专项预案包括安全专项方案和应急预案两个方面。

②预控阶段危险源辨识与防控。

预控是在施工过程中,对重大的风险源进行分析的基础上,对预案的再细化和对防范措施的再完善,也是预警工作的依据。

a.危险源辨识程序。

危险源辨识程序如图 7.5.15 所示。

图 7.5.15 危险源辨识程序

b.危险源防控措施。

(a)管理控制方法。包括建立健全危险源管理的规章制度,明确安全责任,定期安全检查,建立安全信息反馈制度等。

(b)技术控制方法。根据已辨识的危险源性质和存在状态,有选择地采用相应技术措施,如安全化处理、屏蔽危险源、距离和时间防护、坚固防护设施等。

(c)人员的行为控制方法。对所有参加人员要及时进行安全教育,做到岗位安全化和操作标准化。

5)现场预警

对于通过预案及预控阶段辨识出的危险源,在实施相应的防控措施后仍有可能发生的,要以天为防控单位,在施工现场实施预警。预警方法主要有现场交底和单元预警法两种。其中,单元预警法,即根据作业内容、作业地点的不同,将施工对象划分为若干个项目单元,通过对单元范围内的施工工艺、天气状况等危险源进行排查分析,给作业人员提出相应的安全风险超前警示。其实施步骤为:

(1)制订安全目标和实施要求。

马鞍山长江大桥的安全管理目标设定为:"杜绝死亡、重伤事故,杜绝重大交通、重大火灾事故,轻伤率控制在0.5‰以内,确保人员安全;各种变形均控制在允许范围内,确保工程本身和周边建筑物安全。"实施的具体要求、方法和实施过程等在各标段项目部向一线工人宣传贯彻。

(2)划分单元

划分单元的目的是为了更好地进行危险因素分析。如表7.5.3所示为马鞍山长江大桥各合同段预警单元划分表。随施工进度同步跟进单元的划分,不断细化。

马鞍山长江大桥各合同段预警单元划分表　　　　表7.5.3

单元 合同段	围堰平台	钢筋加工	搅拌站（船）	引桥	锚碇	斜拉桥	互通立交	码头	合计
MQ-01	1	1						1	4
MQ-02		1	1	2					5
MQ-03	1	1	1	2					5
MQ-04		1	1	2		2			6
MQ-05		1	1	2					4
MQ-06		1	1	2	1				5
MQ-07		1	1	2	1				5
MQ-08		1	1	2			2		6
MQ-09		1	1	2					4
MQ-10	1	1	1	2		2			7
MQ-11		1	1	2			2		6

注:引桥、斜拉桥、互通立交均分设下部施工、上部安装单元。

(3)熟悉单元情况及危险因素分析

根据建设工程的特点,大致可以从五个途径进行了解:工程目标、工程主要内容、工程实施的主要工序和时间、工程实施中主要危险源、工程所处的环境。

(4)确定预警等级

主要根据施工工艺、施工环境和施工气候进行综合分析,确定预警等级。预警等级划分为四类:

①蓝色,即当一个单元内有一项考虑因素发生时,设定为"一般"。

②黄色,即当一个单元内有两项考虑因素同时发生时,设定为"较重"。

③橙色,即当一个单元内有三项考虑因素同时存在时,设定为"严重"。

④红色,即当一个单元内有三项以上的考虑因素同时存在时,设定为"特别严重"。

(5)预警发布

每天的施工内容及相应预警等级确定后,施工单位专职安全员在当天上午7:00发布。发布方式：一是警示牌预警，工地竖有"项目部施工危险源发布牌"和"安全生产单元预警牌"；二是彩旗预警，在工地现场插立相应等级颜色的彩旗。

(6) 贯彻实施

各标段项目部和专职安全员通过综合分析，确定预警等级，并在班前会上进行讲解、告知，在单元预警牌上发布。

(7) 检查、考核

各标段安全预警工作进行项目部自查、监理督查、业主检查；业主安全管理人员要及时在集成管理系统中对标段项目部进行月度安全考评。

6) 安全辅助监管——智能监控与系统集成技术

(1) 基于图像识别的风险源监测技术

马鞍山长江大桥采用图像识别技术进行监测研究的风险源主要有：进入施工作业警戒区、不戴安全帽、高空作业不系安全带、非作业时间或作业区人员滞留、物体或机械运行速度过快。首先要通过拍摄的视频帧进行目标物体的识别、轮廓分析、位置估计，通过视频系列进行目标物体的速度、运行轨迹分析计算，与预设的阈值进行比较，超出阈值则进行报警。识别过程包括运动目标检测与跟踪。

① 运动目标检测过程。

在视频采集过程中，从图像系列中检测出运动信息，识别与跟踪运动目标是最关键的技术。背景处理考虑多种干扰因素，如路面反射、阴影、雨、雪等天气变化，采用突出目标、消除背景的措施，目前有帧间差分、背景差分、光流法等。

② 运动目标跟踪过程。

检测出运动目标后，即实施关于运动目标的跟踪。主要方法有：基于模型的跟踪；基于区域的跟踪；基于动态边界的跟踪；基于特征的跟踪。

③ 进入警戒区事件识别流程。

a. 配置系统和设置警戒区，如加工区警戒、跨越线、航道监测等。

b. 程序开始时，系统建立一个施工区的不变背景图片。

c. 比较拍到的图片和背景图片，可以检测到运动目标的存在。

d. 根据形态辨别过滤每一个目标（一个标记块）。

e. 算法分析图像系列跟踪标记块，建立轨迹，新的过滤可剔除无关的轨线，跟踪系统为每一个目标计算出存在、速度或停止等数据信息，分析产生的测量结果。

f. 比较测量结果得出进入警戒区信息并报警或统计跨越施工区警戒线人数。

(2) 施工过程预警及应急控制系统

通过整合马鞍山长江大桥施工区重要地点的视频监控信息、应急资源信息等，开发应急处置系统，主要功能包括预警及接警管理、应急资源管理、应急预案管理及应急事件处置等，实现突发事件应急联动，最大程度减少损失。大桥应急通信系统实现移动电话、以太网等各类通信手段的统一接入；实现应急处置中心对应急管理单位、外部协作单位、应急车辆、救援车辆、应急抢险人员的通信指挥调度，以此作为应急处置平台的支撑。

① 系统总体结构逻辑。

根据突发事件应急处置体系，联合应急力量，统一指挥、协同作业，建立应急处置平台，为应急管理工作领导小组进行应急处置工作,提供日常监控、接处警、预警管理、事件处置、应急值守、应急预案、应急资源、统计分析共八大核心功能,其逻辑框架分为三个层面,自下而上依次为数据资源层、功能模块层、前端展现层。

②业务流程设计。

a. 接处警流程。接收突发事件报警和预警信息,判断真实性再分类处理,并将警情信息转换成统一的格式保存并生成接警单,再依据警情的级别进行处置。

b. 预警处置流程。信息通过信息采集平台搜集,并对能够触发预案启动条件的信息进行预处理和记录,进行自动识别并启动预案。预警管理包含事件信息采集、预警评估、方案制订、指挥调度、预警解除和预警处置报告。

c. 事件处置流程。事件处理流程主要针对交通突发事件的应急处置。包含事件信息采集、事件评估、确认、方案制订、指挥调度和应急解除。

7.5.3 成本

1)双维成本管理模式概述

成本管理是工程项目管理的重中之重,事关项目成功和企业经营效益。在马鞍山长江大桥中,创造性地从时间和工序两个维度对工程进行成本管控,将其有效结合。责任设定为:作业层根据工序成本进行各类消耗量的控制,项目经理层和企业层按照施工进度进行成本的计划、控制和考核工作,权责明确。与传统的方式相比,基于时间和工序的双维成本管理模式能够有效地获悉工程在每一时间节点上的概算完成情况,并且具体到每一个 EBS 对象,从而支持成本分析和控制。因此,它可以实现成本信息及时反馈,促进成本管理工作效率的显著提升。

2)双维成本管理流程和步骤

(1)双维成本管理流程

基于时间和工序的成本管理模式在宏观上可分为事先、事中和事后控制。在项目的建设过程中,需要按照动态和主动控制原理对实际成本的发生过程进行有效控制。动态控制是以批复概算和设计报告为依据进行目标分解,以进度报告和工程变更与索赔资料为动态资料。在工程实施过程中分别基于不同时间点和工序后进行进度产值与概算金额的比较找出偏差,分析原因并采取有效措施纠偏,可以有效地进行"超概"的预警和控制。主动控制是将"控制"立足于事先主动地分析各种产生偏差的可能采取预防措施。通过主动控制的双维成本管理流程,可以尽量减少进度产值与概算金额的偏离,从而确保工程总造价不发生"超概"现象。双维控制流程如图 7.5.16 所示。

(2)双维成本管理步骤

双维成本管理能够有效发挥"超概"预警和控制的作用,其工作步骤如下:

①设计概算的分摊。

根据初步设计批复的概算,基于 EBS 分解,将项目总概算分摊给各个单元,直至最底层单元,确定其概算金额。

②投资概算的自动统计。

截至某个时间点,依据进度产值和最终工程量得出某一单元的完成百分比,再根据该单元的概算金额自动统计出已完成投资概算。

③工程实施过程中的成本控制。

首先,根据不同时间点进行实际成本数据的收集,将累计完成的投资概算与进度产值进行对比;其次,根据不同工序进行实际成本数据的收集,将累计完成的投资概算与进度产值进行对比。

④偏差分析与纠偏。

根据是否出现"超概现象"进行工程实施过程判定,分析"超概"的原因并进行预警和控制。

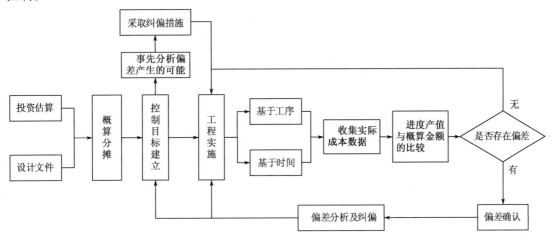

图7.5.16 基于时间和工序的概算进行双维的成本控制流程

3) 大桥双维成本管理技术应用实例

本节以左汊主桥中塔为例,详细讲解施工阶段中进行双维成本管理的全部内容。左汊主桥中塔从2009年年中开始施工,至2012年年初完工,共计发生成本42 674.9万元,与概算金额46 122.5相比,节约了7.47%。

(1) 投资概算完成额计算

首先对工程项目进行EBS分解。在施工过程中的某个时点,项目累计完成的产值很容易统计,但对应完成的投资概算往往较难统计。进行EBS分解后,每个最底层单元都有相应的概算分摊金额,该单元完成多少,相应就完成多少概算。如中塔桩基2009年9月完成的工程量如表7.5.4所示。

中塔2009年9月完成的工程量(单位:元)　　　　表7.5.4

①名称	EBS编码	②概算金额	③最终工程量	④进度产值	完成百分比 ⑤=④/③	完成概算金额 ⑥=②×⑤
5号桩基	B02030501010205	2 112 501.3	2 041 311.5	1 428 918.1	70%	1 478 750.9
7号桩基	B02030501010207	2 112 501.3	2 107 431.6	1 580 573.7	75%	1 584 376.0
9号桩基	B02030501010209	2 112 501.3	2 040 395.5	1 020 197.8	50%	1 056 250.7
22号桩基	B02030501010222	2 112 501.3	2 041 311.5	816 524.6	40%	845 000.5
25号桩基	B02030501010225	2 112 501.3	2 041 311.5	2 041 311.5	100%	2 112 501.3

续上表

①名称	EBS 编码	②概算金额*	③最终工程量*	④进度产值*	完成百分比 ⑤=④/③	完成概算金额 ⑥=②×⑤
28 号桩基	B02030501010228	2 112 501.3	2 041 311.5	2 041 311.5	100%	2 112 501.3
30 号桩基	B02030501010230	2 112 501.3	2 041 311.5	2 041 311.5	100%	2 112 501.3
34 号桩基	B02030501010234	2 112 501.3	2 102 851.9	1 051 426.0	50%	1 056 250.7
36 号桩基	B02030501010236	2 112 501.3	2 041 311.5	1 020 655.8	50%	1 056 250.7
48 号桩基	B02030501010248	2 112 501.3	2 107 431.6	2 107 431.6	100%	2 112 501.3
52 号桩基	B02030501010252	2 112 501.3	2 099 531.6	209 953.16	10%	211 250.13
54 号桩基	B02030501010254	2 112 501.3	2 041 311.5	2 041 311.5	100%	2 112 501.3
57 号桩基	B02030501010257	2 112 501.3	2 040 777.2	510 194.3	25%	528 125.3
69 号桩基	B02030501010269	2 112 501.3	2 041 311.5	204 131.1	10%	211 250.1
合计	B020305010102	29 575 018.2	28 828 911.4	18 115 252.0	62.8%	18 590 011.4

注:*概算金额:指根据初步设计批复的概算,将项目总概算分摊给各个单元,直至最底层单元。
最终工程量:复核工程量与变更工程量之和,即最终的实际工程量。
进度产值:完成的工程量。

2009 年 9 月,根据现场统计的工程量,5 号桩基完成 1 428 918.05 元,占最终工程量(复核工程量+变更工程量)的 70%,则对应完成的概算金额=分摊的概算金额×完成百分比= 2 112 501.3×70% =1 478 750.9(元)。通过中塔最底层单元,可以逐级逆向统计上级单元完成的工程量。如中塔桩基编号为 B020305010102,则:

$$B020305010102 = \sum B020305010102$$

2009 年 9 月,中塔仅有桩基开工建设,完成概算金额为 18 590 011.4 元。

(2)基于时间和工序的双维成本控制

通过 EBS 分解并结合工程概算清单,可以得到 EBS 分解后各对象的概算。在施工过程中可基于时间点进行成本核算,掌握实际施工进度情况以及工程款支付情况,可以充分了解每一 EBS 分解对象的实际完成情况和概算的节约超支情况。这样,项目管理者和决策者能够在更为具体的层面上了解项目投资情况,从而可以有效地进行超概现象的预警和控制。基于时间进行成本考核分析,如以每半年为时间点,统计中塔累计完成的进度产值与概算金额,见表 7.5.5。

中塔各时间点累计完成的进度产值与概算金额　　　　表 7.5.5

截止时间	①累计进度产值(万元)	②累计完成概算金额(万元)	③=①/②
开工	0.0	0.0	—
2009 年 6 月	2 233.5	1 397.3	159.84%
2009 年 12 月	10 355.0	9 791.8	105.75%
2010 年 6 月	18 059.4	17 764.6	101.66%
2010 年 12 月	24 193.3	24 615.7	98.28%
2011 年 6 月	31 935.8	33 143.0	96.36%
2011 年 12 月	40 529.771 21	43 739.7	92.66%
完工	42 674.9	46 122.5	92.53%

将表格数据转换为折线图,能够更为直观地反映出工程投资成本的情况。从表中可以看出,中塔开工初期,累计完成的进度产值大于概算金额,即"超概";后期概算得到有效控制。中塔施工费用占概算金额的 92.53%,节余 3 447.6 万元。如再进一步分析每一期的成本执行情况,则可得出如图 7.5.17 所示结果。

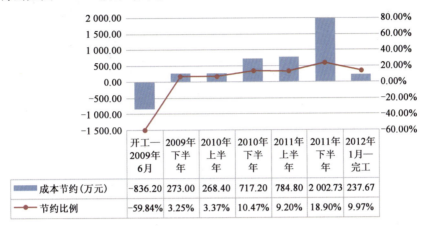

图 7.5.17　中塔各核算期成本执行情况

从上图中可以看出,开工—2009 年 6 月这一期间成本超支严重(超概 59.84%),而从 2009 年下半年开始,成本执行情况良好,未发生"超概",尤其是 2011 年下半年,无论从成本节约的绝对数(2 002.73 万元)还是节约比例(18.9%)上看,均是整个施工期的最高值。进一步分析超节支原因。结合工程合同执行情况,可得知中塔开工初期,超概的主要原因有以下两点:一是临时设施吊箱钢围堰的概算金额(单价 6 647.41 元)偏低,远低于合同单价 10 189 元;二是桩基施工存在部分变更,造成施工费用增加。

在进行基于工序的成本考核分析时,应在不同工序结束后,统计中塔累计完成的进度产值与概算金额,如表 7.5.6 所示。

中塔各工序结束时累计完成的进度产值与概算金额　　　　表 7.5.6

截止时间	①累计进度产值(万元)	②累计完成概算金额(万元)	③=①/②
开工	0.0	0.0	—
基础完工	16 483.6	15 973.5	103.19%
承台完工	20 547.7	20 312.4	101.16%
下塔柱完工	24 133.7	24 106.6	100.11%
钢—混叠合段完工	24 902.0	26 120.3	95.34%
钢塔柱制作安装完工	42 674.9	46 122.5	92.53%

从表中可以看出,从开工至下塔柱完成阶段,工程投资成本基本都在概算范围之内;而从钢—混叠合段施工开始,工程成本的执行得到了有效的控制,成本节约情况显著。进一步分析每一施工阶段的成本执行情况,可得出如图 7.5.18 所示结果。

从中可以看出,在钢塔柱制作安装阶段,概算节约比例超过 60%,分析原因,主要是因为施工方案得到优化,研发了具有世界领先水平的钢塔吊装设备,安装进度大幅提高,有效降低了安装费用。此外,钢塔柱制作与安装阶段,成本节约 11.15%,同时成本节约绝对数是所有施工环节的最高值(节约 2 229.3 万元)。

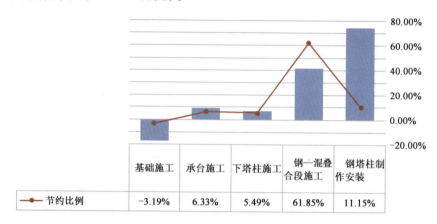

图 7.5.18　中塔各施工工序阶段成本执行情况

(3)应用效果评价

基于时间和工序的双维成本管理能够从工程分解对象层面对成本情况进行准确的统计,从而得到工程在某一实施阶段的费用支出,结合具体到每一分解对象的投资概算,即可进行准确的成本分析。这种成本管理方式可以有效弥补传统的依据时间节点进行成本管理的不足,通过差异分析找到成本变动的直接原因和改善差异的有效方法,达到有效控制成本的目的。

参 考 文 献

[1] 楼庄鸿.楼庄鸿桥梁论文集[M].北京:人民交通出版社,2004:329-331.
[2] 孟凡超.悬索桥[M].北京:人民交通出版社,2011.
[3] 严国敏.现代悬索桥[M].北京:人民交通出版社,2002.
[4] 邵旭东,胡建华.桥梁设计百问[M].2版.北京:人民交通出版社,2005:213-216.
[5] 张劲泉,钟建驰,杨昀.多塔连跨悬索桥结构体系与结构性能研究报告[D].北京:交通运输部公路科学研究所,2013.
[6] 韩大章,吉林,陈艾荣,等.泰州大桥中塔设计关键技术研究综述[J].公路,2013(11).
[7] 吉林,韩大章.泰州长江大桥设计[J].现代交通技术,2008,5(3).
[8] 万田保,王忠彬,韩大章,等.泰州长江公路大桥三塔悬索桥中塔结构形式的选取[J].世界桥梁,2008(1).
[9] 徐宏光.马鞍山长江公路大桥设计难点及关键点[D].安徽:安徽省交通规划设计研究总院,2012.
[10] 唐勇,张瑞霞.马鞍山钢—混叠合塔施工技术研究[J].铁道工程学报,2011,158(11).
[11] 文坡,张强,杨光武.马鞍山长江公路大桥三塔悬索桥钢箱梁设计特色[J].桥梁建设,2012,42(1).
[12] 唐贺强,张强,杨光武.马鞍山长江公路大桥三塔悬索桥结构体系选择[J].桥梁建设,2011(1).
[13] 高康平,张强,唐贺强,等.马鞍山长江公路大桥三塔悬索桥中塔刚度研究[J].桥梁建设,2011(5).
[14] 张强,徐宏光.马鞍山长江公路大桥设计与创新[J].桥梁建设,2010(6).
[15] 吴志刚,徐宏光.马鞍山长江公路大桥主桥桥型方案选择[J].公路交通科技,2011,84(12).
[16] 王忠彬,杨进,周平.鹦鹉洲长江大桥钢-混结合梁悬索桥方案研究[J].桥梁建设,2011,(4).
[17] 张劲泉,冯兆祥,杨昀.多塔连跨悬索桥技术研究[M].北京:人民交通出版社,2013.
[18] 司义德,逄焕平,王建国.不同约束形式对三塔悬索桥活载响应的影响[J].工程与建设,2010,24(3).
[19] 韩大章,万田保,罗喜恒.三塔悬索桥结构行为研究[D].江苏:泰州长江公路大桥设计项目组,2006.
[20] 中华人民共和国行业标准.JTG D60—2015 公路桥涵设计通用规范[S].北京:人民交通出版社股份有限公司,2015.
[21] 单宏伟,韩大章,吕立人.润扬长江公路大桥悬索桥中央扣设计[J].公路,2004(8).
[22] 曹永睿,柴增铧.悬索桥柔性中央扣锚固系统受力分析[J].铁道建筑,2013(8).
[23] 中华人民共和国行业标准.JTG/T D65-05—2015 公路悬索桥设计规范[S].北京:人民交通出版社股份有限公司,2016.

[24] 中华人民共和国行业标准.JTG D64—2015 公路钢结构桥梁设计规范[S].北京:人民交通出版社股份有限公司,2015.
[25] 中华人民共和国行业标准.JTG D62—2004 公路钢筋混凝土及预应力混凝土桥涵设计规范[S].北京:人民交通出版社,2004.
[26] 中华人民共和国行业标准.JTG/T D60-01—2004 公路桥梁抗风设计规范[S].北京:中国标准出版社,2004.
[27] 姜洋,肖汝成,李扬,等.多塔悬索桥主缆与鞍座滑动失稳临界跨径[J].同济大学学报,2012,40(3).
[28] 周念先.桥梁方案比选[M].上海:同济大学出版社,1997.
[29] 刘世忠,等.独塔单索面部分斜拉桥力学性能及建设实践[M].北京:中国铁道出版社,2006.
[30] 杨士金,等.景观桥梁设计[M].上海:同济大学出版社,2003.
[31] 周军生,等.大跨径预应力混凝土连续刚构桥的现状和发展趋势[J].中国公路学报,2000.
[32] 严国敏.现代斜拉桥[M].成都:西南交通大学出版社,2000.
[33] 中国公路学会桥梁和结构工程学会.2006年桥梁学术会议论文集[D].北京:人民交通出版社,2006.